日本の西洋史学

先駆者たちの肖像

土肥恒之

講談社学術文庫

序に代えて

幕末維新の時代から「西洋化」はいわば国策であって、西欧諸国の先進的な産業と技術あるいはすぐれた文化の導入のために、まず使節団が派遣され、次いで「お雇い外国人」が大量に採用されたことは改めて指摘するまでもない。「お雇い」の数は約三〇〇〇人とも見積もられているが、いずれも大変な高給で雇われたわけである。それと同時にエリートたちの「洋行」が進められ、帰国後は彼らが外国人に取って代わるが、それでもって「西洋化」が止まったわけではない。留学先の国々のやり方がそれぞれの現場で忠実に守られ、師事した学者の学問が新設の大学等で祖述されたからである。一九三七年に東京帝大を卒業した丸山眞男は、「日本はもう十分に西洋文明は吸収した、むしろ吸収しすぎてしまった。これからは東洋の精神文明と西洋の物質文明を総合するのが日本の使命だというのが、ずうっと大正から私の学生時代までつらなる支配層やそちら寄りの知識人のオーソドックスな立場なんです」と述べている（『丸山眞男座談』9）。もとよりこれは「支配層やそちら寄りの知識人」の立場であって、「モデルとしての西洋」とは基本的に矛盾するものではないが、同時に「西洋化」が曲り角にさしかかっていたことも示唆している。

以上のような「モデルとしての西洋」はこの国では長く支配的で、今でもそうした考えは色濃く残っている。それとともに、あるいはより重要なのは「外圧としての西洋」という問題である。先進的な西洋諸国は強力な軍事力を擁して日本に「開国」を迫り、彼らはその後も貿易の利益と領土を手にいれるべくアジアに対して圧力を加え続けたからである。明治の新政府は「対外和親」の方針を堅持したが、それは内に「海外万国はわが皇国の公敵」という観念を秘めたものであった。不平等条約の改正には実に四〇年近い歳月を要したが、アジアのなかで唯一「近代化」に成功した日本は、ロシアを仮想敵国として軍備拡張に力を傾注した。日露戦争の勝利はその思いがけない成果であったが、勢いを得た帝国はさらに無謀な対外侵出に向かったわけである。こうした一連の動きの根底に「外圧としての西洋」という問題が潜在していたことは誰しも認めるところである。

以上のように、明治以来日本にとって西洋は「モデル」と「外圧」という二つの顔をもっていたわけだが、形成期の日本の人文・社会科学はこの問題にどのように対処したのだろうか。特に西洋の政治・経済・社会・文化の歴史を対象とする「西洋史学」はどのような問題に直面したのだろうか。そもそもこの学問は誰によってどのように形成されてきたのであろうか。専門の「洋書」の翻訳・翻案から脱して、学問として自立するのにはどのような悩みがあり、「二つの顔」をもつ西洋の歴史はそこでどのように描かれたのだろうか。

本書には以上のようなさまざまな論点が含まれているが、その解明のためには一人一人の西洋史家の生涯と著作を詳しく辿ること、つまり事例研究をいくつも積み重ねて総合的に判断するというのが常道であろう。けれども本書はそうではなく、数名の代表的な歴史家を取り上げて、彼らの生き方と著作を検討することで見取り図を描くという方法を選んだ。個別的な事例研究がまだほとんどなく、とりあえず大まかな見取り図を描く方法を採ったわけである。もとよりこれは門外漢が専門分野を論ずるという極めて危うい道でもあるが、未開拓の分野を切り開くためには所謂「素人の侵入」(Intruding amateur) も許されるのではないだろうか。

本書があつかう時代的範囲はルートヴィヒ・リースというお雇い歴史家の来日(一八八七年)の頃から一九四五年八月一五日の敗戦までで、半世紀余りである。取り上げる歴史家の多くはすでに忘れ去られているが、彼らは当時の西洋史学の最良の担い手たちであった。また多くが「洋行」しており、そして自伝かそれに類したものを残している。それらは大変興味深いものであるが、もとより「史料批判」は欠かせない。記憶違いはもとより、作為がないとは言いきれないからである。戦前のすぐれた歴史書や論文を読みその意義を考えること、また個人的なエピソード等を盛り込みながら「西洋史家の誕生と苦悩」を出来るだけ平明に述べること、本書のとりあえずの狙いはこうした点にある。

二一世紀も一〇年余りが過ぎた現在、西洋史学の現状と将来については、例えば川北稔(『私と西洋史研究』二〇一〇)の危惧をはじめ多くの議論があることを知らないわけではない。それらの危惧や議論はもっともなものなのだが、本書の眼は専ら「過去」に向けられている。ランケ風に言えば、「事実は本来どうであったか」と。

目次

日本の西洋史学

先駆者たちの肖像

第一章　ドイツ史学の移植
――ルートヴィヒ・リースとその弟子たち

はじめに

明治二〇年、つまり一八八七年の二月初めのことである。春とは名ばかりで、まだ肌寒い横浜の港に一人の「お雇い外国人」が降り立った。名前はルートヴィヒ・リース、文部省によって雇われた二六歳の若いドイツ人歴史家である。

お雇い外国人、彼らは単に「ヤトイ」とも呼ばれたが、あらためて言うまでもなく、明治政府によって一時的に雇われた欧米諸国出身のさまざまな専門家の総称である。政府は彼らの力を借りることによって、あらゆる分野における「近代化」を図ろうとしたのである。もとより何事にも「前史」があり、お雇い外国人も例外ではない。つまり外国人の雇用はすでに江戸幕府や諸藩の手で実施されていて、幕末の一五年間に二〇〇名ほどの外国人が科学技術、医学、語学の顧問として雇われていた。黒船を送って「鎖国」政策を終わらせたとされるペリー提督のアメリカからもすでに一二名が英語の教師として働いていたのである。明治政府もその方針を受け継いだ。「五箇条の御誓文」の第五条では「智識ヲ世界ニ求メ大ニ皇基ヲ振起スベシ」と謳われ、一八七〇年初めには「外国人雇入方心得条々」が定められた。

こうして多くの欧米人がはるばる極東の島国にやってきたわけだが、ピークは一八七四、七五年頃であった。一九世紀末には「その歴史的意義をほとんど失った」のである。

最近の研究によると、明治期を通じて「おそらく、政府の仕事に携わっていた外国人は三、〇〇〇名を超えない」と推測されており、さらに低い数字もある。もう少し立ち入ってみると、多くはイギリス、フランス、ドイツ、アメリカの出身だが、大多数は二五歳から三五歳の年齢層に属していた。いわば働き盛りの壮年であったが、在任期間は五年といったところで、より高位のものは九年、一〇年に及んだ。また一〇〇名ほどが二〇年にわたって日本に滞在したことが知られており、そのうち少なくとも一三名が日本滞在二五周年を祝ったという。政府はもとより外国人顧問を信頼していたが、その政策決定において「自主性」を放棄することはなかった。彼らはあくまで明治の近代化過程における「サブ・リーダー」であったわけである。

明治政府はお雇い外国人に対して「気前よく」高額の給与でもって処遇した。明治時代を通じて、政府支出の約五パーセントが彼らのために充てられたという。最大の雇用先は工部省で、一八七〇年から八五年にお雇い外国人の約半分を工部省が占め、一八七四年には省の予算の実に約三分の一を費やした。あらためていうまでもなく、工部省こそ官営事業の中心とする「上からの近代化」の主役であった。一八七五年の「お雇い外国人教師」の官庁・国籍別の一覧をみると、総数五〇三人のうち、工部省は二二八人で、しかもイギリス人技術者が圧倒していた。工部省には技術者養成機関として工学寮（後の工部大学校）が併設され、エンジニア教育が始められた。一八七六年にはその工学寮に美術学校が付属設置され、教師として招かれたイタリア人画家フォンタネージは日本で初めて洋画の手法を伝えるという「副産物」をもたらした。工部省に次いで雇用者数の多かった文部省の場合も、その財政負担は大きく、一八七三年の省の支出総額の約一四パーセントがお雇い外国人に支払われたのである。

明治政府の指導者の考えでは、お雇い外国人の雇用はいわば一時凌ぎの手段であって、いずれは日本人の専門家による交替を想定していたのだが、財政負担の増大はこの動きを早めた。欧米留学もまた幕末以来実施されていて、一八七五年には「文部省貸費留学生規則」が定められた。留学生には学費が貸し付けられ、帰国後の数年間、特定の職に就くことによって返還させるというものである。限られた数の若いエリートを派遣することで質の向上を図るとともに、お雇い外国人を彼らでもって置き換えるという当初からの狙いが実現に向かいつつあった。その背景としては高等教育機関の充実を挙げることが出来るが、新規則によって派遣された留学生の帰国が始まる一八八〇年頃からお雇い外国人の「解雇」も始まったのである。

1　ランケ史学とリース

歴史教師リース

さて、帝国大学文科大学が三年契約で招聘したドイツ人歴史学教師ルートヴィヒ・リースが来日した時、維新以来すでに二〇年が過ぎ、お雇い外国人のピークは過ぎていた。リースはその後一五年にわたってドイツ生まれの「近代歴史学」をこの国に移殖すべく努めた。もとより彼の歴史学はドイツ特有の歴史と性格を持つもので、唯一「正統な」史学というわけではないのだが、それについては追々述べることにして、まずリースその人について見ることから始めよう。

リースは一八六一年一二月、ドイツは西プロイセンにあるドイッチュ・クローネ（現在はポーランドの西ポモジェ県ヴァウチ）という町のユダヤ人の家庭に生まれた。父親は「商人」であったというが、地元の小学校、ギムナジウムを経て、両親の転居に伴いベルリンで中等教育課程を終えた。そして一八八〇年一〇月、リースはフリードリヒ・ヴィルヘルム大学、つまりベルリン大学の哲学部史学科に入学した。大学ではドロイゼンの「プロイセン史」、ブレスラウの「中世年代記」をはじめ多くの講義を聴くが、特にブレスラウの講義や演習によく出席したという。学位論文は「中世におけるイギリス議会選挙」で、イギリス議会制の問題を世界史的な関連で考察したものであったという。

ところでリースの指導教授はハンス・デルブリュック（一八四八―一九二九）という軍事史の専門家であった。現代ドイツの史家ヒルグルーバーによると、デルブリュックは一八八一年に教授資格を取得した後、ながい私講師時代を経て、一八九六年にベルリン大学の「一般史・世界史」の正教授となった。主著は『政治史的軍事戦術史』（全四巻、一九〇〇―二〇）で、軍事・軍制の総体を他の分野との関連において考察すること、対象を客観的批判的かつ構造的に理解し、史料批判の重視という点で「ランケ流の歴史叙述の精神」に則ることを目指していた。このことによって特殊専門的分野としてしかみられていなかった戦術・軍事史を学界や大学の歴史学のなかに統合することを目指したのである。したがってデルブリュックは、「学問的にも制度的にもランケの正当な後継者であった」。彼の門下生の多くが軍事を扱うなかで、イギリス議会史というリースのテーマはいささかユニークであったと言えよう。他方でリースとランケとの関係についてみると、二人の接触はランケの晩年のことであった。林健太郎によると、「リースはたまたま筆蹟がきわめてきれいであったことからその原稿の浄書をランケから依頼され、その家に赴いて親しく彼に接する機会を持った」という半ば偶然的なものであったのである。

リースは一八八四年末に学位を授与され、翌年ギムナジウムの教職（国家）試験に合格した。日本への招聘の話が舞い込んだのはロンドンで史料調査をしていたときで、デルブリュックの推挙であった。そのときまでリースの頭に極東の小国のことが思い浮かぶことは一度としてなかったに違いない。けれどもリースは師の推薦を素直に受けたのである。この点についてはかつて、ユダヤ人のリースにはこの世界で「出世」が望めなかったから、と説明されてきた。けれども早島瑛によると、リースにはギムナジウムの教師として安定した生活をおくることが出来たから、「単に生活のためであれば日本に赴く必要がなかった。ユダヤ人であるがために来日したというのは神話である」と批判している。当時のドイツにあってユダヤ人教授は多くはないにせよ、稀有なことではなかったからである。それでは何が主因かといえば、いまだ不明というしかないのである。

以上のような経緯の後、一八八七年二月にリースは単身で帝国大学に歴史学の担当教授として着任した。すでに述べたように、契約期間は三年であったが、数度更新され、一九〇二年八月まで、つまり在任は一五年余りに及んだのである。リースの最初の授業をうけた一期生の白鳥庫吉（一八六五―一九四二）によると、同級生はわずか三名であった。「史学科の講師としてはリース師一人で、然も講義は三年間で近代に及ばず、漸つとフランス革命までやつて、僅かに西洋史の近代を除いた概説を修学して、堂々たる学士さまとして社会におし出されたわけです。在学中一度国史として重野安繹先生の『児島高徳論』を聴いたことがありますが、其の他には支那東洋両史共少しも習ひませんでした。最高学府で教はつたのが西洋史の概説に過ぎないのですから、当時の世間には勿論歴史などは全然問題ではありませんでした」。

つまり史学科は当初リースが「西洋史」を教える場にすぎなかったが、彼は重野と協力して、一八八九年六月に国史科を発足させるとともに、同年一一月に史学会を設立し、一二月にはその機関誌として『史学会雑誌』を創刊させた。つまりドイツ風の研究組織を導入したのである。リースの講義について、もう一人の学生の感想を聞くことにしよう。辻善之助（つじぜんのすけ）（一八七七―一九五五）の「思ひ出づるまゝ」によると、「先生の講義は、英語を以て述べられたのであるが、これが甚だ奇妙な発音で、慣れるまでは、とても、筆記など思ひもよらぬことであつた。その慣れるといふのが、なかなか短日月ではできないので、先輩たちの経験では、西洋史専攻の人で、たえず先生に親炙して居るものでも、初の一年は容易に筆記はできないといふ」。そこで先輩のノートを借りたり、組のもの「一同申し合せて、努めて欠席すべからず、教場では耳に入つたことは何でもかでも、片言隻句も必ずノートに書きとめる、あとで皆がより合つて、その断簡零墨をよせ集めて、かうだらう、あゝだらうと、揣摩（しま）臆測で綴り合せて、ノートを作る」有様であった。「講義は右のやうなわけで、筆記には閉口したが、日常談話には、それほどわかりにくゝもなかつた。先生十六年も日本に居られながら、つひに日本語を話さるゝを聞いたことが無い。ケーベル先生亦同様であつた」。

ルートヴィヒ・リースと夫人ふく。夫妻は1男4女にめぐまれた。リース著、原潔・永岡敦訳『ドイツ歴史学者の天皇国家観』講談社学術文庫、2015年より

ランケの歴史学

先ほども指摘したように、リースはランケに直接師事したわけではなかった。ランケの晩年の一時期、原稿の浄書にあたっただけである。けれどもリースはランケ史学に対する共感を隠さなかった。歴史学を何よりも個体性と歴史的個性を動因とする「政治史」として把握するランケの方法を自分のものとした。そして歴史発展の最も重要な枠組みとして国家を重視したこと、歴史の動因を列強の角逐と均衡にみること等、ランケ史学の基礎をそのまま受け入れた。リースはランケの「エピゴーネン」を自認していたわけだが、そのランケの歴史学について、もう少し立ち入ってみることにしよう。

レオポルト・フォン・ランケは一七九五年にヴィッテンベルクのプロテスタント牧師の家に生まれた。彼も神学校を経てライプツィヒ大学で神学と文献学を学び、そしてフランクフルト・アン・デア・オーデルのギムナジウムの教師となる。その歴史の主任教師の時代に歴史学の意義に目覚め、歴史家としての自覚を持ったとされる。特に一八二四年に刊行した最初の著作『ローマ的・ゲルマン的諸民族の歴史』とその附録『近世歴史家批判』は画期的とされるが、前者の「序」でランケは次のように述べている。

「ひとは歴史に過去を裁き、未来の益になるように同時代人を教え導くという任務を負わせてきた。しかし本書の試みは、そのように高尚な任務を引き受けるものではなく、ただ事実はどうであったかを示そうとするにすぎない」

この一節はランケの名前とともにあまりにも有名になったが、そこには彼の強い啓蒙主義批判があった。つまり啓蒙主義の「教訓的、実用的な歴史観」に対する批判としてこの言葉が出てきたわけで、ランケは史料批判の演習でゲッティンゲン大学の看板教授アルノルト・ヘーレン（一七六〇―一八四二）を徹底的に批判していたという。さらに『近世歴史家批判』では、とりわけ一六世紀のグィッチャルディーニの『イタリア史』における史料批判の不徹底を指摘しているのである。

こうして『ローマ的・ゲルマン的諸民族の歴史』によって注目を浴びたランケは、思いがけずベルリン大学の員外教授に招聘された。そこで史料探索に基づく数々の作品を著して、一〇年後には正教授となった。その後も休みなく研究と著述は続くが、一八五四年の秋、時のバイエルン国王マクシミリアン二世に世界史の流れについて連続講義を行った。これが有名な「進講録」で、日本では『世界史論進講録』、『世界史概観』あるいは『世界史の流れ』として三度翻訳されている。当時五九歳のランケはこの場で自らの歴史観を次のように述べている。

レオポルト・フォン・ランケ。近代史学の祖

「人類のあらゆる時代には一定の大きな傾向が現れている。そうして進歩とは、すべての時代に人間精神のなんらかの運動が現れ、それがあるときにはこの傾向を、またあるときには別の傾向を盛んにして、そのなかで自らの姿を顕著に示すとい

う点に存するのである。（中略）私は主張したい。おのおのの時代はどれも神に直接するものであり、時代の価値はそこから生まれてくるものに基づくのではなく、時代の存在そのもの、そのもの自体のなかに存する、と。このゆえにこそ歴史の考察、しかも歴史における個体的生命の考察がまったく独自の魅力をもつ。けだしどの時代もそれ自身価値あるものと見られなければならず、絶対に考察に値するものとなるからである」

以上のように、ランケは神の前においては人類のいかなる時代もすべて平等な価値をもつとしたが、これが「個性」と「発展」についての新しい認識を生み出した「歴史主義」の根本思想とされるわけである。ランケは、それまでの救済史観や啓蒙史観と自分の歴史学をはっきりと区別して、あくまで「個別」に即すること、そしてそのために厳密な史料批判を基礎におくことを求めた。例えば「史料を虚心坦懐に読めば歴史の実態（それは本来いかにあったか）がおのずから見えてくると考えていた」というような、今でもときにみられるあまりに粗雑なランケ理解は素朴な誤解に基づくものである。

ランケの歴史学は、以上のように眼前のドイツ史学に対する批判から生み出されたものだが、彼の考察の対象は専ら政治史であった。ハインリッヒ・フォン・ジーベル等ランケの高弟たちもまた同じ方法にたち、政治史学こそがドイツ史学の正統となった。森田猛が具体的に明らかにしているように、一八二五年以来ランケの自宅で行われていた歴史学演習、つまり「ランケ・ゼミナール」は、ランケ学派によって大学の正規の授業とされたが、この点でミュンヘン大学のジーベルが果たした役割は大きかった。ジーベル教授のゼミは、専用の演習室、予算、図書施設を備えていたが、彼のゼミナールがモデルとしてドイツ全国に拡がっていったからである。ジーベルは『史学雑誌』の創刊者でもあって、こうしてランケ以来の緻密で専門的な政治史学の批判的方法が伝授されていった。

ランケに始まるドイツ政治史学はほとんど第二次大戦まで続く伝統となるが、もちろん現在では批判が向けられている。例えば史学史家イッガースによると、ランケが批判したゲッティンゲンの歴史家たちの著書には理論的で概念的な構成が欠けていたかも知れないが、歴史を社会的関連において分析した。つまり国家中心主義をとらず、社会的・経済的な要因を考察しただけでなく、国際的な商品流通にも大きな関心をもっていたし、比較史的方法さえ認められる。社会生活の諸相についても、彼らはきわめて広いものの見方をしていたのだが、ランケ史学の「支配」によって忘却された。またランケによって作られた政治史偏重のドイツ史学は、結果としてフランス等他のヨーロッパの史学からの立ち遅れを招いたとも指摘されている。もとよりドイツでも一九世紀末になると、カール・ランプレヒトに代表される新しい「文化史」の登場がみられた。また歴史学の革新的な方向として「歴史派国民経済学」が影響力を増していた。けれどもリースはそれらに対して否定的で、冷笑的な発言をしていたのである。

リースの功労と帰国

リースは講義では西洋の中世・近世のさまざまな問題を扱い、また専門のイギリス中世について細かな考察を伴う講義もしていた。けれどもドイツの大学でリース自身がそうしたように、日本の学生にヨーロッパ史の個別的テーマについて学位論文を書くことを求めることはしなかった。たとえ魅力的なテーマを設定したとしても、ここではそれに近づく手段がすべて欠けていた。図書館にはヨーロッパ史の刊行史料など何一つなかったし、歴史雑誌も専門書もまだ出ていなかった。たまたま丸善の店頭で新刊書を手にいれたとしても、それだけでは「論文」は書けないからである。

それでは日本人が世界の学会に貢献できる分野はどこにもないのであろうか。日本人がヨーロッパの歴史をやってもまともな研究にならないが、日欧交渉の歴史は別である。スペイン、ポルトガル、イギリス、そしてオランダと日本の交渉史、これは西洋でもほとんど研究がなく、しかも日本には多くの「なまの史料」がある。リースは大学当局へ進言して、ハーグ古文書館所蔵の日蘭関係古文書の謄写を行わせ、学生には東西交渉史を奨励したのである。同僚の坪井九馬三（つぼいくめぞう）（一八五八―一九三六）も異論はなかった。さらにリースは「和蘭国ヘーグ市に於ける日本歴史に関する古文書」「オスカル・ナホット氏の日蘭交通史」「平戸に於ける英国商館の歴史」「葡萄牙人日本より放逐されし原因」等々を『史学雑誌』に発表して、みずから範を示したのである。

ここでひとつのエピソードを紹介しておこう。戦後間もない一九五三年の暮れのこと、戦前の日本で最大の規模を誇った上野図書館の倉庫から「ふるい洋書」三六三〇冊が発見された。詳しい調査をするまでもなく、江戸幕府の「蕃書調所」の旧蔵本であることがわかった。大部分が蘭書で、英語と仏語が多少混ざっているが、ほとんどが一九世紀前半の刊本であったという。間もなく緒方富雄等の関係者によって「蘭学資料研究会」ができ、『江戸幕府旧蔵洋書目録』（一九五七）も作成されたわけだが、もしリースの在任中に発見されていたならば、どうだろうか。

　さてリースは三年の任期を何度も更新して、日本における歴史学の礎石づくりに尽力した。その間に何度か「賜暇」をもらい、ドイツに帰ってみずからの研究のための史料を集めたりしていたわけだが、一九〇二年を限りにドイツに帰国した。この点については、いろいろの憶測がある。例えば先の辻の「思ひ出づるまゝ」は次のように述べている。「先生が大学教師を罷免せられたのは、学内における人事の都合に由ることは勿論であらうが、又、一には当時外人教師に支払ふ俸給が、一ケ月金貨六百円乃至八百円であり、日本人教授の、高くても二三百円なるに対して、幾倍といふ高給であつたので、経費の上から之を罷めようといふ議が出たとも聞いて居る。この外に、尚この頃一般に国民の自覚といはうか、外人教師排斥熱が高じて、西洋人の力を仮らずとも日本人だけでやつてゆける、日本の学問は最早日本人自らで研究を進めてゆける、大学には最早外人教師の必要は無いといふやうな考が行はれてゐた。これが日露戦役前後に於ける、大学当局のみならず、一般社会の思潮ともいふべきものであつた」。リースだけでなく、ドイツ語のフローレンツ、哲学のケーベル、医科のベルツ、スクリバもそうである、というのが辻の見方である。的確な指摘といえるだろう。

　もとよりリース自身は釈然としなかったが、再任の打ち切りを受け入れざるを得なかつた。西川洋一の紹介によると、一九〇二年六月二〇日付のデルブリュック宛ての手紙で、リースは「私の後任は二人の日本人、すなわち二度ドイツで歴史を勉強した箕作（元八）氏、そして研究を更に深めるために一九〇三年二月に三ヵ年の予定でヨーロッパに行くことになっている村川（堅固）氏です。既に高等学校や師範学校の歴史の教師たちの範囲からは、ヨーロッパ人の講師なしにうまく行くのかという点について疑問が提起されました」「医科大学はこれから、そして理科大学は二年前から外国人教師なしにやっていますので、われわれの学部も、同様に、少なくとも一つの学科では日本人のみでやっていけることを示したいのです」と記している。

　リースの帰国に際して、三つの送別会が催された。七月三日には東京帝国大学、そして七月一〇日には文部省の主催で開かれた。この二つは同時に退官するドイツ人の獣医学者ヤンソンと医学者ベルツと一緒のもので、これらについては『ベルツの日記』に次のように言及されている。総長は日本語で、自分は三人を代表してドイツ語で話したのに、どちらも通訳されなかった。「大学は外人教授を遇するに礼を失したものと断ぜざるを得ない」。文相は「われわれ三人に簡単な宣言を下したが、ひとりひとりには言及すらせず」「各人が日本のために尽したことなどについては、一言も述べなかった」。このようにベルツは大変怒っているのだが、同席したリースの心境まではわからない。

　これに先立って六月二九日に上野精養軒で催された史学会主催の「リース教師送別会」は、リースにとっても心温まるものであった。梅雨の頃だから当日も雨であったが「山川

（健次郎）大学総長、上田（萬年）博士、宮崎（小太郎）博士を始め、本会会長重野（安繹）博士、同評議員三上（参次）博士、那珂（通世）博士、その他学士学生合わせて六十余名」の盛会であった。「リース博士が来朝以来、史学の開拓に従事されたる功績の大なることを縷述」した重野会長の挨拶は英語に通訳されてリースに伝えられ、彼も謝辞を述べた。心のこもった送別会であった。

帰国時にリースは四一歳で、まだ老年というわけではなかった。しかも彼には日本でできた家族があった。来日後間もなく、宿舎であった本郷の加賀屋敷で働いていた大塚ふくと結ばれ、一男四女の子供ができたのである。だがドイツに一緒に連れ戻ったのは男の子の応登（オットー）だけで、妻をはじめ家族を東京に残しての帰国だった。リースはその後も何度か来日して家族との再会を果たしている。再びベルリンに居を構えたリースは自分の仕事にとりかかった。翌年五月に教授資格請求論文を提出して、ベルリン大学の私講師となり、その年の冬学期からベルリン大学で講義をはじめた。だがこれは無給であり、一九二五年には員外教授となったが、これも「無給職」、つまり肩書きだけの教授であった。日本政府から年金が支給されていたとはいえ、帰国後のリースは経済的に恵まれておらず、心配した日本の教え子たちが時おり援助の手を差し延べている。

日本における近代歴史学の成立に果たしたリースの貢献について触れない史学史はないといってよいのだが、このことは、彼の抱懐していた「ランケ風の政治史学」がそのまま受け入れられたという意味ではなかった。『史学雑誌』にはリース帰国後に「ランケ祭」開催の記事がみられるが、多くはヨーロッパ史学の新しい動向に眼を向けつつあった。ドイツの諸大学では依然としてランケの高弟たちが政治史の砦を守っていたが、他のヨーロッパではすでに文化史、社会経済史の新風が吹き始めていた。このような新風に対してリースが否定的であったことはすでに述べたが、ひとつの具体的な証言がある。一九二二年に半年間ほど「世界大戦後の欧米諸大学の史学の研究及び教授の状況」等の視察のために各地の大学を訪問して、西洋史家顔負けの詳細な『欧米観察　過去より現代へ』（一九二六）を著した京都帝大の日本中世史家三浦周行（一八七一―一九三一）の会見である。三浦によると、「私が久方振で旧師 Dr. Riess 先生にベルリンのデルツフリンゲルの邸で面謁した時現今経済史の隆興について話すと、先生はそれがファッションであるといはれ、政治を離れて何の経済があらうと滔々両者の関係を述べられた後、近刊の Allgemeine Weltgeschichte を取出してこれは甚だ時代後れの本ではあるがと笑はれ乍ら手交された」という。

それから六年後の一九二八年一二月末、リースは実姉と散歩していて毒虫に刺されたのが原因で亡くなった。享年六七歳であった。翌年の『史学雑誌』四月号は「ルートヴィヒ・リース教授の逝去」を伝え、あらためて日本の史学の発展に果たした彼の功績を讃えたのである。

2　日欧交渉史の大家たち――リースの弟子たち①

リースの最初の弟子は「東洋史の泰斗」白鳥庫吉である。白鳥は卒業後、帝大の定員は一杯だということで学習院の教授となった。支那史の担当を求められ、専門でないと断ると「お前は史学科の卒業じゃないか、史学を修めた者が支那史をやれぬことがあろうかといわれて、よんどころなく引き受けた」というエピソードが知られている。白鳥は中国周辺の諸民族の歴史から始め、一九〇一年から二年間のヨーロッパ留学を経て、一九〇四年に学習院の教授のまま文科大学教授を兼任、東洋史を講じた。精力的に論文を書くとともに、『東洋学報』の創刊（一九〇九）に尽力した。一九一一年に帝大が本官で学習院は兼務となり、一九二四年には財団法人東洋文庫を設立した。

白鳥の他にも、後に専門分野で大家となった教え子は少なくない。けれどもすでに述べたように、リースは西洋史研究について基礎史料はもとより、専門的文献もないなかでは到底無理だとして、学生には豊富な史料が残されている日欧交渉史の研究を勧めたのである。ここではその分野の大家となった村上直次郎と幸田成友（こうだしげとも）について見ることにしよう。

村上直次郎

村上直次郎（一八六八―一九六六）は大分県玖珠郡森藩士の家に生まれた。維新後、漢学者の叔父が京都に出たのに付いていき、そこで同志社英学校（一八七五年創立、同志社大学の前身）に入学した。抜群といわれた彼の英語力の基礎はこの時代にできたのだが、勉強を続けるには東京に出るしかなかった。幸い世話する人がいて、当時東大予備門といっていた第一高等学校に入学したのである。明治二五年（一八九二）、さらに帝国大学文科大学に進学した。史学科を選んだ理由ははっきりと語られてはいないが、高校の友人が史学科で、長崎市の嘱託を受けてキリスト教関係の資料編纂などをしていたのを手伝ったこと等が挙げられる。こうして史学科でさらに大学院でリースの指導を受け、日欧交渉史を専攻することになったようだ。リースとはわずか七つ違いだが、晩年の回想で村上は次のように語っている。

「リース先生はいい先生でした。歴史を教えていたほかの人よりも、いちばんよかったかも知れません。（中略）リース先生の英語は、初めはだいぶ骨を折ったけれども、なれてくるとわかりいい方でした。先生の人柄は、厳格な方だったかもわかりません。まあ、やかましいんでしょうね。しかし、先生の講義を私が速記して持っていく、そうすると、つけ足したり、直したりしてくださるが、どうせこちらの力はきまっておるんだから、そうひどく叱られることもないし、ずいぶんよくしていただいていました」

村上の史学科在学中は、リースの他に坪井九馬三も四ヵ年に上るヨーロッパ留学から帰朝して教壇に立っていた。坪井も「東西交渉史」に深い関心を示していて、その方面の研究にも手を染めると同時に、受講の学生にも鼓吹していたという。そのため当時史学科に在学した学生は一時この方面にみな心を惹かれ、創刊の頃の『史学雑誌』にはほとんど毎号関係論文が掲載されるという有様であった。

村上は卒業後おもに帝国大学と東京外国語学校等で教鞭をとり、後者の校長も長く務めた（一九〇八—一八）。村上の仕事にとって大きかったのは、一八九九年から三年間にわたっ

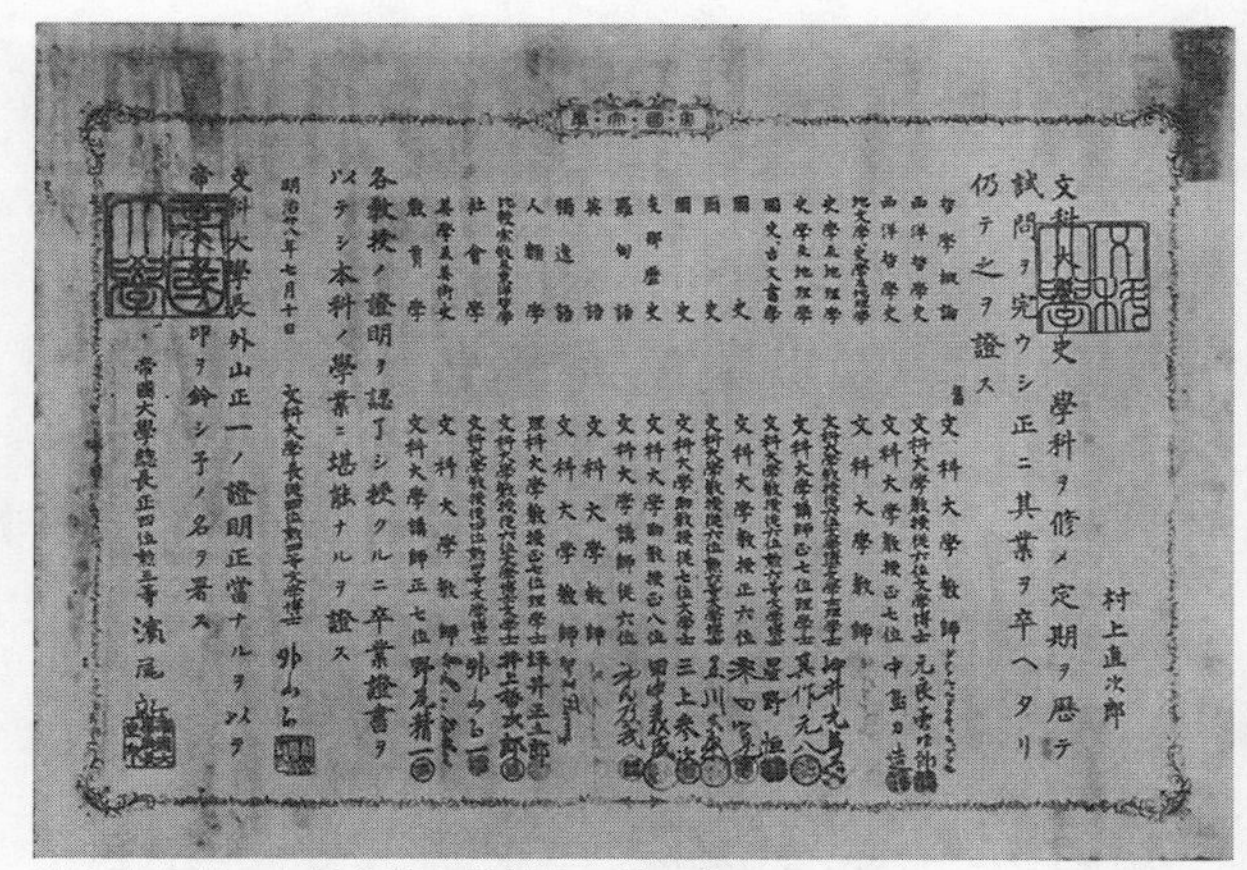
村上直次郎

文科大學史學科ヲ修メ定期ヲ歴テ試問ヲ完ウシ正ニ其業ヲ卒ヘタリ仍テ之ヲ證ス

各教授ノ證明ヲ認了シ授クルニ卒業證書ヲ以テシ本科ノ學業ニ堪能ナルヲ證ス

明治廿八年七月十日　文科大學長従四位勲四等文學博士　外山正一

文科大學長外山正一ノ證明正當ナルヲ以テ帝　印ヲ鈐シ予ノ名ヲ署ス

帝國大學総長正四位勲三等　濱尾新

村上直次郎の文科大学卒業証書。教員名の右から４人目にペン字によるリースの署名がある。キリシタン文化研究会編『キリシタン研究』第12輯、吉川弘文館、1967年より

て、「南洋語学及び同地理歴史学研究」のためにスペイン・イタリア・オランダ留学を命ぜられたことである。村上は史料を求めてヨーロッパ各地の文書館を訪ねたわけだが、その概要は後に「外交史料採訪録」（一九〇四〜〇六）として発表された。ポルトガルではリスボンに続いてエボラという町を訪れた。今では人口も少なくさびしいところだが、古来大司教の居所であった。「エボラの大司教は往時日本のキリスト教会を監督し、九州三侯の使節が往復とも此の地に立寄ってその客となったこともあるので、日本史料も保存してあろうと思って行った」。けれども外交史料は少なく大いに失望したが、村上はエボラの図書館で一つおもしろい発見をした。「それは同館に金屏風が破れて下張の反故を現わしたのがあったが、その反故の中に

は、日本紙にラテン文やポルトガル文を認めたのも見えるので、許可を得て段々剝いで見ると、キリスト教書類の原文と訳文とを対照したのや、フロイスのポルトガル文書状であった。屛風はもと何枚折幾双であったか知れないが、今五枚だけ残っていて、右の外に教書の写しや、安威五左衛門という人の往復文書、キリシタンの書簡等が数通張ってあった。何れも史料として大きな価値があるのではないが、いかにも意外な仕方で、史料が保存されてあるのは注意すべきことである」

それから二十数年たった昭和三年から五年にかけて、後にみる幸田成友、岡本良知、土井忠生等の専門家がつぎつぎとエボラを訪問したが、破損された屛風の骨だけしか残っていなかったという。けれども戦後、村上の弟子の松田毅一はそこで新しい発見をしているが、これについては『南蛮史料の発見』(中公新書)の参照を願うに留めたい。一五九八年にエボラで出版された在日イエズス会士書簡集の村上による訳業は、キリシタンのおおよその全貌を把握するうえで、また研究史料としても大きな役割を果したのである。

また村上は在学中から台湾の歴史編纂とかかわっていて、一九二八年に台湾に設立された台北帝国大学に七年間勤めた経験をもつ。文政学部に置かれた南洋史学講座の教授としてであり、「我が国」では唯一のユニークな講座であった。「南洋史」がいかなる範囲なのかは判然としないが、台湾と「南支南洋」、つまり中国南部と東南アジアを含めた歴史と地域研究が想定されていたと思われる。村上の後任が岩生成一であり、彼もヨーロッパ各地で多くの関連史料を蒐集したのち、一九四〇年に『南洋日本町の研究』を著した。この本は「帝国学

村上直次郎

1924年頃の東京外国語学校。『東京外国語大学史』より

士院賞」を受けた。

村上の没後に刊行された『キリシタン研究』第一二輯は村上記念号であるが、そこに「先覚者村上博士」を寄稿している岡本良知こそ、村上によって開拓されたイベリア両国の文献資料を一段と深化させた人である。一九三六年に刊行された『十六世紀日欧交通史の研究』がそれであるが、彼はリースにも村上にも直接教えを受けたわけではなかった。一九二二年に東京外語の葡語科を卒業して、ブラジルに赴き「理想郷建設を計画したが、パニックのため挫折、以後東西交渉史を専攻した」という変り種である。特にポルトガルでの史料調査の経験が豊富で、右の大著を仕上げた。戦後の一九五七年から停年までの一五年間、亜細亜大学教授の定職を得るが、それまでは市井の研究者であったのである。

あらためて言うまでもなく、日欧交渉史にはスペイン、ポルトガルを中心とするキリシタン関係とは別に、もう一つの大きな分野がある。オランダ、イギリス等のプロテスタント諸国との関係で、これについても村上は大きな業績を残している。イギリスの東インド会社商館記録、オランダの『バタビア城日誌』、そして『出島蘭館日誌』の訳業がそれである。またそうした訳業の傍ら、一九一四年に日蘭協会が編集した『日本と和蘭』に収めた歴史の部分を改訂して、翌年『日蘭三百年の親交』を刊行した。また『貿易史上の平戸』（一九一七）は平戸を中心としたイギリス、オランダ両東インド会社の日本における活動を概観した小著だが、この分野での先駆的著述であった。このように村上は日欧通交史の二つの分野の開拓者として大きな役割を果たしたが、その全体をまとめた著作を残すことはなかった。村上は何よりも史料の発掘と蒐集、そしてその邦訳に心血を注いだのであり、そこに彼の本領があった。岩生によると、村上は七ヵ国語に精通していたが、『バタビア城日誌』の翻訳に際しては、「あの難解な十七世紀の日誌のオランダ文の本文を手にして読みながら、他方では直ちにその日本語の訳文が口を衝いて出て、側の学生にこれを筆記せしめられた」という。

幸田成友

同じくリースの弟子として日欧通交史の研究に従事して大きな成果を挙げたのが幸田成友（一八七三―一九五四）である。幸田は東京神田に生まれた根っからの江戸っ子で、小説家の幸田露伴の弟としても知られている。生家は「専ら大名、旗本及び諸有司の給仕に服す表坊主」であったが、維新後父親は大蔵省の属官となったという。東京師範学校の附属小学校から東京府中学、共立学校（現在の開成中学、高校）、そして第一高等中学校を経て、一八九四年に帝国大学文科大学史学科に入学した。けれども史学科の講義は「相互に脈絡がなく、進度も勝手で」、学生の向学心をそそるものではなかった。その点が不満で、いつも不平を鳴らしていたため、仲間から「鯨」という渾名がつけられていたという。

幸田はリースの授業について次のように述べている。「我等は在学中、独人ルードヴィヒ・リース先生から数年連続した世界史の講義の一部と独逸近世史とを聴聞した」「先生の講義は英語ですから、試験の答案も勿論英語で書かねばならぬ。講義そのものが相当難しいところへ、語学の困難が加るので、学生の苦痛は可成大きかつた」。けれどもリースの史学演習には大いに啓発され、みずから史料編纂掛に出入りして勉強していたという。

卒業後、幸田は大阪に赴いた。仕事は大阪市史編纂であって、これに実に八年を費やした。当時の日本には手本とするような市史がなかったから、西洋で出ている二、三の市史を参考にしたというが、幸田の仕事は徹底していた。本文二冊、資料四冊等で合計八冊の大阪市史は「今日なお市史中の白眉」とされている。この編纂事業との係わりで大阪の経済史研究が始まり、さらにその後江戸についても同様な考察の対象とした。代表作のひとつ『江戸と大阪』は一九三四年に刊行された。

幸田成友

東京に戻った幸田は、一九一〇年から慶應義塾文学科、その一〇年後に東京商科大学本科に勤務して生活も安定したが、それに伴って日欧通交史への関心が一段と強まった。幸いにも一九二八年五月から二年間、彼は文部省在外研究員としてオランダに留学した。このとき幸田は五五歳であった。彼の『和蘭夜話』によると、「和蘭と日本との関係は長くして且つ深い。従つて同国ヘーグ府の国立文書館には日本関係の文書が極めて豊富にある。一部分でよいからそれを読みたい、出来ることなら或る時代の日蘭交通の史料を捜索して、多少なりと日本側の史料を補足したいと兼兼存じて居つた」「海外留学は若い学徒の斉しく希望するところで、自分も嘗て之を夢想した一人であつたが、今五十何歳になつて、始めてそれが実現したのですから、人一倍欣喜踊躍して出掛けた次第です」。

こうした経過を経て、一九四二年六月に『日欧通交史』が刊行された。この本は論文を集めたものではなく、オランダ留学から帰った後三度にわたって行った講義案を改訂したもので、「足利氏の末葡萄牙人の来朝から、徳川氏の初彼等が長崎から逐はれ、平戸の和蘭人が代つて長崎へ移住したまで」を対象としている。全体で二三章に分けられ、この一〇〇年間の基本的問題が最新の研究動向とともに概観されている。最初に「碧眼紅毛の白色人種」との出会いは、日本人の自己認識という点でも興味深いと通交史研究の意義を述べて、本論に入っている。ちなみに幸田は、これとは別に「聖フランシスコ・ザビエー」や「三浦按針」についても書いているが、この徳川家康の顧問のイギリス人三浦按針については、次の世代の岡田章雄（一九〇八―八二）の名著『三浦按針』が一九四四年九月に出ている。

ところで『日欧通交史』の序で、幸田は出版に際して世話になった慶應の史学科の二人の弟子の名を記している。一人は吉田小五郎（一九〇二―八三）で、一九三八年にパジェスの『日本切支丹宗門史』を訳出した他、本格的なザヴィエル伝をものするキリシタン史の専門家となった。もう一人が渡辺基、後の林基（はやしもとい）（一九一四―二〇一〇）で、戦後百姓一揆研究者として著名となったが、幸田の下で日欧通交史家として出発した。最初の論文は一九四四年の『社会経済史学』に掲載された「パンカダ（葡語で、商業取引法の意）について」で、戦後の一九四七年に卒業論文を手直しした「糸割符の展開――鎖国と商業資本」は鎖国論に一石を投じたものである。

幸田はいつも、日本史をやるものでも外国語は必要だと言っていたという。また日本史及び日本研究をしている外国人と懇意にしており、特にイギリス人ボックサーとは昵懇の間柄であった。外国語について言えば、林はのちに師以上の幅広い外国語の知識をもった。西欧諸語に通じていただけでなく、戦後「階級闘争史」の理論的深化のためにロシア語を習得して精力的に「ソヴィエト史学」の紹介に努めたのである。ちなみに村上直次郎は「斗酒なお辞せず」という酒豪であったが、幸田も晩酌をやらないと昼と夜の区別がつかないと言っていたというエピソードの持ち主である。

これは必ずしも余談ではないが、幸田は戦後の西洋経済史学を牽引していく三人の若き学者とも深い交流があった。東京商科大学の増田四郎（一九〇八―九七）は、学生の頃日本史に関心を持ち、学部では「幸田ゼミ」で勉強した。間もなく西洋史に転じてドイツ中世都市の研究に入るが、後々まで幸田の人間的、学問的魅力にひかれた一人であった。幸田の著作

増田四郎

集（中央公論社刊）の刊行に尽力するとともに、『日本の歴史家』では幸田を担当・執筆している。同じくドイツ中世を専門とした慶應義塾の高村象平（一九〇五―八九）は、慶應の助手時代以来長く幸田との公私のつきあいがあったという。高村は在日ポルトガル代理公使の依頼で、一九四二年にポルトガルと日本の交渉を『日葡交通史』として纏めたが、幸田の『日欧通交史』が出たときは「むさぶりついて」これを読んだという。もう一人は大塚久雄（一九〇七―九六）である。大塚は「昭和十年の夏」、信州追分でオランダ東インド会社の歴史を勉強し始めた頃、旧本陣の離れ家に投宿していた幸田と親しくなった。あるとき「きみ、経済史なんかやめて、日欧通交史の勉強をしたらどうだい」と言われ、東京に帰ってからも荻窪の幸田宅の「あの立派な書庫の莫大な蔵書」をみせられる等して、「心が大いに動いた」と記している。大塚の仕事については第五章で詳しくみることにしよう。

村上、幸田以外にも日欧通交史の研究に従事したものは少なくない。村上と同期の斎藤阿具（一八六八―一九四二）は漱石の友人として知られるが、長く一高教授として勤務の傍ら、オランダ商館長ズーフについて『ヅーフと日本』を著し、彼の『日本回想録』を翻訳している。

大黒屋光太夫の『北槎聞略』

次にロシアとの通交史について取り上げておこう。村上直次郎は何度か母校に出講しているが、亀井高孝（かめいたかよし）（一八八六―一九七七）は村上の「日本外交史」の講義を聴いて、この分野に関心を持ったという。亀井は後に一高の西洋史の教授となり、敗戦の前まで二〇年余り勤務するのだが、写本との出会いは大正の初年というから、一高教授以前の話である。彼は「村上先生の手引で明治以前の対外関係のものに気を惹かれたため、おのずから長崎、蝦夷につながるもの、さらに幕末の日露交渉の書目を渉猟」していた。夥しい日露交渉関係文書を所蔵している内閣文庫通いをしていたその頃、神田の和本屋で『北槎聞略（ほくさぶんりゃく）』という珍しい写本に出会った。「いわゆる漂流ものだが、一読して天下の一奇書」であると直感するが、間もなく先の内閣文庫で本書の「正本にして進献本と思しき写本」を発見したのである。

『北槎聞略』は現在岩波文庫で読むことができるが、ここで作成の経緯について簡単な説明を加えておこう。一七八二年末、紀州藩の廻米を積んで江戸に向かった伊勢白子の船頭大黒屋光太夫等一七名は嵐にあって漂流、一年半後ロシア人に救助された。首都のサンクトペテルブルクまで出向いての光太夫の懸命な帰国嘆願の末、一〇年後の一七九二年、ロシア使節ラクスマンが通商を求めて根室に来航した際に同行して帰国した。光太夫は江戸で幕府の取り調べを受けるが、このとき彼等の事情聴取にあたったのが官医桂川甫周（かつらがわほしゅう）であった。桂川はさらに多数の史料を駆使してこれを補い、全体で一二巻に纏めた。成稿は聴取の僅か二年

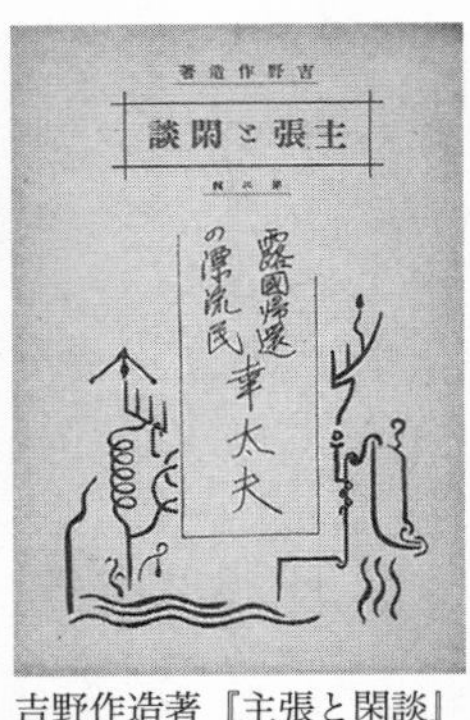

吉野作造著『主張と閑談』第二輯の表紙。文化生活研究会、1924年

後のことである。三巻までが一行の漂流談、四巻以下が光太夫の見聞を基にしてロシアの地理、風俗、官制、産物、言語等を記している。聡明な光太夫の見聞の確かさによって、エカチェリーナ二世治世（一七六二―九六）のロシアについての第一級の史料がこうして生まれたのである。

さて亀井は二つの写本について「厳密なる校合」を加え、巻軸と地図等を「残りなく写し得て、これを筐底に蔵し」たが、その後の経過がなかなか面白い。亀井の発見の後の一九一四年七月、言語学者の新村出（しんむらいずる）が「伊勢漂民の事蹟」という文章を書いている。また亀井の私蔵本は東京帝大の法科大学の政治学教室の某氏を経て吉野作造教授の目に留まり、「同教室でこれを台本として写本された筈である。それほどこの本は当時世に知られない稀覯（きこう）本であった」。言うまでもなく吉野は「大正デモクラシー」のオピニオン・リーダーであるが、この頃「明治文化研究会」を作っていた。自分の個人誌『主張と閑談』の第一輯の「新井白石とヨワン・シローテ」では『西洋紀聞』を、一九二四年一〇月刊の第二輯の「露国帰還の漂流民幸太夫」では『北槎聞略』を詳しく紹介したのである。

亀井はその後も本書の存在についての情報を探していたが、「私蔵するに忍びず」二〇年後にこれを出版に踏み切った。かつて友人の田中秀央が、『希臘語文典』を出すためにギリシア字母の型を新鋳させた等で知っていた三秀舎の社主に依頼したところ、快諾された。こうして一九三七年末に『北槎聞略』は豪華本として五〇〇部上梓された。一高での亀井の担当は西洋史であったが、ロシア語ができるわけではなかった。だが晩年にまとめられた回想録『葦蘆葉の屑籠』によると、本書が縁で亀井は戦後『大黒屋光太夫』を著しただけでなく、一九六五年六月に「愉しい四〇日」のソヴィエト学術旅行の招待を受けたのである。

『アメリカ彦蔵自叙伝』

最後にアメリカとの交渉史についても簡単にみることにしよう。一九三二年一〇月に『開国逸史アメリカ彦蔵自叙伝』という本が出た。土佐の漁師万次郎が漂流してアメリカの捕鯨船に救助された後、アメリカで教育を受けて帰国し、幕府に仕え通訳として遣米使節に随行したジョン万次郎こと中浜万次郎（一八二七―一九八）の物語は広く知られるが、この本の主人公は播磨の浜田彦蔵（一八三七―九七）である。彼も遭難漂流ののちアメリカ船に救助されて渡米、そこでさまざまな仕事を経験するのだが、そのなかで洗礼を受けて「ジョセフ・ヒコ」となりアメリカに帰化した。そしてアメリカ領事館付き通訳として、日米外交交渉及び貿易に従事した。彼が後世に名を残すことになるのが自叙伝『ザ・ナラティヴ・オブ・ア・ジャパニーズ』で、発行日は「明治二十八年五月」である。

『アメリカ彦蔵自叙伝』の校訂者として「解題」を書いたのは高市慶雄（一八九八―？）である。高市はフレーベル館の創業者の家に生まれ、後に跡を継ぐのだが、一九二六年に帝大の西洋史学科を卒業した。翌年から四年間東京女子大学の西洋史教授を勤めたが、その間ルイス・フロイスの『日本史』を翻訳する等この方面の関心が強かったと思われる。同じ頃「明治元年から同二十三年国会開設迄の間に現れた文献を網羅する」三一六ページの『明治文献目録』も編集している。他方西洋史の方では、「基督教北欧伝播の発端」なる論文があり、また二冊の概説を著したが、どちらも取り立てて評価に値するものではなかったようだ。ちなみに『アメリカ彦蔵自叙伝』は戦後別の人物によって改訳され、平凡社の「東洋文庫」に収められている。

3　西洋史家の誕生――リースの弟子たち②

リースの帰国後、東京帝大の西洋史は二人の教授、すでに言及した坪井九馬三、そして箕作元八（一八六二―一九一九）によって担われた。坪井についてはその博識とともに数々の逸話が知られているが、方法論についての著作を残しただけである。箕作の方は特に晩年の講義『フランス大革命史』上下巻によって知られる。本書については箕作の『滞欧「箙梅日記」』に附された柴田三千雄の解説「箕作元八とフランス革命史」の参照を求めたい。だが二人はリースの同僚であって弟子ではなかった。それぞれ独自の方法で道を拓いたわけだが、間もなくもう一人がスタッフに加わった。村川堅固（一八七五―一九四六）である。

村川は熊本県の藩士の家に生まれ、五高を経て一八九五年に帝大文科大学史学科に入学した。リース、そして坪井の示唆もあって学生時代から「近世における西力の東漸」に関心をもち、大学院では東南アジアに於ける西欧人の侵略を研究テーマとした。村上直次郎から頼まれて徳川初期日本在住英人の書翰集の翻訳をしたこともあり、村川の晩年に出版されたジョン・セーリス著『日本航海記』の翻訳もその一つである。セーリスとは平戸のイギリス東インド会社の貿易隊司令官で、のちに駿府と江戸で徳川家康・秀忠にイギリス国王の書簡を手渡した人物である。

だがリース帰国直後の一九〇三年、村川が「欧洲留学を命ぜらるるや、研究方面は一変した」。というのは彼の留学には上から与えられた課題があった。つまり「我国の西洋史学界の状態は未だ整わず」、唯一の研究教育機関たる東京帝国大学にも「古代史に欠けるところがあった」。彼の留学は「その欠陥を補う」ためのものであった。ちなみに官費留学生の場合、この頃ドイツ留学が圧倒的であって、箕作の日記によると、一九〇〇年一月三日夜ベルリンのホテルで催された「日本人会の新年宴会」には「会するものほぼ九十名近く、広き室も一杯」という状況であった。丸三年に及ぶ留学を村川は主にドイツのミュンヘンで古代史研究のために過ごしたのである。

帰国後の一九〇六年五月、村川は東京帝大の助教授となり、古代史の講義を担当した。一〇年後に『西洋上古史』、つまり古代史の概説を著したが、その後一九一八年に村川はランケを翻訳・出版している。すでに述べたように、バイエルン国王マクシミリアン二世に対するランケの講義「近世史の諸時期について」がそれで、興亡史論刊行会から『世界史論進講録』として上梓された。本書にはリースが「空前の大史家」とした「序」を寄せ、附録として「近世列強史論」と「政治学説史論」が併せて訳された。さらに村川自身の「レオポルド＝フォン＝ランケ伝」と「ランケ著述要目」が付され、ランケ史学のよい解説書となっている。

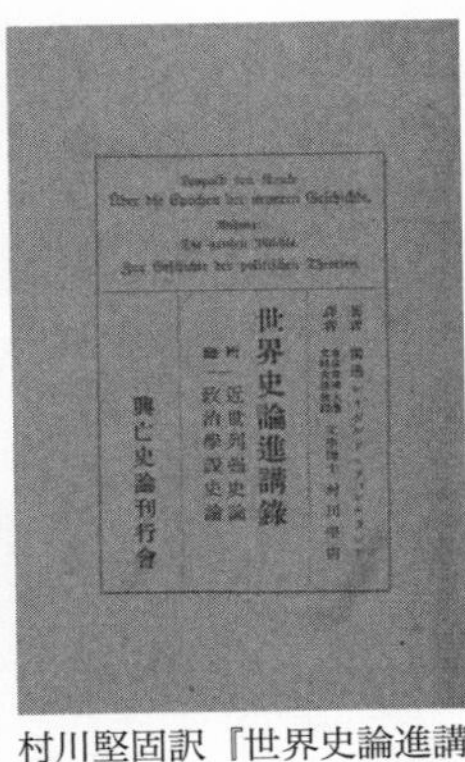

村川堅固訳『世界史論進講録』扉。日本における最初のランケの翻訳である

さらに一九三一年、村川は列国史叢書の一冊として『希臘史』を著した。扱われているのはもちろん古代だけで、「最近までの最も主要な研究の成果」を参照して書いた最初の本である。一四章から成る概説ではあるが、特に「ヘレネスと先住民、先進文化との関係、古代文化の最高峰をなす五世紀文化の背景たる都市国家人の経済生活、都市国家の崩壊とヘレニズムの進展に対する社会史的考察」等に多くのページが割かれた。ヨーロッパの最新の成果を摂取した本書は「我が国ギリシア史の白眉」という評価を得たのである。村川は一九三五年に定年退職するが、彼のギリシア史は、一九三〇年に東京帝大の西洋史学科を卒業して一高教授となった息子の堅太郎によって引き継がれる。ちなみに一九二三年に今井登志喜（いまいとしき）が近世史担当として、一九二九年に山中謙二が中世史担当として加わるが、彼等の仕事については後の章で言及することになるだろう。

ところで、村川が訳したランケの『世界史論進講録』が出版されると、これを詳しく紹介

してその訳業に「満腔の敬意」を送ったのが、同じくリースの指導を受けた京都帝大教授の坂口昂（さかぐちたかし）（一八七二―一九二八）である。京都に二つ目の帝国大学の設置が決まったのは一八九七年のことで、二年後に法科大学が開校した。京都帝国大学はわが国第二の帝国大学であるが、その後に続く帝国大学の増設過程の一齣（こま）ともみられる。けれども「京大の登場は、単なる帝大の増設を越えて、それ以上の歴史的意味、もしくは歴史的期待が込められていた」という点を詳しく論じたのが潮木守一（うしおぎもりかず）の『京都帝国大学の挑戦』（一九八四）である。興味津々の本であるが、素材は法科大学であって、他の大学（現在の学部）についての分析はほとんどない。京都の文科大学は少し遅れて一九〇六年に設置され、そして翌年に史学地理学講座が開設された。その西洋史の初代担当教官となったのが坂口と原勝郎（はらかつろう）（一八七一―一九二四）の二人であった。二人はともに帝国大学文科大学史学科の卒業で、リースの指導をうけていたのである。

坂口昂。我が国における西洋史学の草分け

坂口昂は兵庫県に生まれ、大阪中学を経て三高、さらに帝国大学に進学した。子供の頃から健康に勝れず、しばしば休学を余儀なくされていて、卒業は二五歳のときであった。史学科の教師はもちろんリースであり、彼がリースから受けた影響は大きいのだが、これについては後述する。謂わば西洋史学の元祖のような坂口も、最初の関心は日欧交渉史にあった。卒業論文は「耶蘇会史、特に其の支那に於ける関係」というタイトルであったという。

大学卒業後、坂口は母校の三高の西洋史教授となるが、一九〇七年に京都帝大に文科大学史学科が創設されると、助教授として着任した。そして翌年に欧州留学が決まり、一九〇九年三月に日本を発ち、まずイギリスに渡って大英博物館を勉学の中心と定めた。次にベルリン大学に在学して歴史学を学ぶのだが、ベルリンには先年帰国したリースもいた。遺族によって公にされた彼の日記には、リースの配慮で「伯林大学文科学生の一人となる。好老書生！」と記している。ベルリン大学には九ヵ月いたが、翌年一月から九〇日ばかり念願の東地中海旅行をした。一九一一年末に帰国した坂口は翌年に教授となり、以後一九二八年まで京都帝大の西洋史学を担ったのである。

坂口の著書の多くは死後に刊行されているが、生前に出たものとして『世界に於ける希臘文明の潮流』がある。これは一九一六年八月初めにおこなわれた京都帝国大学夏期講演会の講演に手を入れたもので、翌年刊行された。その目次を掲げておくと、「序論　ヘレニズム」に続いて、「都市国家の盛衰」「アレクザンドル大王」「ヘレニズム初期の雅典」「希臘文明の東方伝播」「希臘文明の羅馬に及ぼしたる影響」「古代の宗教界と希臘文明」「近代文化と古典　上」「近代文化と古典　下」「結論　希臘文明の価値」である。巻末には三三の参考書目、挿画として六二葉の図版が附されている。

坂口の講演は八月一日から七日迄の一週間、毎日午前一〇時から二時間おこなわれた。聴講者は四二名であったというが、彼はこの講演に大変力を入れていて、その出来に満足であった。日記には「何はともあれ自分としては本講演ほど自賛自信をもちたるものは未だ嘗て之なき也」と記しているが、本の売れ行きもよかった。関東大震災で原版が失われたが、岩波書店から新版が出ており、敗戦後間もなく再々度刊行されている。現在からみると、坂口の本は大正期の教養派に見合った、「文化的達成の高みだけを辿つた」文化史である。また古代史家の眼からみると、「ギリシア文明の根柢に奴隷の労働があつたといふ指摘はどこにもない」という批判になる。正当ではあるが、いささか時代を超越した評価と言わなければならない。

坂口のもう一つの関心は歴史家ランケに向けられた。これは明らかに師リースの影響と思われるが、村川堅固が一九一八年にランケ『世界史論進講録』を出版したところ、すでに指摘したように坂口は文学部の機関誌『芸文』にその詳細な紹介を書いた。その後みずからも「ローマンチック時代に於ける一青年史家の生立」「ランケの史学と彼の体験したる革命との関係」等の個別のランケ研究を発表している。没後に刊行された『独逸史学史』は晩年の四ヵ年の講義録で、一八世紀の啓蒙時代からテオドール・モムゼンに至る五五六ページの大冊であるが、中心はランケである。本書のうちランケに当てられているのは全体で一四〇ページに及び、彼の生涯と学説が詳述されている。村川の訳書にも約三〇ページの「ランケ伝」が付されていたが、坂口の論文・講義録は質量ともにそれを大きく凌駕するものであった。『芸文』の「坂口博士追悼号」のなかで、植村清之助は坂口がランケに傾倒し、「先生の史風は専らランケの感化影響の下に完成したもの」と述べている。弟子の一人は坂口を「日本のランケ」とまで形容しているが、坂口は師の学恩も忘れることはなかった。一九二二年に弟子の安藤俊雄と共にリースの『普遍的世界史』の第一巻「緒論」を『世界史の使命』として翻訳・刊行したのである。

坂口の史学史研究についてもう一点だけ、「ランプレヒトを憶ふ」を見ることにしよう。ランプレヒト（一八五六―一九一五）はランケ学派とはげしい方法論争を演じた世紀転換期の大歴史家であるが、坂口は彼の死去の一年後「先年往訪の宿縁もあり」、史学研究会で講演した。それは彼の著作とケチュケの追悼文に基づく、修学時代から晩年に至るまでの歴史家ランプレヒトの生涯の周到な解説である。

坂口の専門家としての関心は古代ギリシアに向けられていたことは先の著書からも明らかであるが、坂口自身、昭和天皇が摂政であった大正一四年の九月末に二度にわたって進講した経験をもっている。題目は「希臘の政治の実際と理想」「アレクザンドル大王の文化的使命」で、二篇ともに遺稿集『世界史論講』に収録されている。

もう一人、坂口と共に最初期の西洋史学科を担った原勝郎についても短く述べておこう。原は盛岡藩士の家に生まれ、一高を経てその教授となった。だが京都帝大に史学科が出来るということで、原もまた一九〇七年に京都にやってきた。それから五二歳で亡くなるまでの一七年間、原は「最近世史担当教授」として教育と研究にあたった。長年同僚として過ごしてきた坂口の追悼文「吾がデルブリュック」は原の仕事と人柄をよく描いている。まず「君は歴史家として誰に最もよく肖ていたか」と自問して次のように述べている。原は大学卒業後「早くも少壮にして軍役に就き、大陸に遠征した」こと、また「居常喜んで兵馬の事を談じ、壮んに政治外交を説き、殊に晩年の数年間は、連年専ら力を世界大戦史の研究とその講述とに集中して居た」。つまり原は生涯にわたって軍事とその歴史に強い関心を抱いていたのであり、その点で「伯林派の老雄デルブリュック」を彷彿とさせるものがある。もとよりこれは偶然ではない。原は最初の外遊中、デルブリュックの軍事史の史学演習を聞き、「再遊の時」にも師を訪ねた。つまり当初からリースの直接の師に当たるデルブリュックに親近感を抱いていたと推測される。坂口によると、原の「世界大戦史」は「君のレーベンスアルバイトたるべきもの」であったが、これは未完に終わった。

原の人柄について、坂口はその談論風発ぶりとともに、「雷部長」の綽名があったことを伝えている。周囲のもので原の「一喝を喫しない者は殆んどなかつた」。けれども「君の怒は如何なる場合であつても、只だその場限りであつて、霹靂一声、雷雨一過すれば、その跡は満天の光風霽月、些の陰翳だも残さなかつた」と暖かい目で記している。原の雷は伝説となった。坂口の弟子にあたる鈴木成高（一九〇七―八八）によると、「嘗ての京大名物」であった「耳をつんざいて縮みあがらせる」原の怒号は「教わったことのない、したがって怒鳴られたことの一度もない私の耳にまで、それは鳴り響くような錯覚を抱かせる」。当時の西洋史専攻の学生は「あっても二三人、一人もない年も珍しくはなかった」が、「噂によると、原さんが怖くて西洋史には学生が寄り付かなかった」「事実、原さんが亡くなると途端に一挙に十名という京大西洋史始って以来の盛況を呈した」。したがってこの噂はまんざら嘘とも言えないわけだが、かつて原と大喧嘩したこともあるらしい西田幾多郎が「原という男は」と笑いながら語るその口調と表情には「深い親しみと一種の敬意がこもっていた」と記している。この点で本物のデルブリュックはいささか異なる。先のヒルグルーバーは歴史家デルブリュックの功績を認めながらも、彼はごく身近な知人や同僚に対してさえ寛大ではなく、「いつも憤激と驚歎とを同時に同時代人たちのなかにまきおこさざるを得なかった」「偏狭な人物」として描いているからである。原の死後、彼の講義録が出版されたが、『東山時代に於ける一縉紳の生活』という名著をはじめ日本の中世史研究にその名を残した。特に鎌倉時代を積極的に評価したことで知られるが、原の中世観の背後にはヨーロッパの古代・中世の展開についての見取図があったという。

原の亡き後を継いだのは植村清之助（一八八六―一九二八）であった。植村も三高を経て東京帝国大学の史学科に学ぶが、リースはすでに帰国していた。専攻は西洋中世史であり、卒業後は三高の教授、そして京都帝大の助教授となった。一九二三年から二年間のヨーロッパ留学ののち植村は教授に昇任した。だが三年後の一九二八年一月先輩教授の坂口を亡くした。彼は追悼文のなかで、歴史家としての坂口の優れた人となりを記しているが、その僅か半年後の一〇月、こんどは植村自身があっけなく病死したのである。享年四二歳であった。

植村の死後程なく論文集『西洋中世史の研究』（一九三〇）が刊行された。前編は「中世初期に於ける国家的社会的変遷の研究」として、五、六世紀の転換期における政治、社会経済、そして思想の全体を基本的な文献・史料を引きながら叙述したものである。「序言」によると、これは植村が闘病中に提出した学位論文で、審査が終わって文学博士の学位の授与が決まったとき、「君已ニ亡シ」。全体で二〇〇ページ、本書の過半を占めている。

後編は中世の社会経済史を扱った六本の論文から成っている。植村はウィーン大学の中世史の碩学アルフォンス・ドープシュ（一八六八―一九五三）を最初に日本に紹介した。本書に収録されている五〇ページを超える「ドプシュ氏『カロリング』朝時代の経済発展に就いて」は一九一五年の『史学雑誌』に連載された。七〇〇ページ余の浩瀚な『カロリング時代の経済発展』上下巻の内容を七つの論点に絞って紹介するとともに、「整美を極めた旧学説の結論を全然破壊し去った跡に建設せられた氏の新説は、外観上不秩序不統一を免れないけれども、其基礎確固建造確牢なる点に於て、前者に勝ること数段であろう」と、本書の学説史的意義を明らかにしている。

以上のように、坂口、原が政治史、そして新しい文化史が中心であったのに対して、二人より一五年ほど若い植村の関心は、おもに社会経済史に向けられていた。旧来の政治史学がただちに終焉を迎えたというわけではないが、時代の変化は誕生間もない西洋史家たちにも強い影響を及ぼし始めた。社会経済史学はこの国でも大きなうねりとなりつつあった。

第二章　歴史の経済的説明
——欧州経済史学の先駆者たち

はじめに

お雇い外国人のリースが帰国して三年後の一九〇五年六月、一冊の小さな本が翻訳・出版された。「人類が社会的生活を創めし以来今日に至るまで、多くの国民は或は勃興し或は進歩し、或は逆に衰頽せり、しかるに其の主たる原因は実に其の社会に於ける内部及び外部の経済的関係に帰すべきものなり」「歴史之経済的説明は他の説明方法と同等の価値を有せる一種の説明方法と云うよりも、寧ろ経済的説明こそ特に主要なるものなりと主張せんと欲す」。このような主張を持った『新史観　歴史之経済的説明』という本の訳者は、当時二六歳の青年学徒河上肇（一八七九—一九四六）であった。

河上は山口県岩国の生まれで、一九〇二年に東京帝大法科大学を卒業した。だが就職がうまくいかず、次善の策として大学院で研究を続けることにしたという。専攻は「経済史、特に近世経済政策史」であった。当時の帝大では経済史の「講義」はあったが、「講座」はなく専任の教授もいなかった。河上は講師のアルバイトをしながら勉学を続けていたが、一九〇三年の四月か五月頃、同郷の友人から新刊本を譲り受け、二年後に昌平堂という小さな出版社から翻訳・出版した。これが先の『新史観　歴史之経済的説明』であった。

著者のエドウィン・セリグマン（一八六一―一九三九）はアメリカにおける「社会科学の殿堂」コロンビア大学の財政学教授である。ドイツに留学していわゆる歴史派経済学の巨匠たちに学び、帰国後仲間とともにアメリカ経済学会を立ち上げ、一九〇二年からその会長を務めていた著名な経済学者であった。訳書は冒頭に河上の友人等五名が「推薦文」を載せているが、本の末尾には「附録」として坪井九馬三の論文「史学と経済との関係」が掲載されている。これは一年前に『史学雑誌』に掲載された論文の転載で、言うまでもなく坪井は帝大文科大学教授でリースの同僚であった。一九〇七年には「史家としてのマルクス」を書いたが、これは日本で最初のマルクス紹介であった。

以上が河上の訳書の概要であるが、本の評判がどのようなものであったかは、吉野作造が『国家学会雑誌』で新刊紹介した以外はよく分からない。ただ時は日露戦争の渦中であり、対馬海峡でバルチック艦隊を撃破した五月二七、二八日の日本海海戦の祝勝ムードにあったわけだから、ささやかな本書とその訳者に一顧も払われなかったとしても致し方のないところである。

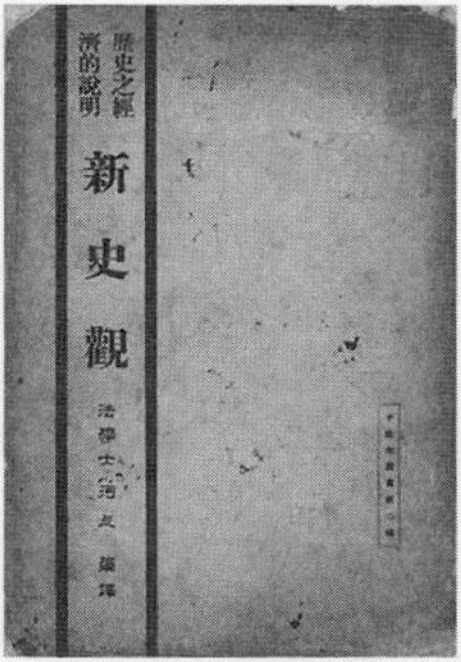

セリグマン著、河上肇訳『新史観　歴史之経済的説明』表紙。昌平堂、1905年

よく知られているように、河上はまっすぐに学問の道だけを歩んだ人ではなかった。訳書を

出して間もない一二月初め、彼は「絶対的非利己主義」をかかげていた「無我苑」を訪ねて入会した。それまで担当していた非常勤の講師をすべて辞し、好評を博していたという新聞の「社会主義評論」の執筆も止め、一切を投げ打って入会したのである。だが一ヵ月もすると指導者にたいする疑念が生まれ、結局は退会するのだが、その後も「絶対的非利己主義」という常人には及びがたい求道者の道は続いた。そういう精神的に苦しい状況のなかで、河上の言葉によると、「京都大学に拾われた」。

一九〇八年に京都帝国大学法科大学に職を得た河上は、経済史の講義を始めた。さらに文部省の在外研究を経て教授となった彼は一九一六年九月から一二月にかけて、『大阪朝日新聞』に「貧乏物語」を連載した。「驚くべきは現時の文明国における多数人の貧乏である」という名文句で始まるこの社会評論は大変な評判を呼び、翌年六月刊行された著書は二年余りで実に三〇版を重ねたという。もとより貧困撲滅についての河上の処方箋は「無用の贅沢を已めること」という道徳的なもので、批判を受けた河上は自らの手で本書を「絶版」とした。直情径行の人河上ならではの処置だが、そうしたなか翌一九一七年三月にロシアで革命が起きた。ロマノフ王朝が倒れ、一一月にはレーニンのボリシェヴィキが権力を握ったという報道は河上に衝撃を与えたのである。

河上はセリグマンの翻訳以来、人並み以上にマルクスとマルクス主義に対する知識をもっていた。けれども「ロシア革命は、事実を以てせし以外に、まず理論を以て、世界に大なる影響を及ぼした」。自分のマルクス主義は「多年ドイツで幅を利かせていた似非マルクス主義者の糟粕に私一流の砂糖をふりかけたような、大甘物であった」と厳しく反省して、あらためてマルクス主義経済学の研究に向かった。講義の方も経済史の方は弟子に任せて、経済学史を専らとするとともに、個人雑誌『社会問題研究』を創刊して、みずから論争の嵐のなかに身を投じたのである。

河上の前半生を短く辿ったわけだが、そこには「経済史」を取り巻く学問の状況がいわば凝縮されているように思われる。河上は経済史という地味な学問から身を引いて経済学史、とりわけマルクス主義経済学に向かうわけだが、この頃経済史は学問としての形成期を迎えていた。その担い手たちに即して「欧州経済史学」の形成過程を具体的に見ることが本章の狙いとなる。

1　慶應義塾理財科の教授たち

アメリカ人教師の時代

福沢諭吉が一八六八年に設立した私塾、つまり慶應義塾では当初から福沢自身が西洋の経済学を講じていたことはよく知られているが、一八九〇年に大学部が設置され、文学科、法律科とともに理財科が置かれた。これによって慶應義塾は新しい段階に入るわけだが、担当者は内部で養成されておらず、「お雇い」に頼らざるを得なかった。具体的には福沢が「昵懇のユニテリアンの宣教師を通してハーバード大学の総長に」推薦を依頼したのである。かくて大学部の主任教師はいずれもアメリカ人で、理財科の主任はギャレット・ドロッパーズ（一八六〇―一九二七）という人物であった。経済原理、経済史、財政論などの主要な六科目はすべて彼の担当であった。生没年からもわかるように、先の東京帝大の「お雇い」であるドイツ人リースとまったくの同時代人で、二年半ほど遅れての来日であった。ではドロッパーズとはいったい何者なのか。

ドロッパーズはウィスコンシン州ミルウォーキーに生まれた。あの奴隷解放令の前夜の生まれで、帰国の際に彼の話を纏めた「自伝」によると、「五歳ばかりになれる頃、戸毎に黒布をつけたるを朧気（おぼろげ）にも覚え居れり。こは大統領リンカーンの永眠を悼むにてありける」。両親はオランダ人で、厳格で知られる改革派に属していた。一八八四年ハーヴァード大学に入学して「理財科」で学ぶとともに、哲学、歴史にも関心を広げた。卒業後は地方の高校の校長となるが、間もなくヨーロッパ留学の機会がめぐってきた。一八八八年のことである。「多く伯林（ベルリン）に滞在し、伯林大学に入り、ワグナー及シュモラーの両師に就き、専ら理財学を研究せり」。

ここで「ワグナー及シュモラーの両師」について短く説明しておくと、彼等は一八七二年に結成されたドイツの「社会政策学会」の主要メンバーであった。田村信一によると、学会は工場法の制定、団結権の承認、住宅問題の解決などを求め、制度的・立法的方策を通じて平和な労使関係、公正な所得分配、健全な市場競争を実現することによって「わが国民のさらに大きな部分を文化のもたらすあらゆる高度な財・教育・福祉に分かち与（あずか）らせること」を目的としていた。その主要なメンバーは、現代の社会問題の根本的な解決のために「歴史的方法」、つまり過去の経済のあり方に眼を向けたことから、歴史派経済学者と呼ばれることになった。グスタフ・シュモラー（一八三八―一九一七）は『一九世紀ドイツ小営業史』を始めとして多くの優れた経済史研究を著して、一八九〇年から社会政策学会の会長を務めていた。

他方でルヨ・ブレンターノ（一八四四―一九三一）は特に労働組合の正当性と必然性を歴史のなかに位置付ける研究に力を注いだが、彼の眼ははるか古代にまで及んだ。その他にカール・ビュッヒャー（一八四七―一九三〇）やゲオルク・クナップ（一八四二―一九二六）等がいるが、新世代としてはヴェルナー・ゾンバルト（一八六三―一九四一）とマックス・ウェーバー（一八六四―一九二〇）という二〇世紀の社会科学の方向を規定した二人の大物が控えていたのである。

ドロッパーズはドイツの歴史派経済学者の下で学んだわけだが、こうした選択は彼一人のものではなかった。一九世紀後半に高等教育の急速な進展をみたアメリカでは、特に七〇年代からドイツ留学熱が高まるが、社会科学の分野では、ドイツ歴史学派に対する関心が著しく高まっていた。一八八五年にアメリカ経済学会を創設したイーリー、クラーク、セリグマン等はいずれもドイツ留学経験者であり、ドロッパーズの選択もこうした動向のなかで理解される。彼は恩師から慶應義塾の招請の知らせを受けると、留学を打ち切ってアメリカに帰国した。そして直ぐに結婚して極東の未知の国にやってくるのだが、義塾が提示した経済的な厚遇もそれを促したようだ。ドロッパーズは軽井沢に別荘をもった外国人の草分けであったという。

ドロッパーズは一八八九年一〇月に来日して、翌年から「理財科」の主任教授としてその基盤を整え始めた。主要の必修六科目のすべてを彼が教えたわけだが、そのなかには「近世経済史」も入っていた。ではいったい何を教えたのか。玉置紀夫の紹介によると、ドロッパーズは「A5判で四十ページ以上におよぶ詳細な英文のシラバス、すなわち講義要綱」を準備していた。その中身は、「一七六三年の商業世界」から説き起し、繊維・鉄・銀行の各産業のはじまりを述べたうえで、アメリカ独立革命・ナポレオン戦争・ヨーロッパ諸革命・イギリス自由貿易政策・ドイツ関税同盟と欧米経済の発展、そしてアメリカ南北戦争・スエズ運河開通・普仏戦争などの動揺にさらされる一九世紀後半の欧米経済の変貌等の、あらゆるトッピクス（ママ）をとりあげた。そしてその末尾には、スミス『諸国民の富』をはじめとする丹念なビブリオグラフィがつけられていた。このシラバスは、慶應義塾史上稀有の詳細なものであった」。

こうして最近一〇〇年の「現代経済史」が教授されたことになるが、それ以前の古い時代までは話題は及ばなかったようだ。ドロッパーズは九年間にわたって義塾で教え、一八九八年サウス・ダコタ大学学長就任のために帰国した。彼の後任もまたアメリカ人のヴィッカーズという人物であった。彼も帰国までの一一年間理財科の主要科目のほとんどを担当した。したがって慶應義塾の理財科は、その最初の二〇年間の教育の多くをアメリカ人教師の手に委ねざるを得なかったのである。

「独立の第一歩」

もとより慶應義塾でも自前の教師の養成のために留学生の派遣を始めていた。『慶應義塾百年史』によると、堀江帰一、気賀勘重（きがかんじゅう）等の留学生が帰国して教壇に立つ一九〇三年（明治三六）をもって「義塾は真の意味で、独立の方向へ第一歩を踏み出した」ということになる。二年後には校長と喧嘩をして東京高商をとび出した「経済学の俊英」福田徳三（一八七四―一九三〇）が加わり、一九〇九年には機関誌『三田学会雑誌』が創刊された。この間にあっても経済史を講ずる専門家はまだ登場していないが、自らも経済史に関心をもち、留学時代の一九〇〇年にドイツ語で『日本の社会的経済的発展』（邦訳は『日本経済史論』）を刊行していた福田徳三の推薦で、阿部秀助（あべひですけ）（一八七六―一九二五）が理財科の教授陣の一員となった。

阿部は福岡の生まれだが、山口の中学、高校を出て、一九〇〇年に東京帝大文科大学史学科に入学した。当時史学科の主任はルートヴィヒ・リースで、リースとの出会いは後に阿部の学問というよりは、私生活に大きな影響をもつことになるのだが、ここでは先を急ぐことにしよう。卒業後、阿部は明治議会中学、読売新聞社、そして法政大学に勤務するも、一九〇五年七月に召集され、半年ほど出征している。日露戦争の末期のことで、帰国して間もなく阿部は福田の推薦で慶應義塾に招かれたのである。理財科では近世経済史、ドイツ経済学説、ドイツ語の講義を担当したのだが、もちろんそれなりの理由があった。阿部は帝大の頃から政治史というよりも、歴史の経済的把握に強い関心を示していた。『史学雑誌』には「徳川家康のメルカンチリズム」を論じた最初の論説が掲載されている。さらに同郷ということから河上肇とも親交があり、一九〇五年に刊行された河上の翻訳によるセリグマン『新史観　歴史之経済的説明』に推薦文を寄せた一人であった。

阿部は義塾に勤務して三年後、海外留学の機会を与えられた。テーマは「企業の見地より観たる中世及び近世史」である。彼はベルリン大学のグスタフ・シュモラーに師事するが、ベルリン高等商業学校、商科大学のゾンバルト教授の経済史の講義も聴講した。手紙には「特に深き印象を受けしはゾムバルト教授」と記されている。ゾンバルトは一九〇二年に話題作『近代資本主義』を刊行したばかりで、阿部も帰国後は「資本主義の起源」をテーマとする多くの論説を発表することになる。このように「欧州経済史」「歴史派経済学」に対する阿部の関心は一貫しているが、彼が書いた多くの論説はまだ外国書の紹介・翻案の域を出るものではなかった。一九二五年初めに四八歳で病死し、念願の「近世資本主義の研究」はついに纏めることなく終わったのである。

阿部の仕事を取り上げるにはもう一つの理由がある。阿部はリースの在職時に入学した学生であるが、後に個人的な事情が加わることになった。すでに指摘したように、リースは日本人の女性大塚ふくと結婚して、一男四女をもうけたが、帰国に際しては男子だけを伴った。さまざまな事情を考慮して夫人と娘たちを日本に残していったわけだが、学生時代にリースの家に出入りしていた阿部は義塾に就職後、リースの娘長子と結婚した。つまり娘婿になったわけである。ベルリン留学中には当時ベルリン大学講師であったリースの世話をうけているが、阿部の方も一九二三年にランケの出世作である『ローマ的・ゲルマン的諸民族の歴史』を『欧洲近世史』として翻訳・出版してリースを喜ばせた。

リースの次女からの聞き取り（『わが父はお雇い外国人』）によると、『欧洲近世史』は次女が英語版（一九〇九）で下訳したものに、阿部がドイツ語の原文と照らしあわせたうえで、「泰西名著歴史叢書」の一冊として刊行したものだという。というのも阿部はそれ以前から健康がすぐれず、病に伏す日が続いていた。病名は白血病で、晩年は大本教に帰依して、綾部で亡くなったという。死亡の知らせを聞いたリースは手紙で次のように書いている。

「私は毎日の仕事にも手をつけることがほとんどできないありさまなのです。義理の息子がその義父であり以前の教師でもある私より先に亡くなったということは、あまりにも通常の事態に反していますから、それだけに、私は悲しみも深く、昼も夜も彼のことと長ねえさんのことを考えずにはいられないのです」

野村兼太郎の英国経済史研究

阿部は経済史上のさまざまな問題を取り上げていたが、あまり深められることはなかった。それを一段と深め、「研究」のレベルまで引き上げたのが野村兼太郎（一八九六―一九六〇）である。野村は東京日本橋の生まれで、一九一三年に慶應の理財科に入学した。在学時に福田徳三の「日本経済史」「古代中世経済史」の講義を聞いている。追悼文「慶応義塾における最後の弟子」によると、福田の講義は「決して面白いとはいえなかったが、いつも一抱の参考書を風呂敷につつんでもってこられ、それをあちらこちらと参照しながら雄弁に話されるので、確かに若い世代には大きな刺戟となった。しかし経済史は先生の得意の壇上ではなかった。その大部分は先生が以前に発表されたもの以上に出ることは殆どなかった。ただ古代中世経済史の講義の冒頭にヴィンデルヴァルトやリッケルトの歴史哲学を紹介されたのには、ちょっと驚かされたし、又意外にも思った」「先生は常に新しい学説を追求してやまない方であった。その頃西南ドイツ学派の哲学はまさに流行せんとしつつあった時で」「その自然哲学と文化哲学との区別を黒板に図解しつつ、頗る簡明に説明され、ドイツ語を交えて学生を煙にまいたことを覚えている」。

福田が義塾を辞めて、高商に戻った一九一八年に理財科を卒業した野村は大学部の助手となり研究生活に入るが、当初は経済哲学に強い関心を寄せていた。これは福田の影響というよりも、「西南ドイツの哲学」のそれにあったというが、はやくも一九二〇年六月に『経済的文化と哲学』を刊行している。序の「真を求めて」に続いて、「科学としての経済学」「経済価値の研究」「歴史の経済的要素」「経済的文化の発展」「経済的文化の極致」の各編は今読んでもさほど新鮮さを失っていないように思う。だが彼は阿部秀助教授の助手として欧州経済史の研究に打ち込むことになった。一九二二年五月に義塾からヨーロッパ留学を命じられ、まずイギリスへ向かった。

三年間に及ぶ野村の留学生活については、帰国後に『欧洲印象記』が書かれている。亡くなった友人にロンドンから宛てた私信を纏めたもので、一九二二年四月から二五年二月までの五〇通、附録として六編の短文が含まれている。五月二六日の第四信では、「昨日ロンドンに著いた。汚いすゝだらけのロンドンへ著いた。往来には馬糞と古切符と塵埃とが渦を巻いてゐる」と記しているが、二週間ばかり経った次の私信がいかにも野村らしい。

「英国に来て書斎に閉籠もるなら日本にゐるに如かずと云ふ者もあらう。又その若さで異国の情緒にひたらない愚さを嘲ふ者もあらう。然し私の今欲してゐるのは珍しいものを求めてゐるのではない。この世の中は私達が考へてゐるよりも、もつと複雑であり、微妙である。外観上極めて平凡な詰らない現象の中に及びもつかないやうな新しいものを発見する。英国へ来て英国を理解しようとするならば、必ずしも議会を見物しなくてもいゝ。倫敦塔を見る必要もない。劇や音楽を聴かなくつてもよい。英国に生活すればよい。生活すると云ふのは唯住んでゐることではない。英国と共に生きることだ。平常の瞬間を画家が絵を描くやうな気持で生活するのだ。極端に云へば英国の雨は英国式に降る」

野村兼太郎。日本における経済史学の草分け。野村ほか著『各国経済史』（「経済学全集」第二九巻）改造社、1929年より

野村は当初ドイツにもフランスにもそれぞ

れ一年ほど滞在する予定であった。けれども一九二三年初めには予定を変更して、残り二年もイギリスで暮らすことを決めた。受け入れ教授であったウィリアム・アシュリー教授とはまだ二回ほど面会しただけだが、「アシュレェ先生の意見も一ケ年ぐらゐづゝ各国に滞在するよりも、一つ所にゐて、みつちり勉強する方が得策であると云ふ意見だ。オックスフォドかケムブリッヂで学位を取つたら如何だと云ふ先生の意見とは少し考へ方が違ふが、英国の社会的発展に於ける都市の発達と資本主義的経済組織との関係に就いて纏めて見たいと思ふ」。こうして野村の本格的な資本主義成立史研究が始まったのである。

留学前に野村はアシュリーの著書の翻訳『英国経済史及学説』上巻を刊行していたが、帰国の三年後の一九二八年一二月にそれまで発表した諸論文を纏め、さらに第一章の「総論」を加えて『英国資本主義成立史』として改造社から刊行した。野村三二歳のときである。「序」で例によってかなり長い歴史哲学的考察と経済史研究の意義について述べた後で、本書の目的について次のように記している。

「現在の英国資本主義制度を樹立するに至る経過を見ると、そこに純粋英国民の国民的発展と云ふ社会的潮流を発見することが出来る。即ちアングロ・サクソン民族の勃興的勢力は一方中世以来の市民階級の発展となり、他方近世初期の海外に於ける商業的活動となった。そこで私は一方市民階級の活動の根柢である都市の発達を探り、他方近世に於ける資本蓄積の基礎となれる海外発展の経過を辿って見た。そして英国に於ける産業革命勃発の必然的因由をその点に帰した。即ち英国資本主義制度成立の根本的原因と見做したのである」

ちなみに目次は次の通りである。

本書は全体で五八三ページの大冊であるが、ここで展開された野村の見解は九年後の学位論文『英国資本主義の成立過程』で若干変更されている。つまり産業革命を可能ならしめた資本蓄積がひとり対外貿易によって獲得されただけでなく、イギリス商業資本が国内諸産業をも支配するに至った事情が指摘され、さらにエンクロージャー運動による労働者階級の生成の問題も取りあげられた。このように前著にくらべてイギリス資本主義成立の原因の探求はかなり深められたのであるが、全体としてみると「商業資本の発展」に力点が置かれており、農業や土地制度の面への言及は、それらの重要性を認めながらも、なお少ないことは否めない。

西洋経済史学の最初の成果

『英国資本主義の成立過程』は本文七〇〇ページの大著で、我が国の西洋経済史学の最初の成果であった。後に野村とはまったく異なる学説を打ちだした大塚久雄が認めているように、本書は「単なる翻訳や紹介の域を脱して、ようやくみずからの足で立ち上ろうとする、研究史上の幼年期」にあらわれた「みずからの足に立っておこなわれた」画期的な著作であった。けれどもこの著作以後、野村は軸足を日本の近世経済史へ移して、しだいに西洋から離れていく。その事情については、三年に及ぶイギリス留学について回顧した『日本社会経済史』の序文で次のように述べている。いささか長文だが、そのまま引いておこう。

「人間の頭脳が偉大な働きをすることは事実である。しかし人間は誤り多きものである。頭の中で考へたことと事実とは必ずしも一致しない。事実を知つて後、人間の発展を考へる方が幾分なりとも正しい解決に近いものを得ることが出来よう。論理的にかくあるべき筈と思ふことが必ずしも実際と一致しないのは、論理的に誤りがあることもあるが、それよりも実際の複雑な過程を単純化するところにあるのだらう。単純な概念的な発展史論には飽き足らぬ感じをもつようになつた。事実であるといふことを自分に納得のゆくやうに実証したい。しかしそれは決して容易なことではなかつたのである。

滞英三箇年の生活はさうした疑惑と希望とのうちに、何ら纏つた成果を挙げ得ないで消耗されてしまつたのである。しかし全然無駄であつたとは思はない。イギリスの学者のあまりにも実用主義的な研究方法には飽き足らなく思ひながらも、その実証的な態度には教へらるるところが多かつた。事実を知るといふことは歴史の根本的な要件である。しかし何が事実であるかを実証しようとすれば、該博な知識と鋭敏な洞察力と判断力とを必要とする。イギリス経済史の根本資料を考察するに際しても、その民族に関して十分な理解がなければ、満足すべき結果には到達し得ない。実証せんとして細部に進めば進むほど、言語の理解の不足を感ずる。一通りの意味は解つても、本当の意味は把握し得ない。結局懊悩しつつ月日を送つたに過ぎなかつたが、概念的議論に対する疑惑は一層強くならざるを得なかつた。かくして私の二十代は過ぎ去つたのである」

帰国後かなりの歳月を経てからの回想であり、研究に対する野村の疑念は一々もっともであるが、突き詰めると外国史研究など誰も手に負えないことになるだろう。野村は日本に帰ってからの自らの研究について真剣に考えた。「資料を容易に手にし得るイギリスにあつてさへ不可能であつたことを、到底日本でやり遂げ得るとは思へない」からである。そこで「日本人として日本民族の発展を辿るのが、資料を利用するのにも、これを理解するのにも、最も容易であるのに違ひない」。こうして野村は日本経済史とくに近世経済史への方向転換を図り、まず原資料の蒐集という仕事に取りかかったのである。すでに四〇歳を過ぎてからの転進であったにも拘わらず、『五人組帳の研究』や『村明細帳の研究』等その成果もまた目を見張るものがあった。

2　東京商科大学の欧州経済史学

現在の一橋大学の起源は一八七五年に設立された私設の「商法講習所」である。一二年後に文部省下の高等商業学校として再出発して、さらに一九二〇年に大学昇格を果たした。東京商科大学の誕生である。

ここで戦前の高等商業学校、略して高商と商科大学について短く説明すると、東京高商に続いて一九〇二年に神戸高商が設立された。この二つは前者が一九二〇年に、後者が一九二九年に「商科大学」への昇格を果たした。（神戸商大は正確には「神戸商業大学」である）東京高商についてみると、それまでに三年制の本科に加えて一年制の予科、さらに二年制の専攻部と合計六年の修業年限をとっていた。つまり旧制高校三年・帝大三年に匹敵する年限を持っていたことになり、これが大学昇格に際して有力な根拠とされたのである。ちなみに「三商大」の一角を占める大阪商大の前身は一九〇一年設立の「市立」の大阪高商で、商大への昇格は一九二八年であった。

高商は明治期には、東京、神戸に続いて山口、長崎、そして小樽に設立された。それらはいずれも三年制のまま留まるが、さらに大正期に入ると名古屋、福島、大分、彦根、和歌山、横浜、高松、そして一九二四年に国内最後の高商が高岡に設立された。日本の支配下にあった東アジアの台北、京城、そして大連にも高商が設立されたのである。これらの高商では複数の外国人講師を抱え、貿易実務家の養成のために英語以外の外国語教育も重視されていた。東京と神戸、大阪の商科大学は専攻部・研究科を卒業した若い研究者を各地の高商に教授として派遣していたが、地方の高商卒業者のなかから商科大学へ進学するものも少なくなかったのである。

さて戦前の東京商科大学の学問において人びとの耳目を惹きつけたのは福田徳三であった。福田については慶應の項でも取り上げたが、経済学のあらゆる分野に痕跡を残したため、日本の経済学の「すべては福田に始まる」といわれた。該博な知識と切れ味のよい文章によって青年学徒に与えた影響はすこぶる大きなものがあった。大正デモクラシーの旗手吉野作造とともに「黎明会」を結成して、弁論を振う等その活動は広く知られていた。

福田は東京神田の生まれで、一八九〇年に高商予科に入った。本科を卒業して神戸商業学校の教諭となるも、一年で辞職して東京高商の研究科に入学した。卒業後は講師となり、一八九八年に商業学研究のために三年のドイツ留学を命じられたのである。福田が向かったのはドイツのミュンヘン大学であり、そこで歴史派経済学の巨匠ルヨ・ブレンターノに師事した。そしてブレンターノの勧めで、ドイツ語で『日本経済史論』を著したことは余りにも有名である。福田二六歳のときであり、日本の社会経済史学において特筆される出来事であった。帰国後、福田は高商・商大と慶應の講義でしばしば「経済史」の講義をしており、経済史研究への関心は失われたわけではなかったが、西洋、日本を問わず纏まった歴史研究と呼べるものは残さなかった。その仕事は弟子の坂西由蔵（さかにしよしぞう）（一八七七—一九四二）や上田貞次郎（うえだていじろう）

（一八七九―一九四〇）等に委ねられたのである。

坂西は福田のゼミナールで勉強し、留学して同じくブレンターノに師事した。福田のドイツ語の著書を翻訳したのも坂西である。彼の関心も企業論の他、経済史に限られていたわけではないが、長年の成果を『経済生活の歴史的考察』に纏め、さらに改造社「経済学全集」の『世界経済史』に一五〇ページの「中世ヨーロッパ経済史」を書いた。その成り立ちについて、「私は旧神戸高等商業学校および神戸商業大学において、多年経済史の講義を担当しました。この講義において私はかつてルヨ・ブレンタノ先生から学べるところを祖述し、その間微力の及ぶ限り諸書を参考して師説をたしかめ、これを補習し、かつ自己の見解をこれに加ふることをつとめました」と述べている。これは彼の学位論文である。坂西は一九二一年に「眼疾に罹り」、その四年後、「遂に失明」した。そのため教授の職を辞したのだが、引き続き講師として残り、経済史の講義とゼミを担当したのだという。そうした困難のなかで先の学位論文が纏められたのである。

坂西よりも大きな成果を挙げたのが上田貞次郎である。上田も福田のゼミナールの出身で、高商では現代の経済経営問題、特に商工経営の担当者となるが、一九二三年一月に『英国産業革命史論』を著している。その序によると、本書のきっかけは第一次世界大戦後に開催された第一回国際労働会議に出席して、「思想界の紛糾を眼前に見て深く考慮した」ことにあるという。明言されていないが、「思想界の紛糾」には一九一七年のロシアの革命が影を落としていた。その成り行きを見定めるために、「英国の産業革命及之に次いで起これる新実業階級及新労働階級の歴史を且研究し、且講義することを始めた」というわけである。彼が担当していたのは「商工経営」であったが、その教場で一九二〇年から三年間にわたってイギリス産業革命史が講義され、そして刊行された。上田の本の評判は高く、翌年には論文集『産業革命史研究』も出た。この二冊は改造社の「経済学全集」第三九巻に併せて収められたのである。

上田の『英国産業革命史論』は九章構成で、各章のタイトルは産業革命、自由主義、労働生活、階級闘争、温情と自主、組合精神、社会主義、産業管理、企業と労働、以上である。一見して明らかなように経済史だけに特化した専門研究ではなく、生活も思想も経営も含めた、いわば産業革命の総合的な理解のための書である。本書が成るにはイギリスのバーミンガム大学の経済史教授ウィリアム・アシュリー（一八六〇—一九二七）の影響があったという。上田は一九〇五年九月から三年間にわたってヨーロッパに留学するが、最初の留学先がバーミンガムだったのである。

上田貞次郎。イギリス産業革命についての最初の著者で、東京商科大学の学長も務めた

アシュリーがバーミンガム大学の商学部教授として赴任したのは一九〇一年秋のことであった。イギリスに経済史学の基礎を据えたのはアシュリーその人で、シュモラー、ブレンターノ、そしてアメリカのセリグマンとも親交があ

ったという。上田の留学は互いの思惑の行き違いもあって七ヵ月という比較的短い期間で終わったが、アシュリーの学問に対する上田の傾倒はその後も変わらなかった。上田の弟子で、一九三〇年にアシュリーの『英国経済組織の史的考察』を翻訳・出版した横浜高商の徳増栄太郎（一八九四―一九六八）によると、「此の原書に初めて接したのは、大正六、七年頃東京高商専攻部の学生として上田貞次郎先生のゼミナールに於いてであった。其の学風のアシュレー教授を偲ばせしめる先生が此の原書を用ひて造詣の深い英国社会経済史の知識を展開せられ更に日本の経済事象と比較論述された名講義は、一橋に於ける一偉彩であった」と回想している。ちなみに徳増はアシュリーの他に、産業革命史研究の古典というべきフランス人ポール・マントゥの『産業革命』（一九〇六。英語訳は一九二八）の翻訳を進めたのである。

上田はバーミンガム大学からマンチェスター大学へ、さらにドイツに渡ってボン、ベルリン、さらにはチューリヒと大学を渡りあるいた。ベルリン大学ではゾンバルトの講義も聴いている。だがどれも上田にアシュリー教授ほどの強い影響を及ぼすことはなかったようだ。産業革命史研究は後にわが国のイギリス経済史家の格好のテーマとなるが、上田の本は文字通りパイオニア的研究であったのである。

以上のように、福田とその門下は経済史の分野でも開拓者の役割を果たした。誰しも認めるように福田は学問一筋ではあったが、円満な人柄ではなかった。誰とでも衝突したし、弟子も例外ではなかった。福田の強い影響のもとで経済学の勉強を始め、彼の推薦で高商の講師になった上田貞次郎は、当初福田宅の近くに住み、一緒に経済書を読むほどの親密な関係であった。ところがその師弟関係は、一九〇四年九月に突然断ち切られた。校長との大喧嘩に始まる「福田教授休職事件」である。これを契機に福田は慶應へ移ることになるのだが、心配して鎌倉に閑居していた恩師のもとを訪ねた上田を「校長のスパイ」とみて殴った。校長との喧嘩という話はともかく、殴るというのはこの世界では稀にも聞かない話である。専ら福田の誤解に基づくものだが、破門されたと思った上田はこれを機に師のもとを離れた。口喧嘩でさえ、人によっては長く気まずさを残すこともある。まして師に殴られたのだから、破門されたと思っても致しかたないだろう。

　上田貞次郎は産業革命の研究だけでなく、他の分野でも大きな成果を挙げ学長も務めた人で、あくまで冷静な紳士であった。学長のとき商大生の息子が左翼運動のため捕まったときも、いささかも動ずることなく、停学処分にした。一九三〇年に福田が亡くなったとき、上田は「二十八年前の福田先生」という追悼文を記している。「私は元来学者などになる気は少しもなく、況や教師などは馬鹿のする職業だ位に考へてゐたので、福田先生から勧められて学校へ残つた当座は中々一生教師で暮すつもりはなかつたのですが、先生の学を好むこと熱烈であるのに引かされて、自分も多少勉強する気になりました。実に先生の功績の一半は其天稟(てんぴん)の語学の才能を用ひて盛に西洋最新の学説を絶えず紹介された所にあるが、其他の一半は先生自ら率先して研究に熱中すると共に後進をして同じく研究せしめた所にあると思ひます」。

3 日本経済史研究所と社会経済史学会の設立

これまで見たように、経済史への関心はいちはやく慶應の理財科と東京商科大学に生まれ、そして具体化された。それでは、東京と京都の帝大ではどうであろうか。最初に京都帝大からみておくことにしよう。

京都帝大の法科大学は一九一九年五月に法学部と経済学部とに分離して、それぞれ自立の道を歩むことになる。もとより教授陣においても学生数においても法学部が優位にあり、経済学部は八名の教授を擁したにすぎない。それまで経済史を担当していたのは河上肇であったが、これを契機に彼は経済学史を担当することになった。経済史の講義は河上の指導で「西陣」の研究を始めた本庄栄治郎（一八八八―一九七三）の担当となり、本庄は経済史が「講座」化された一九二二年からほぼ敗戦まで、その教育と研究にあたったのである。彼の『経済史概論』は、ドイツ歴史派経済学の唱えた「経済発展階段説」を幅広く紹介しているが、専門は近世の江戸時代を中心とする実証的な経済史研究であって、多くの著作を刊行している。

その本庄の最初の弟子が黒正巌（こくしょういわお）（一八九五―一九四九）である。黒正はロシア革命が起きた一九一七年の入学で、学生時代の論文が機関誌『経済論叢』に掲載されるほどの俊才であった。大学院に進学したのち、一九二二年に経済学部講師となって、九月から二年間「農史研究のために」欧米諸国に留学した。おもにドイツのハイデルベルク大学で過ごしたが、そこでマックス・ウェーバーの未亡人からウェーバー晩年の講義録『経済史』の翻訳権を手にいれ、帰国後『社会経済史原論』として翻訳・刊行した。内容もさることながら、訳書はさらに難しかった。そこで黒正の弟子でウェーバー研究者でもあった青山秀夫の手で、戦後『一般社会経済史要論』上下巻（一九五四、五五）として改訳されたのである。黒正の留学は「農史研究のため」で、帰国後のポストは経済学部ではなく、農学部の農史担当の教授であった。代表作は一九二八年に刊行された大著『百姓一揆の研究』であり、近世日本の農民闘争についての先駆的な実証研究であった。

ウェーバーの翻訳からも分かるように、黒正は日本だけではなく、広く経済史一般に関心を持っていた。例えば一九二六年度の大学の夏期公開講座をまとめた彼の『農業共産制史論』は、エンゲルスの『家族、私有財産、および国家の起源』、モルガンの『古代社会』、エミール・ラブレーの『原始財産』等を基本文献にしてドイツのマルク、ロシアのミール、中国周代の土地制度、日本古代の班田制、あるいは南スラブのザドルガ等についての学説史的考察で、小著ながら啓発的なものであった。「原始共産制」の問題は、たんに過去の問題としてではなく、ロシア革命という時代的な背景もあって、すぐれて現代的な問題であった。日本近世農村史家である小野武夫もこの頃「共産村落として世に知られたる陸奥国下北郡東通村の農民生活を踏査し研究した」「日本の共産村落」や「伊予大三島の共産村落制」を『改造』等の雑誌に発表していたのである。

一九三三年の五月、京都帝大のなかに「日本経済史研究所」が設立された。理事長には本庄が就いたが、建物などの施設は黒正が私財を投じたものであった。この研究所では雑誌『経済史研究』（一九二九年創刊）の編集と刊行、『経済史年鑑』と『日本経済史辞典』の編纂などがおこなわれた。所員の比重は日本史専攻が圧倒していたが、宮本又次（みやもとまたじ）、柚木重三のようにフランスやドイツの経済史にも関心を持つものもいた。『経済史研究』は日本における最初の専門誌であり、経済史研究の組織化はまず京都帝大で始まったのである。

東京帝大の欧州経済史研究

次に東京帝大であるが、京都より一足はやく一九一九年二月に七学部へと編成替えし、このとき法科大学が法学部と経済学部とに分離された。経済学部の独立ではあったが、ここでも法学部二九講座に対して、経済学部は半分以下の一三講座であった。それでも一国一城の主となったわけで、後は拡充あるのみであったが、学部開設の翌年に大事件に見舞われた。いわゆる森戸事件である。

経済学部助教授の森戸辰男（一八八八―一九八四）が機関誌『経済学研究』の創刊号（一九二〇年一月）に掲載した論文「クロポトキンの社会思想の研究」が「朝憲を紊乱」「国体に反する」ものと告発されたのである。森戸は『改造』や『解放』に堂々の論陣を張って、新進思想家として注目を惹いていた学者であった。雑誌は回収され、執筆者は休職と罰金が科されただけでなく、雑誌の編集責任者も処罰された。クロポトキン（一八四二―一九二一）とはロシアの名門貴族出身のアナーキストであり、西欧に亡命後ロンドンを拠点としてアナーキズムの宣伝活動をおこなっていた。主著は『パンの略取』で、経済の国家統制に反対して、自発的な相互扶助組織としての協同組合運動を支援していた。そうしたクロポトキンの思想は英語訳を通して広く世界に知られていたが、わが日本での紹介が罪に問われたのである。森戸事件は思想弾圧事件として、後の京都帝大の瀧川事件と同じ性格のもので、戦前の政府の偏狭な体質を示すものであったが、ともかく発足間もない経済学部が受けた打撃は大きかったのである。

その経済学部で経済史の講義を担当することになる本位田祥男（ほんいでんよしお）（一八九二―一九七八）が着任したのは翌一九二一年四月のことであった。本位田は一九一六年に東京帝大法科大学の政治学科を卒業して農商務省に勤務した。勤務のなかでポッターの『英国協同組合運動』やウェッブ夫妻の著書を読むなど消費組合の調査を始め、さらにゾンバルトやアシュリー等の歴史派経済学者の専門書も読むようになったという。こうして五年ほど役人として過ごしたのだが、同じ役人の出であった河合栄治郎（一八九一―一九四四）の勧めもあって「経済史」担当の助教授として母校に戻った。さらに二年間の欧州留学を経て、一九二五年に教授に昇任した

本位田祥男。欧州の協同組合および経済史学の普及に努めた

のである。

本位田の関心は広く協同組合運動の歴史と現状にあり、初期の著作はいずれもその類のものである。弟子の五島茂とともにロバート・オウエンの『自叙伝』を翻訳したのも同じ関心からくるものと思われるが、間もなく欧州経済史そのものについても著作を発表するようになった。一九二八年には『英国経済史要』という小著を刊行したが、これは一〇年のうちに七刷となり、「改訂版」を出している。また日本評論社の「現代経済学全集」シリーズの一冊として『欧洲経済史』（一九三〇）を刊行した。

一九三〇年師走の二七日、東京神田の学士会館で社会経済史学会の創立総会が開かれた。五〇名の発起人が会館広間に参集して、全国規模の新しい歴史学会の設立が決定されたのである。翌年五月には機関誌として『社会経済史学』が創刊された。とりあえず季刊として出発したのだが、翌年からはやくも月刊となり、会員数も一年足らずで五〇〇名に達した。当時としては驚くべき数字であったといえよう。社会経済史学会には日本、東洋、西洋を問わず専門家が参加したが、欧州経済史の専門家たちの意見を集約して学会創立まで漕ぎつけたのは本位田の功績であった。本位田はちょうど二度目の留学に出ていて、創立総会には欠席であったが、大きな役割を果たしたのである。

本位田が記した学会の「創立史」によると、前提としては当然「斯学の盛り上がり、関心の高まり」があった。つまり「史学科の学生の多くは経済史に眼をつけ、経済学法律学徒も其歴史的発展を留意せずにゐられない」という状況が生まれていた。すでに述べたように

社会経済史学会の第1回大会（1931年12月21日）懇親会での記念撮影。今井登志喜（第2列左から2人目）、野村兼太郎（第3列右端）、村川堅太郎（第3列左から3人目）、大塚久雄（第4列左から2人目）らの顔も見える。『社会経済史学』第1巻4号、日本評論社、1932年より

「本庄黒正の両教授を持つ京都の帝大に経済史研究会が組織され已に『経済史研究』が発行される事十数巻に及んでゐる」。けれどもそれは学内に限られたもので、是非とも全国的な組織が必要であった。ところが本庄は新しい学会設立と雑誌の創刊をすぐには承知しなかった。だが黒正の説得が功を奏して、ようやく全国的な学会の創設に漕ぎつけることが出来たというわけである。

学会創設のより強い刺戟は海外からもたらされた。ドイツでは一九〇三年以来『季刊社会経済史学』が刊行されているが、イギリスでは少し前の一九二六年にイギリス経済史協会が発足した。あのアシュリーが初代会長に就き、翌年一月にトーニーとリプスンの

二人を編集者とする『経済史評論』が創刊された。会長のアシュリーは七月に亡くなるが、クラパムやポスタン等も加わり、さらに外国の寄稿者として新生ソヴィエトのコスミンスキーが参加したのである。フランスでもストラスブール大学のリュシアン・フェーブルとマルク・ブロックが一九二九年に新しい雑誌『経済史・社会史年報』、通称「アナール」を創刊したばかりであった。社会経済史学会はこのような海外の新しい動向を強くうけて発足したわけである。

その当時文学部で西洋近代を担当していたのは今井登志喜（一八八六―一九五〇）であるが、彼も学会創設に積極的に関わった一人であった。今井は長野県の農家に生まれ、諏訪中学、一高を経て一九〇八年に東京帝国大学に入学した。文科大学史学科の卒業論文は「アイルランドの自治問題」であったという。その後一高勤務を経て、一九二三年に母校の助教授に任ぜられた。一九一九年に亡くなった箕作元八の後任であるが、すぐに三年間にわたって欧米留学した。今井の留学については具体的なことは不明だが、帰国後の一九三〇年に教授となった。さらに文学部長等を歴任して戦前の東京帝大の西洋史学科を背負ったのであり、林健太郎を始め、あの暗い時代を過ごした弟子たちの今井に対する教育的並びに学問的評価はきわめて高い。「昭和二年から六年にかけて五年間に及ぶ講義」は『英国社会史』として、同じく「昭和十年頃三年に亘った講義」は『近世における繁栄中心の移動』として刊行された。いずれも政治史ではなく、社会経済史の研究であった。

今井の代表作といってよい『近世における繁栄中心の移動』は、どのような経緯で誕生したのであろうか。林健太郎によると、今井は前任者である箕作に直接指導を受けたことはなかったが、授業を聞いていた。その箕作はほとんど毎年のようにフランス革命についての特殊講義をおこなっていたが、彼の「基本的モチーフの一つに、西洋諸国の興亡盛衰の跡をたどり、その原因を探る」ということがあった。箕作はそれを世界の制海権の推移のなかに求めたのだが、この点で近世初期に世界の海を制して非常な繁栄を享受したにも拘らず、間もなくイギリスにその地位を奪われたオランダの盛衰に特に強い関心を抱いていたという。林は箕作が幕末の著名な蘭学者の出自であることとも関係していたと推測しているが、それはともかく、今井の『繁栄中心の移動』には明らかに箕作の業績との繋がりがみてとれるが、箕作の政治史とはちがって、今井には社会経済史学という「新しい学風」が認められる、というのが林の理解である。

もう一つ、今井の関心として都市問題があった。つまり現代の巨大都市が提示している社会問題への関心で、英国社会史を取り上げたのも、いわば典型的な舞台としてのロンドンに即して都市問題をみるという関心があった。今井の見解は「西洋都市の発達」に述べられたが、死後、他の論文とあわせて『都市発達史研究』として刊行された。

今井については弟子たちの面倒見がよかったことと並んで、授業の上手さには定評があった。講義には他学部の学生も押しかけたというが、戦後の著名な朝鮮史家で東洋史学科の学生であった旗田巍（はただたかし）もその一人である。旗田によると、どの講義も面白くなかったが、東洋史が特にそうだった。「先生方の講義を聴いて、なにがおもしろくて先生はこういうことをやっているんだろう」と思ったが、それに比べると西洋史学科の「今井先生のイギリス社会史はおもしろかった。話術がうまかったです。話の内容もわかりやすかったですね。今井先生は学校に見える前、授業の始まる前に、おそらく一杯飲んでみえたんでしょうか」「しかも人間味豊かであった」と回想している。今井は文学部の教授であったから自らの仕事を「経済史」ではなく「社会史」と規定していたが、それはともかく、欧州経済史学はようやく離陸の時を迎えていたのである。

4 ロシア史とアメリカ史の場合

西洋の歴史というと、現在に至るまで英独仏が中心であって、古典古代のギリシア・ローマとルネサンスのイタリアがそれに加わるというのが、長く続いたこの国の西洋史学の「伝統」であった。つまり西欧こそ歴史と文化の中心であって、東欧やロシア、そしてアメリカに関心をもつものはきわめて少なかった。ロシアは日露戦争を戦った国であり、一九一七年の革命以後のソヴィエト政権は日本の保守的な政治指導者にとっては直接的な脅威であったから、専攻者はブラック・リストに載るとまで噂されたのである。他方で、広大な太平洋を挟むアメリカは隣国とはいっても、「捉えどころのない遠い物質文化の国で、精神文化の点ではヨーロッパの亜流にすぎない」とみなされていた。昭和初期までは何事につけても日本人の関心はヨーロッパ、西欧諸国に向けられていたのだが、ここでも新しい動きが生まれつつあった。

ロシア経済史への関心

ロシアの歴史と文化への関心は早くから認められるが、戦前にあっては留学を経て専門的な歴史研究というコースを歩むものはまったくいなかった。日露戦争・革命・ソヴィエト初期の内戦という厳しい政治事情がそれを許さなかったからである。東京帝大でリースと坪井に学び、独学でロシア語を習得してロシア史研究に入った堀竹雄（一八七五―一九五〇）は、一九一八年にクリュチェフスキーの著名な『ロシア史講義』（全五巻）のなかから『ペートル大帝時代露西亜史論』を翻訳・刊行し、いくつかの短い紹介を書いた。だがロシアに留学することはなかった。ちなみにクリュチェフスキーは社会経済史的要素を自己のロシア史体系に積極的に取り込むことでソヴィエト史学にも影響を及ぼした歴史家であった。『ロシア史講義』は、戦争末期に外務省調査局訳という形で第一、四巻が刊行されたが、監訳者はロシア語学者の八杉貞利（やすぎさだとし）であった。

もとより「革命ロシア」が日本の社会と学問に及ぼした影響は測り知れないものがあった。一九二一年に刊行された『露西亜経済史研究』という六五〇ページの大冊の著者は佐野学（一八九二―一九五三）で、「世界最大の専制帝国」でおきた「露西亜の革命」は、「避くるべからざる社会的必然として到来した」という観点から、農民解放を軸に分析したものである。先駆的な業績ではあるが、すべて西欧諸語の文献に拠っている。佐野の「露西亜史」

研究はこれだけで、その直後に共産党に入党・検挙・転向という激動の前半生をおくった。その間に二度ソヴィエトで亡命生活をおくったことも知られている。

一九三六年には章華社の各国社会経済史叢書の一冊として、小林良正の『露西亜社会経済史』が刊行された。「資本主義の『ロシア型』発展の描出を主眼とする」とあるが、基本的にソヴィエト初期のマルクス主義史家ポクロフスキーの『簡略ロシア史』(一九二三)とリャシチェンコの『ロシア国民経済史』(一九二七)、そしてレーニンの『ロシアにおける資本主義の発展』(一八九九)に拠ったものである。いずれも重要な文献ではあるが、この点でソヴィエト経済の専門家で、満鉄調査部にいた「真摯にして篤学の畏友」の平館利雄の援助があったこと、氏の「援助は、実に本書の生誕に対して、それほど決定的なものであった」と記している。ほとんど代筆に近かったわけで、小林はその頃「日本資本主義発達史に没頭」していたのである。

社会学者のロシア社会研究

そうしたなかで注目したいのは、歴史家ならぬ社会学者の今井時郎(一八八九―一九七二)の仕事である。今井は一九一三年に東京帝大文科大学哲学科(社会学専修)を卒業して、大学院に進学した。師の建部遯吾の勧めで「ロシア社会誌研究」に従事していて、文部省の「特派研究員」としてロシアに留学するという当時としては極めて珍しい体験をしたのである。今井は一九一七年三月に日本を発ち、四月にペトログラードに着いた。つまり「二月革命」の渦中のロシアの首都に到着したのだが、その半年後には「十月革命」という大変革が起きた。思わず今井が「現代の露西亜は学術的存在として吾々に対するよりも、政策的存在として立つてゐることにより、新しき学的素材の得らるべき望殆ど存しない」との感想を漏らしたのも致し方ないところである。

それでも今井は混乱のなかのペトログラードに三年間滞在して、ロシア社会研究に従事したのであり、帰国後に今井が発表した論著には見るべきものがある。まず一九二四、二五年の『社会学雑誌』に発表した「露西亜人口の研究」及び「露西亜の基本的社会制度としての「ミール」」の二本は本邦最初の多少とも具体的な社会研究で、註記こそ欠けているが、明らかにロシア語文献に依拠したものである。前者は「凡ゆる社会制度に於いて、又凡ゆる社会制度の運営に於いて、非常の果断を以て急激なる革新と強烈なる事功を挙げた」「近世露西亜の創建者」であるピョートル大帝の時代から一八九七年の国勢調査の二世紀間の人口の推移を他の西洋諸国との比較を念頭において検討する。つまりロシア帝国全体、新しく獲得した植民地域を除いた旧ロシア地域、さらにその中心をなすモスクワ県の人口変動について、その要因と人口密度を考察したものである。

後者はタイトルの通り、「露西亜に於いて古くより存在せる土地共有を基礎とする農村社会制度」としてのミールの性格と機能についての従来の議論を総括したものである。その成立から特有の土地共同利用、そしてミール批判論まで具体的に立ち入って論じている。結論として、今井は「過去幾百年間専制政治や農奴制の下にさいなまれ乍ら不思議にも大衆の間に抜くべからざる社会制度として保存せられ来つたミールの自治制度」は、さまざまな欠陥をかかえていて決して理想的な制度とは言えないとしても、ミールにおける「自治的訓練」は、むしろ西欧の「個人の権力個人の自由に偏する思想傾向よりは健全なるものあり」と高く評価している。

これに先立って、一九二一年一二月に日本社会学院調査部調査の一冊として出されたのが三〇〇ページを超える『革命及宣伝』である。本書には貴族院議員近衛文麿の「序論」が付されているが、第一編露西亜革命、第二編世界的一大秘密結社の構成である。第一部は革命に比重をおいたロシア史の通史で、第二部では革命はユダヤ人の陰謀説であるという議論の根拠とされていた『シオン賢者の議定書』が紹介されている。特に第二部はフリーメイスンに言及する等なかなか興味深いものである。今井は帰国した一九二〇年以来、東京帝大の社会学第二講座の担当者として「社会誌学概論」や「ロシア社会誌」を講じていたが、一九四一年九月に東京市教育局長に転じた。

アメリカ史のパイオニア

一九三〇年に東京帝大の西洋史学科に入った中屋健一(一九一〇—八七)によると、当時はドイツ史学が全盛で「現代史というものが史学として認められていなかった」だけでなく、アメリカ合衆国も歴史研究の対象とみなされていなかったと回想している。学生時代に短期間アメリカに遊んだことのある中屋は、指導教授である今井登志喜に相談したところ、法学部の高木八尺（一八八九―一九八四）教授を紹介された。その後は高木の講義を三年間にわたって聴講しただけでなく、高木の研究室のなかに机を置き、もちろん本も利用させてもらって勉強した。本は自由に借り出すことも出来たのだが、返却するときに必ず感想を聞かれるので弱ったと学生時代を回想している。では高木とはいったいどのような学者なのであろうか。

高木の父親は著名な英学者の神田乃武（一八五七―一九二三）である。神田は一八七一年に森有礼に従ってアメリカに渡り、アマースト大学に留学した。帰国後は大学予備門で英語を教え、そして一八八六年に帝国大学文科大学教授となっている。英和辞典の編纂で広く知られているが、高木はその次男として生まれた。中学三年の頃に母方の祖父の求めによって「高木家の人間になった」のだが、それまでもその後も実父の築いた広範な人脈のなかでの恵まれた生活であった。もとより内村鑑三への「弟子入り」などは高木個人の意志であった。一九一一年に帝大法科大学に入学するが、「経済の問題に妙に興味をもって」アーノルド・トインビーの産業革命史の本を読んだり、新渡戸稲造の植民政策、さらに坪井九馬三の講義等を聴いたという。けれども卒業後の進路に迷って内村の助言を求めたところ、「お前に必要なのはシーズニングの時代だと思う。人間には、木材を寝かしておくような工合に、時がたつということが大事なのだ」というものであった。高木は一年余り大学院で研究生活を送ったのちに、大蔵省銀行局に入った。大学からヘボン講座の担当者として白羽の矢が立てられたのはその一年余り後のことである。

ヘボン講座とはアメリカの銀行家で資産家のヘボンによって、一九一八年に東京帝大法科大学に設置された寄付講座である。ヘボンは「国際法及び国際礼譲」を想定していたが、日米両国民の相互理解を深めるために「米国憲法、歴史及外交」の講座へと変更され発足した。通称ヘボン講座がこうして誕生したわけだが、講座の担当者として高木に白羽の矢がたち、彼もこれを受けた。「役所をやめて大学に戻る」ことになり、とりあえず吉野作造教授の研究室の「机のわきに席を設けて頂いて、そこで勉強し」始めた。ある時文学部の箕作元八に面会したところ、「アメリカの西部の歴史が大切だ」と教えられたが、その意味がわからなかったという。こうして一九一九年春にアメリカへ出掛けるのだが、高木は三〇歳になっていた。

高木は実父の大学時代の級友で、アメリカ史研究の第一人者とされるジェイムソンの助言をうけて、まずハーヴァード大学で学ぶことになるが、そこにはウィスコンシン大学から移ってきたフレデリック・ターナー（一八六一―一九三二）がいた。ターナーはその「フロンティア学説」で著名な存在で、五八歳の成熟期にあった。その他多くの優秀な教授と知己となるが、特に『合衆国憲法の経済的解釈』（一九一三）の著者チャールズ・ビアード（一八七四―一九四八）との出会いについては、「当時ビアードの本というのは、だれでも見なくちゃならないガヴァメントの本、ヒストリーの本」であって、「私の頭にはビアードというのは大事な学者の一人として焼きつけられていた」と回想している。彼らの学問の摂取に努めた高木はヨーロッパも駆け足で回って一九二三年八月に帰国、翌年一月からヘボン講座の正規の担当者として「米国史概説」を開講したのである。

高木八尺『米国政治史序説』

高木の講義録は後に『米国政治史序説』として刊行されたが、それとともに大きな意味を持つのは一九二七年に発表された最初の本格的な論文「米国政治史に於ける土地の意義」である。タイトルに政治史を掲げているが、内容は「常に無尽蔵に国の西方に存した」「自由土地（フリー・ランド）」という土地問題の政治・経済史的考察である。まず米国における公有地の発生と土地政策の歴史を明らかにした上で、土地と民主主義の発展との関連を考察すること、特に「辺境の意義」と土地分配状況に焦点をあわせ、最後に「自由土地の消滅」とその影響の考察という構成をとっている。内容を簡単にみておくことにしよう。

独立によって連邦は「所謂初代十三州の面積と比較して尚一層大なる領土」を「其の直属地として所有する」に至ったが、この西方の「自由土地」は「地味豊かなる無限の沃野」であった。アメリカの歴史において「西部」とは「地理的に一定の地方を指す観念ではなくて、寧ろ社会的に、東部の硬化し、階級化し、貴族化し、欧洲化せんとする地方に対して、新開なる、自由なる、民主的なる辺境を含めた西方地方を指した名称である。従って西部は米国史を通じて西漸した」「其の新鮮にして民主的なる精気を以て、西部は東部に対峙した。東部も亦之によって影響せられ輔車相扶けて今日の米国を生ぜしめたのである」。これが繰り返し表明される高木の米国史観である。西部は絶えず開拓され、「斧を振って道を開き、鋤を働かして耕地を拓く」辺境の生活者の労苦は並大抵ではないが、自立的農場主となる希望があった。「丸木小屋に生れた」「独学の人」である「リンコーンの生涯」はそれを物語るものである。

このような「自由土地の存在」と「辺境生活の経験」が「深く米国民の性格に影響」し、「特殊の制度」を生み出した。一つ目は個人の独立自恃心、創意裁断力とそれに対する「米国人の尊重」である。二つ目は個人主義的観念であり、三つ目が平等の思想と観念、四つ目が進歩的精神である。こうして「過去三百年間の人口増加と移民の来住に基き、間断なく行われて来た人口の西漸運動が、フロンティアを西へ西へと進めて、十九世紀末葉に至り、遂に米国全土を一応、疎ながら蔽い終って、茲に所謂「自由土地の消滅」を見た」。ターナー教授が一九世紀末を以て「「米国史の第一期の終り」と称えたのは、流石に歴史の趨勢を大観せる至言であった」。こうして一九世紀以降のアメリカ社会は「概して著しく欧洲近似の諸相」を呈するに至った。アメリカは昔日の「機会の国」であることを止め、社会問題の「事実上の解決者」、政治上の安全弁、経済安定の「保障の妙薬」を失った。「西部地方無き米国」の民主主義の「真の試練が、二十世紀と共に臨んだのである」。

高木の論文は以上のように明快な筋立てで、多くの文献が利用されているが、歴史家ターナーが一八九三年に書き、最大級の影響を及ぼした「アメリカ史におけるフロンティアの意義」を冒頭に収めた論文集『アメリカ史におけるフロンティア』(一九二〇)が基礎にあった。先にも指摘したように高木はターナーと個人的な接触があり、彼の史観にも強い影響を受けた。高木の論文は「学術的なアメリカ研究の、文字通り開拓者的作品」として高く評価されたのである。

もとより高木の関心はアメリカ・デモクラシーの方にあったから、その後は辺境の植民とか土地問題に立ち戻ることはなかった。また中屋健一も政治史に向かったのに対して、一九三五年に西洋史学科を出た清水博（一九〇七―九三）は高木の講義を聴き、ターナーの「アメリカ史におけるフロンティアの意義」を紹介されて、西部の領土拡大の問題に関心をもった。卒業論文では「明白な天命（マニフェスト・デスティニー）」、つまり一九世紀前半の西漸運動の盛んな時代、拡張論者がその正当さの承認のために使用したスローガンであるが、その具体化である一八四六年のオレゴン州の獲得について書いたという。卒業の翌年清水は「十九世紀前半のアメリカにおける西部と西漸運動」を纏めているが、これは概説的なものである。また同年「アメリカ歴史学五十年」を書いて、特に故ターナー教授の本とともに、激しい議論を巻き起こした『合衆国憲法の経済的解釈』の著者ビアードの経済史観を紹介している。ビアードは著書のなかで憲法制定についての「共和国の父祖の動機」を分析して、「富者階級が自己の利益を擁護せんが為の政府支持の努力」と解釈した。つまりアメリカ統合の象徴であり、それ自体神聖視されていた合衆国憲法について、その制定者＝建国の父祖たち個々人の経済的利害関係からアプローチしてその「神聖なヴェール」を剝いだのである。さらに「不偏性の思想は不可能なり」として、「ランケの方法は博物館に蔵せられるべきものである」と断言した。

ビアードの本は「偶像破壊的」であったばかりでなく、「資本家の援助に待つことの多いアメリカの大学の当局者たちをして『危険文書』の如く思わせた」という。日本での翻訳は戦後もかなり経ってのことだが、彼は都市問題の専門家として戦前に二度（一九二二、二三）来日している。また彼の『アメリカ現代史』は一九二五年に『米国近世政治経済史』として翻訳され、『政治の経済的基礎』も戦後間もなく翻訳された。このようにターナーとビアードの二人の歴史家は緒についたばかりの日本のアメリカ史研究に大きな影響を与えたわけだが、そうした史学史の問題は中屋の『米国史研究入門』で詳しく解説された。「歴史の経済的説明」についてのアメリカ史家の議論はあきらかに大陸の学会と連動していたわけである。

第三章　文化史的観照を超えて

——大類伸のルネサンス論とその周辺

はじめに

「大正デモクラシー」という時期区分で日露戦争以後ほぼ昭和初期までの政治・社会・文化面での民主主義的傾向を示し、「大正教養世代」という言葉でこの時期の文化と知識人の性格を表わすことは広く知られているだろう。いずれも「明治の御代」とは基本的に異なる時代と知識人のあり方が示唆されているわけだが、大正時代の「盛期」である一九二三年のはじめ、国民図書株式会社から「泰西名著歴史叢書」の刊行が発表された。宣伝パンフレットによると、第一次世界大戦後の「世界は刻々に新しくなつてゆく。世界が新しくなつてゆくにつれて日本も新しくなつてゆかなくてはならぬ」「物には本末がある、事には終始がある。吾人は歴史の内に生れ自然と社会との境遇に処して経験を積んでゆくのである。輒ち、現在を知り将来を卜するには是非とも過去を学ばねばならぬ」。各巻の構成は次の通りである。

⑴ 希臘羅馬史論　クウランジユ著、鈴木錠之助訳
⑵ ヨーロッパ文明史　ギゾー著、松本芳夫訳

(3)　神聖羅馬帝国　ブライス著、占部百太郎訳
(4)　ルネサンスの文化　ブルクハルト著、間崎万里訳
(5)　欧洲近世史　ランケ著、阿部秀助訳
(6)(7)(8)　大英国民史　グリイン著、戸川秋骨訳
(9)　大革命前の仏国　テエ・ヌ著、松本信廣訳
(10)(11)　独逸思潮史　チーグレル著、飯田忠純訳
(12)　米国近世史　ハウオース著、木村重治訳
(13)(14)　歴史哲学　ヘルデル著、田中萃一郎訳

このような企画は実は初めてではなく、五年ほど前に刊行された「興亡史論」全一二巻も、基本的にはヨーロッパの歴史名著の翻訳であった。違うのは、今回の叢書の訳者のほとんどが慶應義塾大学の関係者であること、そして「菊判天金総布製、全部九ポイント活字組、一冊約六百頁」という豪華な造本である。叢書は「大正十二年六月より毎月一冊宛刊行十四ケ月を以て完結」として予約を募ったが、刊行開始の三ヵ月後思いもよらぬ混乱に見舞われた。九月一日の関東大震災である。出版社はどうやら無事だったようだが、「大震災に際会して一旦草稿を喪失」した訳者もいた。最終巻が出たのは一九二六年のことで、二年以上遅れての完結であった。

さてここで注目されるのは、叢書の一冊としてヨーロッパ文化史の古典中の古典で、ラン

「泰西名著歴史叢書」予約募集パンフレットの中にある折り込み写真。国民図書株式会社、1923年より

ケと並び称される歴史家ヤーコプ・ブルクハルトの『イタリア・ルネサンスの文化』（以下『文化』）が初めて翻訳されたことである。刊行は一九二五年二月で、訳者の慶應義塾大学予科教授の間崎万里（一八八八―一九六四）は西洋の歴史全般についていろいろなものを書いているが、特にルネサンスの専門家というわけではなかった。

それから五年後の一九三〇年四月、今度は春秋社の「世界大思想全集」第二期の一冊として同書が『文藝復興史』のタイトルで刊行された。訳者は早稲田大学教授で独文学者の山岸光宣（一八七九―一九四三）であった。さらにその後一年も経たない一九三一年三月に、岩波文庫で『伊太利文藝復興期の文化』として上巻が訳出された。

ヤーコプ・ブルクハルト。ランケと並ぶ19世紀歴史学の巨匠

訳者は東京商科大学教授の村松恒一郎（一八九八—一九八四）である。「跋」のなかで、村松は「我国の文化が明治の後期以来卒然として西欧文化の中に参与し、吾々の生活の大部分がこれなくしては考へ得られぬ時、ましてこの新文化を取るに当つて我国が文藝復興、宗教改革、啓蒙時代等の本を体験せずに直ちにその成果を受け入れて、今にして深くその本源を省みるの必要に迫らるることを思ふ時、本書のごときは啻に学界に対してのみならず、一般に若き読書界にとつて殊に有意義なる典籍であらうと信ずる」という小文を附している。下巻の刊行は一九三九年のことで、後のお茶の水女子大学長でドイツ哲学専攻の藤田健治（一九〇四—九三）が共訳者として加わっている。

以上のようにブルクハルトの『文化』は大正末から昭和初めにかけてのごく短期間に三度翻訳されるという稀有な文献であったが、それだけではない。戦後間もなく全六巻の「ブルクハルト著作集」が計画され、嘉門安雄の『チチェローネ・古代篇』と樺俊雄の『世界史的考察』が翻訳・刊行された。予定されていた谷友幸訳の『イタリア文藝復興期の文化』は未刊に終わったが、一九六六年には中央公論社の『世界の名著45　ブルクハルト』のなかに柴田治三郎訳の「イタリア・ルネサンスの文化」が収められた。さらに二〇〇七年には筑摩書房から新井靖一訳が刊行された。各訳本についての比較・吟味はもとより専門家に委ねなければならないが、ここでの問題は戦前に刊行された三種の訳本である。それは必ずしも文化的砂漠に咲いたあだ花ではなく、わが国における文化史への関心を示す現象として注目しておきたい。特に東北帝国大学の大類伸（おおるいのぶる）とそのグループを中心に西洋史家のあいだでその土壌が形成されつつあり、裾野はより広いと言うことも出来るのである。

1　大類伸――中世文化からルネサンスへ

大類伸。西洋中世の文化、ルネサンス研究という新分野を拓いた

大類伸（一八八四―一九七五）は東京神田で生まれた生粋の江戸っ子である。開成中学、第一高等学校文科を経て、一九〇二年に東京帝大文科大学に入学した。ちょうどルートヴィヒ・リースが帰国した年に当たるが、大学院に進んで一〇年の研鑽の後、文学博士の学位を取得した。一九一五年のことで、学位論文は師の箕作元八のすすめで始めた「城郭史の研究」であった。

後年作成された「略年譜」によると、一九一六年七月に大類は副手から講師に昇任しているが、その一ヵ月前に西洋史に関する最初の著作『西洋時代史観（中世）』を刊行している。「時代史」という言葉は最近余り聞かないが、一般史・通史の一部をなすもので、ある時代を切り離して論じるという意味で、当時一般的に用いられていた。師の箕作は次のような序を寄せている。「西洋中世期は総ての方面に暗黒時代といつて、其の史実は最も不明なる時期と見做されて居る」。それ故我が国では近代、古代に較べて中世を「真面目に研究されたるものは殆んどない」のだが、この時期は政治的には封建制度、宗教的にはカトリック教会の組織が完成して、「近代のヨーロッパ文明の基礎となることが少なくない」。しかも「半世紀前まで封建の状態を脱して居なかつた我が国の為めには、西洋中世史の事実に関して学ぶべきことが多々あり、其の相似たる点が大いに我が国民の参考となるのみならず、又た多々其の異なりたる点を研究すれば更に多大の利益を得るであらう」。

大類の本は全体で一九章、三八二ページとかなり大部なものであるが、あくまで概説である。したがって何らかのオリジナリティを持つものではないが、日本で最初のヨーロッパ中世史の概説であった。特徴的なことは、第一に「所謂政治史とは趣を異に」した「時代生活」を対象とするものとして示されている点である。つまり中世の盛期を対象として、社会と文化に焦点をあわせた概説であった。他方で「中世末期と称せらるゝルネッサンス時代及び発明発見時代は、近世史の始に説くのが便利である」から、続刊予定の「近世史の部」で扱うとしている。

もう一つの特徴は多くの図版が挿入されていて、中世に馴染みの薄い読者の理解を助けるものになっている点である。こうした造本のスタイルは大類のその後の著作のほとんど全てに踏襲されている。扉絵は三点掲載されているが、そのうちの一つが「聖僧フランシスの説教」、つまり小鳥に説教するアッシジの聖フランチェスコを描いたジョットの有名な絵であることも、その後の大類の歩みを知るものとしては示唆的に思われる。

大類の中世史概説は後に大幅に「改稿」され、『西洋中世の文化』（一九二五）として刊行された。つまりタイトルも内容も一新されたわけだが、著者自身のことばによると、特に「中世の高潮期」に重点をおいたものであり、「中世文化の全般に亘つてそれを綜観的に、相互関連的に取り扱ふ」と説明されている。内容は七章に整理されたが、全体で五五〇ページと大幅に増えている。封建制の社会と経済、都市などについての基本的な叙述はそのまま残されたが、キリスト教思想、中世文学と美術などが大きな比重を占めている。最終章では「精神界の動揺と新生」として、ルネサンスの問題に言及されている。著者によると、「従来欠陥の多かつた宗教、文学、美術等の思想的方面は全く新しく起稿して、再び世に公にすることゝした、而して書名も亦『西洋中世の文化』と改めたのである」。

何故このような大幅な「改稿」がなされたのだろうか。大類自身が述べるところによると、直接的には関東大震災によって紙型が失われたからであるという。けれどもそれは技術的なことで、主要な理由をこの間のヨーロッパ留学に求めるのが自然であろう。

イタリア留学

一九二〇年八月、大類は中世史研究のために満二年間の留学に出発した。当初フランス、ドイツに滞在の予定であったが、一年後、大類は「イタリアを在留国に追加」した。帰国したのは一九二三年四月のことで、往復の船旅を差し引くと、実質二年余りの留学である。フランスとドイツにもいたが、「私は其の在外期間の半分約一ヶ年は伊太利に滞在した。殊に羅馬に留ること凡そ十ヶ月であつた」。これが正確な滞在期間と場所であるが、大類の後の回想では、留学の期間の「大部分を伊太利に過ごした」、と書くほどイタリア留学の意味が強調されている。

帰国三年後の一九二六年四月、大類は留学の印象を綴った『永久の都羅馬』という小著を出した。「一九二一年及び二二年の二冬を私は羅馬に過ごした。滞在した宿は羅馬市の中央から稍々東北に当るヴィア・ヴェネトと云ふ街の十八番に在」り、そこからイタリア各地の旅に出ている。さらに一年後に『美術をたづねて・伊太利みやげ』を刊行して、「伊太利美術巡礼」を記した。巡礼はフロレンスを中心として、ピサ、シエナ、ウルビーノ、オルヴィエト、ペルージャ、ローマ、ミラノ、マントヴァ、パドヴァ、ヴェニスとほぼ全国に及んでいる。以上のことから推測されるように、大類はイタリア美術に強く魅かれ、ルネサンス文化研究に大きく舵をきったのである。

ところで先の「略年譜」によると、留学中の一九二一年三月に大類は東京帝国大学助教授に任命されている。本来であれば、帰国後直ちに帝大教授に昇任ということになるのだが、そうはならなかった。帰国後一年半余り後の一九二四年一一月、大類は東北帝国大学に新設された法文学部の教授に任用され、仙台に赴任したのである。これは何を物語るのだろうか。人事のことだから推測の限りでしかないが、大類の師にあたる箕作は留学前の一九一九年に亡くなっていて、直弟子であった大類の昇任という人事も予想されないことではない。けれども後任は大類より年下の今井登志喜であった。今井の愛弟子であった林健太郎が書いた『移りゆくものの影』（一九六〇）には、この点について次のような指摘がある。

林によると、今井、大類以前の「日本の西洋史は、主として政治史であった。政治史も勿論必要であるが、その政治史が余りにも旧態依然たるものであったことは否み難い」「こういう傾向に反旗をひるがえしたのは大類伸博士の文化史であったが、大類先生はそのために当時の教授に容れられなかったようで、東大の助手から助教授まで勤められた後新設の東北大学に転出された」「大類先生は夙に次代の東大を担う人物と目されながら、その新傾向の故に東大からはみ出してしまった方であった」と書いているのである。

他方で今井登志喜について、林は「本来ならば大類先生が占めるべきだと思っておられた地位を御自分が占めるようになったことを、大類先生のためにひそかに心苦しく思っておられたらしい」。そこで非常勤の講師として招いたのだ、というのが林の推測である。他にもまったく同様な指摘が一、二あるが、それらは林の著書からの孫引きの可能性が高い。ただ大類が東大で非常勤講師を勤めるのは東北帝大の教授となって一〇年以上経った一九三六年からである。他方で赴任とほとんど同時に、大類は京都帝国大学の講師を嘱託されて、約二〇年間これを続けた。したがって林の「推測」でもってすべてが語り尽くされているようにも思えないのである。

ちなみに大類は東北帝大教授となった後暫くは仙台に住んでいたが、間もなく東京に戻って、弟子の回想では「確か木金両日に授業をされ大体隔週帰京された」。つまり仕事の場は牛込区矢来町の自宅であり、二重生活をしていた。同じく法文学部に招聘された一歳年長の阿部次郎（一八八三―一九五九）は一家を挙げて仙台に移住して、いわば土地の人となったが、大類はそうしなかったのである。

本題に戻ると、大類の『西洋中世の文化』は現在の眼で見れば一般的な叙述にすぎないが、大類の弟子の一人である酒井三郎（一九〇一―八二）によると、当時としては「まことにユニークなものであった」。西洋中世の文化を「かくも詳細に、しかも相関関係的に」叙述したものはかつてなく、しかも大類の文章は「柔らかな、きわめてやさしい」もので、叙述にも彼の特徴がみられた。もとより歴史の社会経済的な理解からすると「食い足りない点が残る」と酒井は指摘している。だがあらためて注目しておきたいのは、文化史としての豊富な内容もさることながら、二七葉もの図版が挿入されていた点である。しかもその数枚は色刷りであった。この頃ひと足早く白樺派の作家たちが同人雑誌で「泰西名画」を紹介していたが、大類は「歴史画」についてそれに倣ったとも言えるだろう。さらに巻末に一二ページにわたって「中世史研究参考書概観」が掲載され、後学の手引き書としても意図されていたのである。戦後の中世史研究をリードした堀米庸三（ほりごめようぞう）は、一九五四年に本書の意義について次のように述べている。「ドイツの正統史学の伝統を受けつぎ、政治史を中心においたわが国の西洋史学も、昭和の初年にはランプレヒトなどの影響の下に、強い文化史ないし精神史への傾向を示していた。当時の文化史的研究において若い研究者をひきつけたのは、大類伸博士の研究であり、博士のきわめて初期の著であるとはいえ、その『西洋中世の文化』（大正十四年初版）は、巻末の簡便な文献解題とともに、中世史研究の唯一無二の入門書となっていた」。

大類のルネサンス論

大類の第二の著作である『ルネサンス文化の研究』は一九三八年一月に刊行された。一五本の論文を収めたわが国最初の本格的なルネサンス研究であり、ここでも本文中に十数枚の図版が挿入されている。大類は『西洋中世の文化』でもルネサンスに言及していたが、論文としては本書に収録された「ルネサンス初期に於ける羅馬復活の思想」が最初のものである。一九二七年のこの論文には大類の基本的な関心が示されており、その内容を短くみておこう。

まずルネサンス初期の時代は「中世から本来のルネサンスへの過渡期」であるが、「それ自身独自の意義」を持つ。つまり「羅馬復興を口にすることに依つて新時代の開幕を企て」た時代であり、その代表がダンテである。『神曲』等のダンテの作品は時空を超えた「世界的理想の表現」であるとともに、「一面に又強い現実的関心の動いてゐることも忘れてはならない」。皇帝に対するダンテの期待は「非常なもの」があり、「救済者」は比喩というよりも「現実政治の権力者」とみるべきなのである。けれどもダンテの「伊太利国民的立場は鮮混在してゐる」と指摘している。

明で」なく、「未だ中世的色彩の濃いものがある」。したがってダンテには「中世と近世とが

ダンテの五〇年後に現れたペトラルカにあっては、問題は「一層具体的となり痛切となつて来た」。ペトラルカは既に数十年南仏アヴィニヨンに住む「法王の羅馬帰住を以て伊太利救済の第一手段」としており、「伊太利国民的感情を鼓吹する精神に満ちて」いる。彼は「羅馬のトリブンとなつて諸般の市政改革」を行うコラ・ディ・リエンツォに「満腔の同情と援助とを表した」。ここに見られるように、「中世人の帝王政治崇拝に対して、ルネサンスの人々には共和政治崇拝の風があつた」。ダンテは古羅馬の帝政を、ペトラルカは共和政羅馬を支持した。「共和的羅馬を崇拝する傾向は、ルネサンスの進むと共に盛となつて来た(中略)爛熟期に及んでは、市民的自由の擁護よりも専制君主の礼讃に傾くものが多くなつた」。「ルネサンス末期を飾る天才」マキャヴェリは『羅馬史論』にみられるように、「元来自治都市の自由を至宝と仰ぎつゝ、従つて共和的羅馬の理想に憧れながら、しかも時世の現実的必要は、彼をして君主の専制的手腕に信頼せしめざるを得なかつた」と指摘している。

以上のように、大類はこの論文でルネサンスの基本的見取り図を描いたのだが、翌年の「ダンテの羅馬思想」では「過渡期の人ダンテ」に限って同じ主張が、作品に即してより詳細に明らかにされている。さらにその翌年の「マキヤヴェリ『君主論』の一考察」では、『君主論』の「国家統治の方法」に関する第一章から第一一章までは「マキヤヴェリの国家観」を表明したものとして重要であること、次いで「統治上に於ける君主の実際行動を説い

た」第一五章から第二三章までは「所謂マキヤヴェリズムの本領を発揮したものとして注目され」てきた。そして最後の二六章では「時世に対する関心が一層強調されて、遂に伊太利現在の乱離状態を救済することの急務を叫び、その光栄ある任務の遂行をメディチ家の君主に対して懇請する」というもので、それまでの「原理的説述」に対して「現実的問題に対する応急手段」を提案している。『君主論』はロレンツォ・ディ・メディチに「献本」されていたのである。その考察が本論文の眼目であるが、「正に龍を描いて睛を点ずる重要さをもつ一章」である第二六章はダンテの『神曲』、そして特にペトラルカの『詩篇』の「我が伊太利」との関連を持つこと、さらにマキヤヴェリの「人民観」にも関説して自説を補強しているのである。

大類は「ダンテとラファエロとマキヤヴェリ」を自己の「中心題目」としているが、ここでは画家ラファエロ論は措いて、「ブルクハルトの『伊太利ルネサンスの文化』を読む」を取り上げておこう。この論文は『文化』だけではなく、ブルクハルトの史観にまで踏み込んでいるからである。まず歴史家ブルクハルトの興味の中心が「事象の表現が完全な程度に達した時期」に向けられ、「繰返すもの、具体的なるもの、典型的なるものを求める」という立場にあったこと、したがって「若干の新しい傾向が其の萌芽を萌しつゝある如き初期的現象」に彼は興味を持たなかったことを指摘する。したがって中世との関連を求めるよりも、両者は矛盾していて、「中世はルネサンスに対し圧迫的に働いた」と理解される。このようにブルクハルトは「ルネサンスに於て古代復興の傾向を著しく力説」したのである。

次にブルクハルトの『文化』には「表現された様式を貴ぶ芸術史家としての態度」と「長い年代に亙る徐々の発展を尋ねる文化史家としての態度」がいわば同居していて、「年代上多少の不一致」が認められる。美術史家として出発したブルクハルトのルネサンス観は前者、つまり「著しく芸術中心的なものであった」。その点で「非歴史的」という非難はあるが、『文化』が「独自の魅力を永く後世に保つ所以」でもあった。ブルクハルトは「史的発展の深い由来」や「その推移し行く将来への過程」を問題外とする「静的史観」の持ち主であって、彼には「近代的な動的史観」は欠けていたのである。

他方で「革新運動としてのルネサンス」を論ずる場合には、ブルクハルトは「冷静な史的考察の域を越えて、一気に伊太利ルネサンスの懐に飛び込んで行った」。史的発展に対する彼の観照は「著しく悲観的或は懐疑的」であるが、他方で「精神上の発展は一般に飛躍的・間歇的に起る」こと、そうした「急変」にあっては「偉大なる個性」、つまり「偉人」が力を発揮することを認めている。新時代を打開するのは「偉人」であるというわけである。ルネサンス末期のサヴォナローラをその「新時代打開の代表人物」とは見ていないが、「ルネサンス文化の弊風に対する強い反省の力として、サヴォナローラの存在を認めたことは明白である」。要するにブルクハルトの裡には歴史家と芸術家が互いに抗争していた。「そこに彼の矛盾があり、悲劇があり、さうして又『伊太利ルネサンスの文化』のもつ魅力も存する」とこの論文を閉じている。

大類はルネサンス論の他に、イタリアの古代や近世の歴史についていくつかの論文がある。古代羅馬帝国の没落についてのロストフツェフの大著を紹介したもの、そして「伊太利建国三傑」の一人、マッツィーニを論じた三本がある。マッツィーニについては敗戦後彼の『人間義務論、他二篇』を翻訳していて、リソルジメントにも関心を示しているが、紹介以上の積極的な議論を展開しているわけではない。

『ルネサンス文化の研究』の五年後、大類は『ルネサンス文化の潮流』を刊行した。これも論文集だが、そのなかに「日本のルネサンス――桃山時代」がある。晩年には『桃山の春』という本も出ているが、ここで取り上げることはしない。その他に一九三四年に大類は冨山房から『西洋史新講』というテキストを出版したが、これは何度も版を重ねて戦前期に広く普及した。西洋史家あるいは西洋文化史家としての大類の「名声」は、一九三七年五月に帝国学士院会員に選ばれることでいっそう高められたかにみえるが、一九四四年三月、定年を前にして大類は東北帝大を退官したのである。

これまで大類の生涯と仕事を短く辿ってきたが、日本の史学史のうえでどのような位置を占めるのだろうか。この点について先に大類の『西洋中世の文化』についての堀米庸三の評言を紹介したが、それに続けて次のような指摘がある。「昭和十年代の中世史研究に特徴的であったもう一つのことは、実証性の稀薄ということであった」。実証性の稀薄ということは当時の中世史研究が、「文化史的観照の立場に終始していた」ことと深く関連している。はっきり言うと、当時の研究は「一般にまったく素人の域を一歩も出ていなかった」のであり、「われわれは徒弟の修業も経ることなくして、いきなりマスターのみに許された問題に入りこんでいたわけである。文化史的観照は、このような研究の事情にまことに適合的な精神的態度であった」。大変厳しい発言であるが、もとより大類が名指しされているわけではない。また堀米の指摘をそのまま受け入れることもないのだが、大類が書くものにはそういう側面があったことも否定できない。『ルネサンス文化の潮流』全体がそうであるが、その集大成というべき第一章の「ルネサンスの人間観」は大類のすぐれた鑑賞力を示しているが、特に分析的なところもなく、「文化史的観照」に終始しているからである。だが同時にその「文化史的観照」を超えようとする試みも確かに存在したことは忘れてはならない。

2　大類の弟子たち①——平塚博と塩見高年

弟子たちの回想によると、大類は小柄で「下あごがこころもち出ていてジョットーえがくところのダンテをすこし年をとらしたのにそっくりであった」。また「失礼な言い方かも知れぬが、先生は教壇に立たれて見映えのされる方でない。また滔々と雄弁を振われる方でも」なかったが、「熱情をこめて話され」た。準備してきたノートを読み上げるのではなく、「メモを片手に自在に語る」という独特の講義スタイルであったが、「ルネサンスの古典的な調和美の極致を示すラファエロと対立的運動感を代表するミケランジェロとの対比、更にルネサンスと宗教改革との全般的関係等についての名講義は恐らく先生の最も得意とされるものの一つ」であった。頭脳の回転がはやく、順を追って話すというようなことは嫌いだったから、講義は「体系的でなく理論的でないので判らない」とも言われたという。

東北帝大西洋史学科は、一九三二年に『西洋史研究』という専門雑誌を創刊した。「西洋史研究」と銘打った日本で最初の雑誌で、出版社は冨山房であった。もちろん大類のイニシアティヴによるものだが、全国的な組織に基づくものではなく、一九四〇年に一五号を出して途絶した。先に紹介した大類の「ブルクハルトの『伊太利ルネサンスの文化』を読む」はこの雑誌の創刊号に書かれたものだが、ルネサンス専攻の若い歴史家たち、つまり金倉英一、平塚博、長崎茂次、宮崎信彦、村岡哲（むらおかあきら）等が「また紙屑をふやしたね」とからかわれながらも誌面を埋めた。ここでは大類の後継者となる平塚の研究について短く見ておこう。

平塚博（一九〇〇―五〇）は東京の生まれで、東京外語の英語科を経て一九二五年四月に東北帝大の法文学部に入学した。卒業後は助手となり大類の下で中世とルネサンスの文化史研究をすすめた。一九三三年に専任講師そして一〇年後に助教授となり、一九四四年三月に大類が退官した後に教授となった。大類の強い推薦があったとみるのが素直な見方だろう。後輩の回想によると、「平塚教授が語る大類先生は自己の慈父を語るに似ていた。師の学問の跡を意識的に追求しようとされていた平塚先生は、自分がみてもあまり興味が湧かないような史料が大類先生の手にかかると

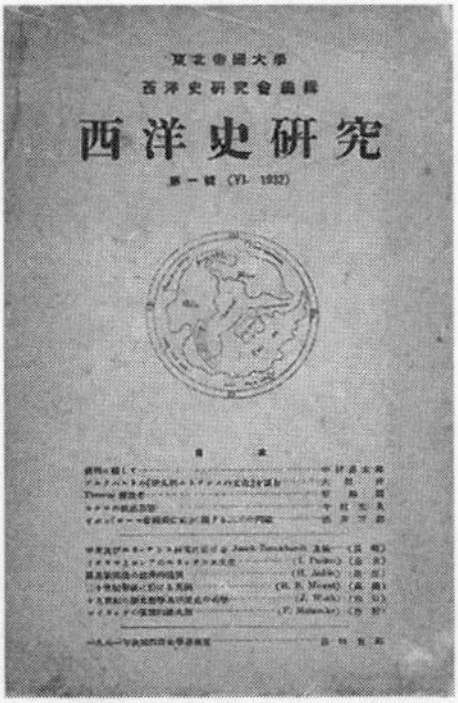

『西洋史研究』創刊号。日本で最初の専門雑誌である。冨山房、1932年

生きいきとしてくることを歎いていた」という。こうして戦争末期と戦後初期に平塚は大類の後継者として教育研究に忙しい日々をおくったわけだが、一九五〇年一月に急逝した。「平塚博教授年譜」によると「病ハ脳溢血」で、享年五〇歳であった。

平塚には生前に単著と呼ぶべきものはなかったが、『西洋史研究』を中心に中世とルネサンスに関する多くの論文を発表している。一九三二年に『西洋史研究』第二輯に発表された「ダンテの名誉心」は次のように始まる。「ダンテが名誉名声なるものに強き欲望を懐き、「神曲」に於て煉獄の火に浄められ、あらゆる地上的欲望より解放されひたむきに神的直観と瞑想に没頭すべき「天国」に登りながら而も彼が天上的思惟の中にしばしば名声名誉と云ふが如き人間的欲望を漏らしてゐるのは確かに注目すべき事柄である。而して「天国篇」の終りに近く斯る地上的名誉の具体化とも云ふべき詩人戴冠に憧れてゐるのは特に興味ある問題である」。こうして平塚はダンテの諸作品のなかに彼の「名誉観」、「名声慾と名誉心」を探り、「Danteに於ける名誉心の意義」を分析する。その結果、ダンテは「一方に於て時と共に移らふ名声の非永遠性を語りながら、一方では時の存する限り(地球の運行の続く限り)存続する名声を認めてゐる」。そうした彼の「名誉心と名声慾との結合した意欲の最高の表れは詩人桂冠の憧憬であつた」。つまり「詩人の月桂冠」を戴く「名誉に浴せんと熱望した」。ボッカチオも『ダンテ伝』のなかで「彼は賢き人にはふさわしからぬと見えるほど名誉や見栄を得んと欲求すること甚だしかつた」と述べている。

けれどもダンテの名誉心への憧憬にはフィレンツェ市からの「不当な追放による特殊な環

境」、そして「積極的な生活感情乃至英雄的生活慾」というものがあった。彼は「活動の生活」を重視し、「消極的微温的行為や生活、或は不活動的凡庸栄えなき生活を軽蔑した」。作品のなかで「当時の君主、皇帝、詩人等が怠惰で勝利の栄冠を得る為に努力せず、名声を博さうとの何等の熱望も持たず、何等積極的行動をしない事を嘆じ」たが、それらは「あたかも名誉を追ひ求めつつ異常な活動生活慾を以て人生の艱難を突破しゆくダンテの現実生活を写した一齣」と見られる。「彼が帝政論に於て政教両権の分離を説き両者各自の真の使命と機能を論じ、又俗語論に於て俗語の真の価値を論じ、伊太利標準語の建設に努力したのも亦如上の精神の現れである」。こうして著者は、「ダンテの名声慾の最高の表現である詩人戴冠は、ダンテ一個人に負はされた不正不義に対する現実世界に於ての復讐であると同時に、之は又単なる私的不正のみでなく公的普遍的意味を持つ正義の確立を目したものに外ならなかつた」「結局彼の名誉名声追求の最高の目的が神の正義の地上実現真理の証明に在つたのではないか」と結論している。

翌年の『西洋史研究』第四輯に「フィレンツェの一富有市民 G. Villani」を発表した。ダンテの同時代人にして、当時のいわゆる「ポポロ・グラッソ」の代表としてヴィラーニの政治思想を丁寧に探った論文である。結論としては、共和制を支持した点においてダンテとは「正反対の地位」にたつヴィラーニが「平和的外交政策を好み、侵略を嫌ひ」、そして「市政の状態を変更せんとする凡ゆる急激な改革に反対した」。その理由を著者は「都市の平和、秩序、統一、経済的発展を念願する富有大市民一般の政治的社会的立場」の反映と見ている。師の大類のルネサンス研究はダンテ、ラファエロ、そしてマキャヴェリという「中心題目」をもっていたが、平塚はダンテをルネサンス研究の柱としており、他に四本のダンテ論を書いている。

次に大類との共著として、一九三三年に刊行された『伊太利史』がある。「列国史叢書」の一冊で、全体で三五〇ページ余りの概説である。執筆分担については不明だが、おそらく平塚が書いて、大類が手を加えたものと推測される。第二章の「文藝復興時代」だけで四割近くを占めているユニークというか、偏った構成であるが、戦後のある時期まで「通史ながら、今日まで右に出るものはない」と高く評された。また文献・史料案内も一五ページに及ぶ充実ぶりであり、「列国史」シリーズのなかでも傑出した一冊であった。平塚の急逝は特に大類にとって惜しまれる出来事であっただろう。

京都帝大での弟子

すでに指摘したように大類は京都帝大で長く講師をつとめていたが、そこからも彼の影響を受けたルネサンス研究者が現われた。塩見高年、会田雄次、衣笠茂等で、例えば会田雄次(一九一六—九七)がルネサンス史を専攻したのは「直接的には学生時代から大類伸博士の著作に傾倒してその影響を強くうけたからだと思う。博士の『ルネサンス文化の研究』は深い学識と豊かな感受性と詩人的才能の所産であり、わが国におけるヨーロッパ精神史研究に不滅の金字塔をうち立てたものであろう。私自身この書にふれて、初めて西洋史をやる決心がついたのだった」。一九五七年に刊行された会田の『ルネサンスの美術と社会』の「あとがき」の回想であるが、ここでは彼の先輩にあたる塩見の研究を取り上げることにしよう。

まず死後に出版された塩見の論文集『ルネサンスの世界』（一九六一）と会田を含む京都大学の関係者の発言等から彼の経歴を辿ることにしよう。塩見高年（一九一一―五二）は兵庫県の生まれで、甲南高校を経て一九二九年に京都帝国大学の文学部史学科に入学した。彼は非常勤の講師であった大類に「私淑して、ルネサンス研究に没頭していた」という。一九三二年に史学科を卒業して、暫く大谷大学に勤め、一九三七年夏から二年間夫人とともにヨーロッパに留学するが、滞欧の一ヵ年半以上をイタリアに過ごした。「シチリアについての感想」というエッセイで塩見は、最初は中部のペルージャに行って「外国人のための大学」でイタリア語と文化を学び、フィレンツェでも講習を受けたと記している。肝心の研究の具体的なことについてはわからないけれども、友人の井上智勇（いのうえちゆう）によると、「二ケ年のイタリア留学を終えて帰朝すると、ルネサンス研究者として立つべき根底は、ゆるぎなきまでに築かれていた」。

帰国後は母校である甲南高校の教授となるが、京都帝大史学科の五年ほど後輩にあたる会田雄次といつもルネサンス論を戦わせていた。会田によると、塩見は「無比な蔵書家でまた驚くべき読書家」でもあったが、「戦災に会い書物家財の一切を失った」。それでも仕事に対する熱意は衰えなかったが、「昭和二十七年春、喘息のため急逝」。四一歳の若さであった。先の著作には次のような論文が収められている。

ペトラルカとルネサンスの問題　『西洋史研究』第一五輯、一九四〇年
中世イタリア・コムーネ研究の動向　『史林』二五巻四号、一九四〇年
ブルクハルトの世界観　『西洋史説苑』第一輯、一九四一年
ブルクハルトに於けるルネサンス概念　『西洋史説苑』第二輯、一九四四年
人文主義　『世界史講座』第七巻、弘文堂書房、一九四四年

塩見の論文「ペトラルカとルネサンスの問題」は、ペトラルカについての近著を手がかりに持論を展開するという構成であるが、まず自己の「立場を定める必要」から、「ルネサンスとは何ぞや」を問うている。一方に「ルネサンスの真の活力は古典古代ではなく基督教的中世より由来している」とする「トーデ、ノイマン風のゲルマニスト的ルネサンス解釈」があり、他方に「中世的宗教的象徴的な文化を古典古代の精神を以て新たに改造せん」としたものとみるロマニストの見解がある。この点で塩見は後者の立場に立つもので、ブルクハルトの『文化』は「古代の復興」と「イタリア的現象」を挙げていた。次にペトラルカの位置であるが、ここでは「ダンテを以てルネサンスの第一人者」「開始者」とみるブルダッハ論文を強く意識して、これを批判している。つまり二人の「イタリア救済論」を比較検討して、「イタリア人が真に目覚めて団結する」ことを説き、そして帝政期ではなく共和制期のローマに理想をみるペトラルカを「ルネサンスの真の開始者」とし、「ダンテが開いた路を

辿って行った人」というブルダッハの見方を批判した。ちなみにこの論文のなかで、塩見は『中世の秋』の著者ホイジンガの「ルネサンスの問題」（一九二〇）を詳しく検討している。「ホイジンガに於てはどちらかと云えばルネサンスが中世の末期性の中に没入しイタリア的角度からではなしにヨーロッパ的立場から眺められている傾きがある」としているが、ホイジンガの言う「問題に対する複数的処理」の主張は認めている。当時ホイジンガはほとんど知られていなかったが、塩見はルネサンス研究の立場からいち早く検討をすすめたのである。

次に塩見の「中世イタリア・コムーネ研究の動向」をみると、ここではオットカールとプレスナーの新しい研究、「一つの新しい立場」を紹介している。まずオットカールはイタリアのコムーネが「コンタード」と呼ばれる「都市の周囲の一定の地方」との関連において成立していること、「コンタード」の土地所有者も「しばしば都市に住み、都市の経済活動に加わっている」こと、都市市民のなかの富めるものは「コンタードに土地その他の財産をもち、封建的権利をも享受していた」こと等を指摘して、「市民階級と封建貴族との対立」という旧学説の単純な図式を批判した。「地方の利害は常に都市の内部にも生きている」のであり、抗争ではなく「両者の融合」がみられた。ここからオットカールは、アルプスを境とするヨーロッパの南北都市の性質の相違という問題を提起したのである。これを受けてさらに具体的に問題を掘り下げたのがプレスナーである。この時期にみられた「地方住民の都市移住」という現象の本質は、「賤しい小舎より逃出した農奴」ではなく、「地方に於ける小土地所有者」であった。彼等は「経済的繁栄の時期に於て都市生活により輝しき未来を見出した」のであり、「土地はそのままにして徐々に都市に移住し市民になる過程を」辿った。

以上のようにオットカールとプレスナーによって、旧来の二元的見解に対して、地方・都市の相互的関連、イタリア的特殊性、コムーネに内在する封建制等に「新たなる注意が向けられたことの意義は大きい」。それはルネサンスが最早「従来の如き華やかな近世文化の誕生という面のみを摘出するものではなくて、そこに残っている根強い中世性にも目を向けなければならな」いという最近の動向とも一致する。ルネサンスは「中世より近世への過渡期」であり、その研究にはホイジンガの言う「複数的処理を必要とする」のである。

オットカール（一八八四―一九五七）の見解は、戦後の日本では星野秀利や清水広一郎によって紹介され、コンタードの具体的な研究が進められた。塩見の研究動向は先駆的なものであったわけである。ちなみにオットカールは亡命ロシア人であり、一九三〇年にイタリア市民権を取得して、フィレンツェ大学文学部の中世史教授となった。ロシア時代の経歴は不明な部分が多かったが、最近詳しい調査がなされている。

最後に「ブルクハルトの世界観」と「ブルクハルトに於けるルネサンス概念」を併せて紹介しておこう。「世界観」で塩見が強く指摘するのはブルクハルトのペシミズムである。一二歳のとき「慈愛深き母を失った」ブルクハルトは、「地上的なものの儚なさについて何かしら強い印象を刻み込まれた」。長じて現実世界の非情さ、政治抗争から彼を「救ったのは永遠の調和に憩う芸術的作品」であり、一八三七年の最初のイタリア旅行以来「イタリアは彼にとってのアジールであった」。ブルクハルトは「現実世界の中に生き抜くのではなく、静かに身を退けてそれを眺めていたいのであった。生活は遁世であった」。「ルネサンス概念」については、彼のルネサンス人には「不羈奔放な人間」と「古典的規範的な人間」という「二重性」が認められること、前者よりも後者、つまり「調和を求める人間をルネサンスの中心として考えている」ことを指摘する。さらにブルクハルトが望んだ「美術史と文化史の綜合」は、『文化』では「出来てゐない」。ケーギの言うように『文化』は「一つの断片」である。ブルクハルト自身が一つの「試論」としているにも拘らず、『文化』が「ルネサンス研究の福音書のごとき地位にまで高められ」「あらゆるルネサンス研究の典拠のごとく考へられる」ことに塩見は違和感を表明している。

以上初期の塩見のルネサンス研究をみてきたが、いずれも一つひとつの問題が熟慮された好論文である。「イタリア文化理解のために」とする同時期のエッセイも興味深いものがあるが、残念ながら途半ばで塩見は斃れたのである。

ところで、京都帝国大学文学部にはイタリア研究の伝統があったことにも留意しておきたい。つまり一九二一年に坂口昂を含む文学部の教授たちによって「伊太利亜会」という研究会ができ、一〇年後の一九三一年にイタリア語講座が開講された。塩見が大類の講義を目を輝かして聞いていた頃のことである。さらに一九三七年の日伊文化協定の締結によってローマ大学に日本文学講座が置かれると、日本でも京都帝大に「イタリア文学科」講座が設置された。一九四〇年末のことで、日本の大学では初めてのことであった。けれどもなにぶん戦争中であり、講師は非常勤で学生も少なかった。本格的な活動は敗戦後のことで、野上素一（一九一〇—二〇〇二）が「イタリア文学科」で教鞭をとり、後に「イタリア学会」を創設する等斯学の振興をはかった。野上は一九三六年から一〇年間ローマに滞在して、ローマ大学古典学科に学んだ後に文学部の「日本文学」の教師をしていたのである。

すでに述べたように、大類伸が東京帝大から講師を委嘱されたのは一九三六年以後のことであるが、ここでも彼の影響下に数人のルネサンス研究者が育った。まず西村貞二（一九一三—二〇〇四）で、西村が「はじめて先生の謦咳に接した」のは一九三六年、つまり大類講師の最初の年度であった。以来特にマキャヴェリを中心にルネサンスの研究をすすめ、戦後間もなく『ルネサンス精神史序説』という小さな本を出している。西村は一九三九年に二高教授として仙台に赴任したことで師弟関係が強められたが、戦後は東北大学の教養学部教授として長く西洋史を担当した。森田鉄郎（一九一四—一九六）も同じ頃大類の講義を聞いて「師事した」が、学生のときの関心は日本資本主義論争との関連で「イタリアの近代」、特にリソルジメントに向けられたという。一九三九年の卒業後は入営・出征と続き、彼のイタリア史研究は戦後ようやく始まる。その頃大類はリソルジメントの指導者マッツィーニについても論じており、戦後に『人間義務論』を翻訳したのである。

3　大類の弟子たち②——千代田謙と村岡晢

東北帝大の西洋史学科では大類伸の影響が大きかったが、近代史の担当者は中村善太郎であった。一九三二年末に中村が亡くなり、若干のブランク状態を経て山脇重雄が担当した。中村の専門はフランス革命後のヨーロッパ政治史であるが、「単なる政治史に止まらず、思想と関連せる政治史であって、謂わば文化的政治史とも称すべきもの」であったという。これは大類の評言であって、いささか自分に引き付けている嫌いがあるが、山脇の方は第一次世界大戦前後の軍事史、英独関係史の専攻であったから、こちらは文字通りの政治史である。二人という最少のスタッフであるが、西洋史研究室からルネサンス以外を専攻する若い研究者が育っていった。

千代田謙（一八九九―一九八〇）は一九二二年に広島高等師範学校を卒業して東北帝大の西洋史学科で学び、後に大学昇格をはたした母校の広島文理大学で長く西洋史を担当した。専門は史学史で、はやくも一九三五年にルネサンスの史家からヴィコまでを扱った『西洋近世史学史序説』を刊行したが、より纏まったものは一九四五年の二月、つまり敗戦前夜に刊行された『啓蒙史学の研究』である。本書は「第一部概論篇」とされ、一八世紀のフランス、イギリス、そしてドイツの啓蒙史家たちを扱った九〇〇ページに近い大冊である。はしがきによると、「専らフリードリヒ大王の史学に関する

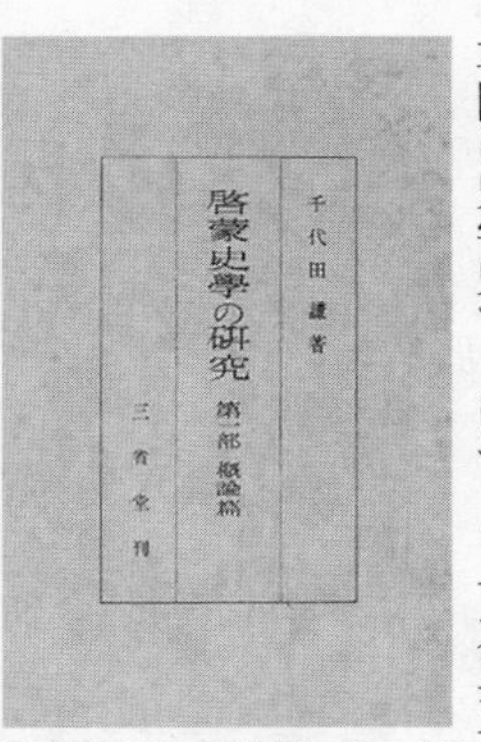

『啓蒙史学の研究』第一部の扉。三省堂、1945年

詳論」を内容とする「第二部特論」が続くはずであったが、出版に至らなかった。「組版寸前で東京で戦火のため原稿が灰燼に帰した」のだという。

千代田の『啓蒙史学の研究』の狙いは「第十八世紀に於ける、主にその三〇年代から九〇年代に亙る約七十年間の、仏、英、独等の諸国に於ける史的作業及び史的思想を通観的に概説すること」、それによって「啓蒙主義史学の史的精神を、啓蒙史家等の想ひ描きたる歴史像に即しつつ、それ等の体験と観想との多様性と多彩性とを見失ふことなく、理解し味得しようと試みた」ものである。かなり長い「緒論」に続いて、フランスでは特にヴォルテール、イギリスでは特にヒューム、ドイツでは特にヘルデル（ヘルダー）が中心的な考察の対象となっており、彼らの生涯と著作がふんだんな比較を交えながら詳論されている。その他に「レイナールの「両印度史」」や「ギボンと「羅馬帝国衰亡史」」等個々の著作を取り上げて、これらも詳述される。

全体としていささか冗長で、半分以下のページ数で収まるような気がしないでもないが、それはともかく厖大な本を蒐集して、多大な時間と労力をかけた力作であることは間違いない。一例を挙げよう。第一章で「ランケの歴史学」について簡単な説明をしたが、そこで啓蒙史学を再評価するイッガースの議論を紹介しておいた。千代田の本の該当箇所をみると、「徒らに象牙の塔中に高踏し、現世・実践と遊離することを屑（いさぎよ）しとしない」ゲッティンゲン史学の「ガッテレル」（ガッテラー）と「シュレーツェル」（シュレーツァー）の業績について詳しく紹介して、フランスやイギリスの啓蒙史家との違いにも言及している。その他にも少なからず見るべきものがあり、文献案内も親切である。敗戦間近のこの時期に独力でこれだけの本を仕上げたことはやはり特筆されていいだろう。

　ちなみに広島文理大学には千代田の年長の同僚として渡辺鼎（一八九〇―一九八三）というドイツ宗教改革の専門家がいた。クーリッシェルの『欧州中世経済史』の訳者でもある。一九四五年八月六日朝、「軍都」広島は原爆投下で壊滅した。同僚の小倉豊文が記した『絶後の記録――広島原子爆弾の手記』（中公文庫）には大学の「防空部長」であった渡辺も登場するが、幸い無事であった。千代田の方は負傷し、家族の一人を失うが、幸いにして二人とも長寿を保ったのである。

　本題に戻ると、ドイツ近代史専攻の村岡哲（一九一一―九六）も大類の研究室の出身である。彼は日本思想史の大家の村岡典嗣の息子で、東北帝大の文学部独文科を経て西洋史学科を卒業した。ドイツ語教師カール・レーヴィットとも親交があり、山形高校で西洋史とドイツ語を教えていた。一九四三年にディルタイの『フリードリヒ大王とドイツ啓蒙主義』を翻訳・出版したのに続いて、翌年に『フリードリヒ大王研究』を著した。序によると、本書が「意図したところは、特に現代ドイツの国家的・精神的基礎の確立者たる大王をその時代的関連のもとに種々の側面より分析し、努めてその興味深き全人間像を明らめんとするにあつた」と記している。ここで言う「現代ドイツ」がヒトラー政権下のドイツであり、ヒトラーが大王の崇拝者であったことは広く知られている。いわば時代に規定された課題であるが、フリードリヒ大王の著作集のなかから有名な『反マキャヴェリ』や『政治遺訓』等を分析して、大王の政治思想の基本を明らかにするのが著者の狙いであった。

村岡は戦後一〇年ほどしてから早稲田大学に移るが、その前後から本格的にランケの研究に取り掛かっている。一九六〇年の小さな伝記を経て、一九八三年に刊行された『レーオポルト・フォン・ランケ』はその集大成である。彼は戦後ほとんど唯一のランケ研究者であったが、一九八六年の「ランケ没後百年」に際して、次のように述べている。「一九四五年の破局後、ドイツの歴史学の貧困の原因を一にランケの相対主義的歴史主義や『似而非なる客観性』に帰せしめることが一種の流行となった。ブルクハルトやマックス・ウェーバーさらにマルクスの時代が始まり、ランケの影は薄れ、多くの美しい深遠な叙述は顧みられず、あるいは誤解曲解されるようになった」。村岡の死後、彼の書斎からランケの『近代史の諸時期について』の訳稿が発見され、二年後に『世界史の流れ』のタイトルで刊行された。三度目の翻訳である。ちなみに一九九七年はブルクハルト没後一〇〇年にあたり、生地バーゼルでは盛大な会合が催されたという。

4　羽仁五郎のイタリア

羽仁五郎（はにごろう）（一九〇一―八三）がマルクス主義史家として日本近代史、特に明治維新の解明にはたした役割についての評価はきわめて高いものがある。例えば永原慶二の『20世紀日本の歴史学』は次のように指摘している。羽仁が『日本資本主義発達史講座』（一九三二～三三）に書いた四本の論文は「多様な人民闘争の役割に核心的視点をすえ、維新の国内過程を明らかにするとともに、開港による世界史的契機についても従来の研究にはみられなかった視野と具体性をもつ仕事をすすめた」。特に羽仁の『東洋に於ける資本主義の形成』は、「インド・中国・日本が、どのような歴史段階とその特殊性のもとにあったにせよ、半面では共通に世界資本主義の一環に取り込まれてゆく過程を、広くかつ統一的な視角からとらえようという雄大な構想である。それは『外圧』という受け身の言葉ではあらわし切れない、それ自体が維新史のあり方を基本的に規定するものと見ている点で画期的であった」。こうして永原は羽仁の仕事を高く評価するとともに、当時の「アカデミズム実証主義歴史学に満足せず、かつ平泉澄（ひらいずみきよし）が次第に影響力を強めるようになった状況に対し内心に強い抗議感をもつ若い研究者たちは、羽仁の傘下に集まった」。平泉とは、いうまでもなく「皇国史観」の代名詞とされる東京帝大教授、若い研究者たちとは北山茂夫、鈴木良一、井上清、そして遠山茂樹等の戦後を代表するマルクス主義日本史家たちである。

羽仁五郎

　ところで羽仁には同じ時期にイタリア史とルネサンスについて多くの著述があるが、これについての評価はほとんど見当たらない。僅かに西洋現代史家で史学史にも関心の強い斉藤孝（一九二八

—二〇一一）が『昭和史学史ノート』（一九八四）のなかに「傲岸にして自由な知性」という一章で羽仁の幕末維新以外の研究を取り上げている。つまり羽仁が『マキャヴェリ君主論』や『新井白石・福沢諭吉』などの著書を刊行していることについて、「ここに羽仁のドイツ留学以来身につけたものが文字通り世界史的な教養であったことが見出されるであろう。しかも、別個のテーマを追いながら、やはり一つの糸でつながっているところにスケールの大きい歴史家としての羽仁の資質がある。歴史家とは、関心に応じて洋の東西を問わず、時の古今を問わず、重要と思った問題に取り組むべきであるという本来の在り方は、専門分野の中を這い回るだけのアカデミーの住人には久しく忘れ去られていた。この意味では、羽仁の精力的な仕事ぶりは、ある意味では明治初期の啓蒙主義史学の復活であるともいえるであろう」。もとより好意的な評価ではあるが、この章でも羽仁の一連のイタリア史研究については特に触れていないのである。では羽仁の一連の著作は何の意味もないのであろうか。それを判断するのは読者であるけれども、そのためにも羽仁の歩みを辿り、著作の内容を紹介することにしよう。

クロォチェ及びイタリア・ルネサンス

羽仁は群馬県桐生市の富裕な織物業者・銀行家の家に生まれ、第一高等学校在学中先述の森戸辰男のクロポトキン論文発禁事件に衝撃を受けたとされるが、東京帝大の法学部に入った。間もなくドイツに留学し、ハイデルベルク大学で歴史哲学を学んだわけだが、同大学には統計学者の糸井靖之、経済学者の大内兵衛等がいて、おおいに刺戟をうけた。糸井からは「お前は日本に帰ったら、日本の歴史をやれ」「天皇制が妨げになって「いまの日本の歴史学は全然、学問的になっていない」と言って勧められたという。「天皇制を批判的にやれば就職はあきらめなきゃならないが、君は就職しなくても食える」と言われて、「だからぼくもそのつもりになって船で日本へ帰った」。羽仁は「十分な準備と自覚」をもって帰国し、こんどは史学科に入ったのである。

羽仁の回想に何度も出てくる話だが、ハイデルベルク時代にはもう一つの決定的な出来事があった。羽仁は大学でリッケルト等の歴史哲学を学ぶわけだが、不満であった。そこで「ドイツ哲学にもとめてえられなかった現代の哲学」をイタリアの歴史哲学者ベネデット・クロォチェ（一八六六―一九五二）に見出すことになる。「すべての歴史は現代史である」というクロォチェの主張に共鳴した羽仁は、一九二三年、ハイデルベルクから「ナポリに旅し、クロォチェの家の扉までいったが、まだ若い学生であったぼくはその扉をたたく勇気がなかった」。こうした経緯をへて、羽仁は帰国後の一九二六年にクロォチェの『歴史叙述の理論及び歴史』を翻訳して岩波書店から刊行した。その間にクロォチェとの手紙のやり取りがあったが、ついに生前にクロォチェに会うことはなかった。ちなみに羽仁と同世代にあたるイタリアの著名なルネサンス史家フェデリーコ・シャボー（一九〇一―六〇）は戦後クロォチェの家の傍に設立された「イタリア歴史学研究所」（通称「クロォチェ研究所」）の所長となる人物だが、羽仁とも日本のルネサンス史家とも交流はなかったようだ。

こうして羽仁はまずクロォチェの歴史哲学に強い関心を持ち、それを通してイタリアとその歴史に関心を持った。特にルネサンスが彼の史眼を捉えた。一九三〇年代後半から四〇年代前半にかけて、次のようなルネサンス、そしてイタリア史研究が続々と発表されたのである。

『マキャヴェリ君主論――その歴史的背景』岩波書店、一九三六年一二月
『ミケルアンヂェロ』岩波新書、一九三九年三月
『クロォチェ』河出書房、一九三九年一二月
「ヂォコンダの微笑」『日伊文化研究』八号、一九四二年
『イタリア社会史』岩波書店、一九五二年（成稿は一九四二年）

『マキャヴェリ君主論』において、羽仁は中世社会の「野蛮」を暴露して、「自由都市」フィレンツェの限界を論じた後に、フィレンツェの人マキャヴェリが「終始一貫して展開させた思想」は、一言でいうと「自由都市共和制的なる共和的自由の思想」であったと主張している。マキャヴェリは「その共和的自由の『腐敗頽廃』及びその打開の異常なる場合を『君主論』に於て研究した」。本書は一五八ページの概説で、サブ・タイトル通り「歴史的背景」に多くのページを費やしている。この点はレオナルド・ダ・ヴィンチを扱った「ヂォコンダの微笑」も基本的に同じである。羽仁が批判の対象としたのは、ルネサンスは中世を変革して近代を拓いたものではなく、「一つのエピソード」に過ぎず、それに「世界史的意義

を認めることはできない」とする否定論であり、そして「ルネサンスからはじまったとされて来た近代的発達が実はルネサンス以前に中世後期からすでに見られたところも少なくない。いったい中世とルネサンスとはかならずしも対立的なものでない」とする見方であった。遺憾なことに「わが国のいわゆる西洋史家また世界史家たちの多くが好んでそうした見解に依存して書いて」いる。「歴史家はさかのぼりたがり、ルネサンスと中世との関係をせんさくする歴史学徒は多い。しかし、ルネサンスとルネサンス以後の近代乃至現代との関連のほうが、歴史学的にはるかに重大な問題である。いわゆるルネサンス前後の『中世』も、ルネサンスと近代乃至現代との主要関係のなかにおいてのみ、歴史的に正しく評価されるのであろう」。羽仁はあくまで原則的立場にたって否定論を批判したのである。

　また『イタリア社会史』を書いた意図について、羽仁は次のように述べている。「ルネサンス・イタリアについて、ミケルアンヂェロについて、またクロォチェについて、学ぶあいだに、わたくしはイタリアに対して、いいしれぬ敬愛のこころをいだくにいたった」。けれどもルネサンスの巨人たちを生んで「輝いたイタリアが、その後しばらく世界の歴史からかくれるようにしていたのは何故であるか」という問題とともに、イタリアの「近代化の過程の歴史

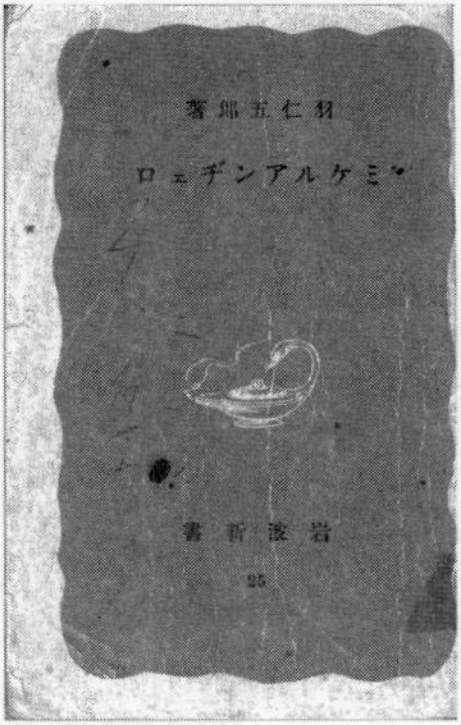

羽仁五郎著『ミケルアンヂェロ』。戦時下の本だが、ロングセラーとなった。岩波新書、1939年

学的理解が、わが明治維新のそれをたすけるもののあることを知った」。つまり「いわゆる比較史学の学問的見地よりして注目すべきものがある」と考えたからである。三二五ページの『イタリア社会史』のなかで「リソルヂメント」の章が一三〇ページ、実に四割を占めた理由はここにあり、この点で大類・平塚の『伊太利史』とは対照的であった。

会田雄次、林達夫らの評価

羽仁の一連のルネサンス、イタリア史論のなかで最も反響を呼んだのは『ミケルアンヂェロ』であった。ミケランジェロについては一九〇五年のロマン・ローランの名著があり、戦前に翻訳も出ていた（一九六三年刊の岩波文庫の訳者高田博厚は彫刻家で、ローランの友人）。会田雄次は自分の『ミケランジェロ』（一九六六）のなかで、二つの本を比較している。つまりローランのものは「その才筆によって圧倒的な感銘を」与えたものだが、「無闇に悲愴な悲劇英雄が創作された」という感を否めなかった。羽仁の本もまた「当時の青年の感激を集めた」もので、「わたくし自身も学生時代に異常な感激でもって読んだ」。

会田によると、羽仁はミケランジェロを完全な「民衆芸術家であり、民衆の友で、自由と平等と独立の戦士」とみていて、フィレンツェ共和制もまた理想化して描いている。しかし「事実はもっと複雑であり、人間というものはそう簡単に割り切れない」。ミケランジェロは「地方都市のポデスタ」の出身で、それを鼻にかけて、「賤民」出身の大多数の芸術家仲間に対して軽蔑感を抱いていた。つまり自己の芸術的天分への自信とうぬぼれがあった。さらに羽仁はミケランジェロの最高傑作を「ダビィデ」として、そこに「フィレンツェ市民の自由と独立を最高度に具現している」。だが作品としての「ダビィデ」は「どうにもならぬ不統一」をさらけ出していて、そのような「不統一と混乱は、まさにフィレンツェ都市の不安と矛盾と、それを打ち消そうとする居丈高な誇張をそのまま示している」。

会田による羽仁批判はおそらく的確で、ミケランジェロを「人民運動の闘士」とみる人は羽仁以外に誰もいないだろう。また「ルネサンス社会を自己の主観的立場を全面にうちたてて単純化」したという羽仁批判ももっともなところである。けれども「ダビィデ」の作品について、会田が「都市の不安と矛盾」の現れとみるのもどこか「還元的」な印象を受ける。

もう一人に登場してもらおう。羽仁の古くからの友人で、西洋精神史についての卓抜な発言で知られる林達夫（一八九六―一九八四）によると（『思想のドラマトゥルギー』）、日本の「一般の知識大衆の間」のミケランジェロ「通念」は、「あまりにも羽仁五郎氏の『ミケルアンヂエロ』に寄りかかりすぎている。でなければ、ロマン・ローランの『ミケランジェロ』的でありすぎる」。林によると、「どっちも力みすぎている」。最近著しく進んでいるミケランジェロ研究によると、「芸術においてあれほど強烈な自信にみちた自己主張を頑として守り通したその男が、めまぐるしい変転に変転を重ねた当時の政治の渦中では、見苦しいほど右往左往を重ねて、羽仁の本から受ける印象とはかなり違ったイメージを与えている」。この辺は会田の理解とほぼ同じである。

もとより林達夫は素人の読者ではなかった。大学に入る前からルネサンスに関心を持ち、大学に入ってからブルクハルトを読んだ林にとって、ブルクハルトは「僕の西洋研究の、素晴らしい展望台付きの常駐地」となったという。彼の最初の「論文」は一九二八年に著した「文藝復興」であった。林は文筆一本で生涯をおくった人だが、その他にもルネサンスに魅せられた人がいる。レオナルド・ダ・ヴィンチに魅せられた加茂儀一（一八九九―一九七七）もその一人である。加茂は神戸の商家の生まれで、神戸高商時代に一高に通っていた友人からレオナルドのことを聞き、強い関心を持った。彼は東京商科大学に進学したが、最初から経済学・商学をやるつもりはなく、レオナルドやルネサンスを勉強したいと思ってこの大学に入ったのだという。けれども志望していた三浦新七教授（第四章参照）の「文明史」のゼミは開かれなかったため、唯物論に関する本も含めて独学でいろいろと読んだ。卒業後は英語の教師をしながら家畜と人の文化史、そしてレオナルドの研究を続けた。戦後加茂は東京工業大学教授、小樽商科大学学長を歴任するなかで、『ダ・ヴィンチ』、『モナ・リザの秘密』等を著したのである。

最後に羽仁の『都市』を取り上げておこう。これはイタリア史とは異なる関心に基づくものだが、基本的な志向は同じである。羽仁によると、「年来のぼくの、都市についての研究」は一九四一年に出来ていたが、発表は「妨げられた」。刊行は戦後の一九四九年六月である。利用されている文献は僅かな古典的著作に限られているが、ヨーロッパ古代の都市から中世都市、そして近代の都市について「自由」の視点から的確な見透しのもとに平明な文章でもって述べることで、多くの読者を得た。

戦後の明治維新研究の大家である遠山茂樹（一九一四―二〇一一）は「戦前、羽仁の著作を読むたびに、非常な感動を覚えた」若き学究であったが、羽仁が一貫して「都市研究の意義を強調し、研究の先鞭をつけた」ことに注意を喚起している。羽仁にとって、都市とは「何らかの程度の封建的支配からの自立、つまり自由都市的性格が生まれる必然性をもつこと、農村とくらべて多少とも自由を含んだ経済関係、社会関係の発生がみられた点に着目した」と指摘した。ことは西欧の都市に限るものではなく、都市一般の性格に関わるものである。羽仁の『都市』は戦前のレベルに照らしても批判の余地があるけれども、同時に遠山が指摘したような真に考えるべき論点が少なからず含まれている。一般の読者はもとより、歴史の専門家たちも羽仁の書くものから大きな刺激を受けたのである。そうした羽仁を高く評価したのが先の斉藤孝であるが、家永三郎も羽仁の多彩な研究活動に関して「生身の人間としていろいろ評価があるようですが、羽仁五郎という人は偉いと思うのですよ」と述懐している。

第四章 「原史料の直接考究を第一義とすること」
――上原専禄とドイツ中世史研究

はじめに

古代ローマ帝国の没落からルネサンスまでの約一〇〇〇年を「中世」と呼び、その西洋中世を一一、一二世紀頃でもって前期と後期に分けて考えることは西洋史学の慣行となっている。その中世前期の社会について画期的業績を挙げた歴史家として広く知られているのはベルギーのガン大学のアンリ・ピレンヌ（一八六二―一九三五）、そしてウィーン大学教授アルフォンス・ドープシュであろう。二人の主著は我が国でも翻訳があるが、ほぼ同時代人である二人の業績の受け入れには時間的なズレがあった。ピレンヌの『中世都市』（一九二七）は比較的早く知られていたが、主著の『マホメットとシャルルマーニュ』（一九三七）は没後の出版の故に、我が国に入ってきたのは戦争末期のことであった。

これに対してドープシュの紹介は早かった。はじめて我が国に紹介したのは植村清之助で、旧制三高教授時代の一九一五年、植村は「ドプシュ氏『カロリング朝時代の経済発展』に就いて」を『史学雑誌』に連載した。カロリング時代を封建制・荘園的所領の形成期という意味で転換期と考える「古典学説」を徹底的に批判することによって、中世初期における社会経済の連続的発展を説いた画期的な本の著者として紹介したのである。この見解をさらに「文化」の問題も含めて幅広く展開したのが一九一八、二〇年に刊行された大著『ヨーロッパ文化発展の経済的社会的基礎』（以下『基礎』）である。そこではゲルマン諸民族が古代末期の文化遺産を破壊するだけの野蛮・未開な民族ではなく、ローマ帝国内で平和裡にその諸制度を継承しつつ新しい社会と国家を形成した、という見解がさまざまな史料を用いて主張された。古代から中世への移行を「断絶」ではなく「連続」と考えるドープシュの立場は、第一次世界大戦後の「ヨーロッパの危機」に直面した歴史家の対応ともされるが、彼の見解は広く学界に受け入れられたのである。

アルフォンス・ドープシュ。ドイツ中世経済史の大家で、影響力も大きかった

ドープシュの『基礎』も間もなく我が国の西洋史家のあいだで知られるところとなったが、なにぶん大著であった。しかも内容も多岐にわたるが故に、すぐに消化されることはなかった。彼はこの本を単なる経済史ではなく、「文化史としての社会経済史」として自己規定していたというが、それに対して一九三〇年に刊行された『世界史における自然経済と貨幣経済』は比較的小さな本で、すぐに『三田学会雑誌』、『社会経済史学』、そして高岡高商の『論集』等に書評・紹介が出ている。従来一つの経済発展の段階と考えられて

きた自然経済と貨幣経済とは、実はすべての時代すべての民族において並存するものであって、互いに矛盾するものではないという見方を西洋の原始時代から現代まで、さまざまな史料を駆使して説いた本書は、当否は別として論旨はわかり易かったのである。

こうした一連の著作によって、ドープシュは戦前の日本で最もよく知られていた中世史の大家であった。一九三二年春に東京帝大の西洋史学科に入った林健太郎の回想録『昭和史と私』によると、古ゲルマンの「マルク共同体」に関心があった彼は、師の今井登志喜に「中世の経済史をやりたいのですがと言ったら、先生は中世と言っても古い方か新しい方かと訊かれ、古い方なら何と言ってもドプシュだねと言われた」。そこで林は『基礎』を読み始めたのだが、最初の二章だけで止めてしまった。それは中世経済史に興味を失ったからではなく、専門家として立つためには一次史料に基づく研究が出来なければならない。それが可能な世界大戦前ドイツの外交史に移ったのだと記している。言い換えると、中世の社会と文化をめぐる問題、議論はいかにも魅力的ではあったが、史料を云々出来る段階にはなかったのである。翻訳・翻案の段階を抜けだせない、つまり一次史料を扱うのではなく大家の著作の「糟粕を嘗める」後ろめたさは、戦前はもとより戦後にあっても長く西洋史家に付き纏った。特に前近代史の場合はそうであったが、ドープシュの著書が第二章で原始共同体としてのマルクを否定していたことも林が断念した一つの理由なのではないだろうか。

そのような研究状況にあって、ウィーン大学に留学してドープシュのもとで学び、飽くまで原史料にこだわる一人の歴史家が登場した。東京商科大学の上原専禄（うえはらせんろく）（一八九九―一九七五）である。上原は戦前にはドイツ中世史料研究によって、戦後は新しい世界史像の形成によって、日本の歴史学の「発展」に多大の貢献をした歴史家である。特に戦前の禁欲的な学究生活とはうって変わって、戦後はアジア・アフリカ諸国の独立という世界史の新しい現実を踏まえて、きわめて積極的な言論活動をおこなったことで知られるが、亡くなる半年前に『クレタの壺――世界史像形成への試読』を刊行した。小文を集めた四六判の本であるが、最後に「本を読む・切手を読む」という文章を書き下ろす形で自分の読書歴、つまり自己形成のありようを六三ページにわたって回顧している。平たく言えば、「自伝」を残したわけで、本章ではそれらも参考にしながら戦前の上原のドイツ史研究と周辺の問題を見ることにしたい。

1　学生時代とウィーン留学

上原専禄は一八九九年五月、京都市西陣の商家に生まれた。八歳のときに家の事情で愛媛県松山市の伯父の家の養子となり、松山中学を経て東京高等商業学校に入学した。高商入学の動機について、上原は「商家に生まれ、そこで育てられた私」には「高等学校から大学へというコース」が「ひどく縁遠く感ぜられた」からで、最初から「実務」に就くことなどは想像したこともなかったと回想している。

東京高等商業学校は神田の一橋に所在した実業学校だが、上原が入学した一九一五年（大正四）にはすでに四〇年の歴史を持っており、五年後の一九二〇年に大学昇格を果たした。上原はこの東京商科大学で七年間の「書生生活」を送るわけだが、彼もまた時代の強い影響を受けている。当時の上原の読書には三つの方向性があったという。一つは雑誌『白樺』に代表される大正ヒューマニズムの文学と芸術、二つには河上肇博士の『貧乏物語』とそれに続くマルクス主義研究、そして三つめに田中智学師らの日蓮主義文献とそれに関連する仏教ジャーナリズムの影響であった。最後のものは養子に入った上原家が日蓮宗の熱心な信者であったことに由るもので、上原も生涯にわたってその強い影響下にあったのである。

学生時代の上原

ところで上原の没後に刊行が始まった『著作集』の第一八巻は「大正研究」となっていて、他の巻とはいささか性格が異なるようにみえる。なぜ「大正研究」なのか。この点について上原は、一九六一年に書いた「大正研究の一つの発想」で次のように記している。つまり大正期というものが「私の青年期を形作っており、今日の私自身の物の考え方や生き方というものの、ある部分はその大正期において自分が青年であった、そういうことと無関係ではないように思う」。さらに「大正時代は前後を加えてもせいぜい二〇年ということもあって、何かかげがうすいようですが、今日の日本でいろいろ作用している精神的ファクターみたいなもの」が形成された時期であるとして、「現在の地点というものを問題にしてみると、大正はまだ生きている」と理由付けているのである。この巻には学生時代に初めて書いた「貧困」についてのいくつかの「論文」が収められ、さらに巻頭には大正七年の「貧民窟歩記」としてゲートル巻きの学生上原の写真が収められている。一九一七年の春から二年間、東京、京都、大阪、神戸のスラム街を探訪して「貧乏」の実態にふれたのであり、青年期における「河上博士」の強い影響をうかがわせる。

上原は学生時代の読書を「知的遊戯」と呼び、そうした「救うべからざるディレッタンテイズム」に陥らずにすんだのは学生生活の最後の三年間を三浦新七（一八七七―一九四七）のゼミナールで「生まれてはじめて『研究指導』というものを受けた」ことにあったと説明している。では三浦とはいかなる人物なのか。上原自身の言葉によると、「三浦新七博士とは、ライプチッヒ大学で多年カール・ランプレヒト教授に師事してその高弟となり、そこで教授の主宰する「文化史並に世界史研究所」で助手をつとめ、日本へ帰って母校・東京高等商業学校で「文明史」、「経済史」その他の講義、研究指導、論文執筆などを行ない、ランプレヒト史学を起点としながらそれを超出して、香気の高さ、思考の深さ、展望の広さにおいて類稀な独自の文化史学を創り出した、歴史学

学生時代の上原専禄。スラム街を訪れ貧困の実態を調査していた。上原弘江編『上原専禄著作集』18、評論社、1999年より

界の巨匠に他ならぬ。その研究業績は『東西文明史論考』一巻（一九五〇年七月、岩波書店）に取りまとめられているが、暖くて鋭く、個性把握に敏で構造認識に確かな博士の学風が最も鮮明に発揮されたのは、むしろ講義とゼミナールと演習とにおいてであった、と思う」。

　これだけでは具体的なことは何ひとつわからないから、詳しくは『東西文明史論考』に付された、同じく三浦の弟子である村松恒一郎の「三浦新七先生」や「三浦先生の学問」を見なければならないが、一〇年という長期に及んだ三浦の留学については面白いエピソードがある。ライプツィヒで三浦と一緒だった広島文理大学の新見吉治（しんみきちじ）（一八七四―一九七四）によると、三浦は「一九一一年末兄君なる戸主死亡の電報に接し、一九一二年正月シベリア経由急遽帰朝された。これは君が留学期満了何度帰朝を促されても、私費留学、遂に教授に任官されても帰朝しないので兄君死去の虚電報となり、敦賀に死んだ筈の兄君に出迎えられて、三浦君は謀られたと私に手紙を寄せられた」、というものである。帰国した三浦はその後一五年余り教壇に立ったが、一九二七年家業の両羽銀行（現山形銀行）の頭取に就いたため教授を辞した。ところが学内で起きた学位論文の「白票事件」の大混乱のなかで、一九三五年に学長に選ばれ再び母校に戻ったのである。

　さて上原は三浦ゼミで学び、一九二三年から二五年にかけてウィーン大学に留学するが、これも三浦の配慮によって決定した。上原の回想によると、「誰れの研究指導を受けるべきかと私が博士に質したとき、博士が暫く考えた末にアルフォンス・ドープシュ教授の学績を称揚して、教授の指導を受けるがよい、と私に示唆した」という。この間の経緯については、著作集第四巻の「編者あとがき」で紹介されている上原自身の当時の『日記』をみると、経緯は少し異なるようである。『日記』によって補うと、経過は次のようである。

上原が文部省在外研究員候補者となったのは一九二二年四月のことで、決定は翌二三年六月であった。ウィーン大学への留学は決めていたものの、何を専門として学び、誰を「先生として就きたいと思」うかについても迷いがあった。そこで「三浦先生と相談して、相談してといふよりは、先生の御指図によってアダム、ミュラーをやってみることになった」。その理由として、『日記』には「ウィーンのスパン（Othmar Spann）はアダム、ミュラーの影響を最も多く受けて居る経済学者であり、近時欧洲経済学界に注目されつゝありと云ふ。そのスパンについて見てはどうかと云ふのが三浦先生の御意見である。自分でも其の気になって居る」と記されている。

ランプレヒト（右上）と東アジア史研究室。左からウェデマイヤー、三浦新七、新見吉治。牧健二著『近代における西洋人の日本歴史観』弘文堂、1950年刊より

『経済思想史辞典』によると、アダム・ミュラー（一七七九―一八二九）は、ドイツ・ロマン主義の経済思想家である。ゲッティンゲン大学で政治経済学を学び、当初

アダム・スミスを賞賛していたが、プロイセン改革を批判したため、ウィーンに移住を余儀なくされた。代表作は一八〇九年刊の『国家学綱要』である。後に『国富論』のピン・マニュファクチュアを例にとって近代的な生産様式を批判して、ツンフト的作業場での親方・職人・徒弟の精神的結びつきを賛美したという。他方スパンとは、オットマール・シュパン（一八七八―一九五〇）のことで、近代の代表的な哲学・社会思想を批判して、戦間期のドイツで多大な影響力をもった学者である。一九二一年に『真正国家論』を著し、その職分国家とアウタルキー経済の思想によって、後にナチズムの理論家とも評価され、その経済思想は戦前の日本でも影響力があったという。

上原は出帆迄の二ヵ月間で研究科に提出するミュラーをテーマとする論文のための勉強を集中的に始めたわけだが、七月一五日付の『日記』に次のような記述がある。「外国にいったって大した事は出来さうにも思へぬ。又大して面白い事がありさうにもない。しかしウィーンはいゝ所のやうな気がする。大学の先生に素晴しいのがゐる。と三浦先生にきいた。忘れないうちに書きとめておく」として、シュパン等の「経済学者の他に、経済史家で、第一人者と思はれるA. Dopschが居る」、さらに二人の美術史家の名前を挙げている。つまり上原はこの時初めてドープシュの名前を知った。間もなく「とても人前に出せる代物でない」報告を提出して、留学に旅立ったのである。

九月一日、上原をのせた大阪商船の客船「ろんどん丸」は横浜港を正午に出帆予定で、そのときを待っていた。「其の折、急激に船底と覚しき辺りから、ドシン〳〵と音が伝ってくる」「是は地震だと思ふ間もなく、今度は船体が左右に大きく大きく揺れる」「あの堅固に見へた七号岸壁が上屋諸共、海の中にヂリ〳〵とめり込んで来る、土烟が一斉に上る」という恐ろしい情景が記されている。いうまでもなくその日の一一時五八分に発生した関東大震災に船上で遭遇したわけである。幸いに客船は無事であったが、「ろんどん丸」が神戸港から出帆したのは九月一七日であった。上原が学んだ神田の東京商科大学も建物の大半を焼失し、五年後に北多摩郡国立と小平に移転することになるのである。

ウィーン大学留学時代

一一月二七日朝方、船は無事マルセイユの港に入り、ヨーロッパの地を踏んだ上原はすぐに列車でウィーンに向かった。一二月二日にウィーンに到着、三日後には語学学校に通い始めた。さらに三日後ウィーン大学哲学科を訪ねて「ドープッシュと、スパンとをき」くために聴講生の手続きを済ませたのである。

一二月一二日、朝一〇時から上原は初めてドープシュの講義を聴きに出かけた。「東京商科大学の講堂の半分位か」という階段教室で、学生は「七分の入りである」。「白髪の老教授で、頗る歯切の良い調子で講義を初められるが、よくは分らぬ。十三世紀の都市に於けるビュルゲルシャフトの特徴のやうなことを話してゐられるといふ事だけ分った」。講義の後で受講の手続きのためにドープシュの研究室を訪ねて、「ランプレヒトの助手をしてゐた三浦教授のゼミナールにゐた者で、いく〳〵は先生のゼミナールに入れて戴きたい」と申し出た。すると直ぐに入れてあげるが、まず初級者向きの演習からということで助手の女性、パッツェルトを紹介された。「フィヒテとミュラーとをほんの少し許りやったゞけで、ドイツの事もオーストリヤの事も何もしらぬ」と言うと、パッツェルトが講義や経済史に関する文献を説明してくれた。それらの文献はみな知っていたが、未読なので「尋常一年生になってボツ〳〵読みませうかい」と思って、「ダンケ、シェーン」と応え、演習参加料を払った。

その日の夕方に上原はシュパンの講義も聴いている。教室は朝と同じだが、「ドープッシュ教授のときと違って大入満員、おそく入って来た者は立ってゐる始末」「やがて教授が入ってくると、皆が拍手して迎へる、教授は一ゝ之に笑顔を以って応へる」。「之は大学の人気者らしい。其が渡欧前スパンのものを拾い読みしてゐたときの印象と一緒になって、余り香しくない気持におそはれた」。

こうして上原はそれまで漠然と予定していた二人の教授の講義を聴き、会うことで留学生活を出発させた。『日記』の方は「人気者」のシュパンではなく、ドープシュの方に傾いていることを示唆して一二月末で終わっているが、ドープシュの演習の模様については、帰国の五年後に書いた小文のなかで、次のように記している。「ドープシュ教授は快く迎へられ、助手パッツェルトとともに、修学に関するあらゆる指導と援助とを惜まれなかった」が、最初の二学期間は「初歩者課程」で、その後がゼミナールであった。つまり教授の下で「史料批判、史料解釈等の実地練習」をおこなったわけだが、演習に際してドープシュ教授は「学生を指名して書中の記載事項につき質問を発せられ、学生の答弁を俟ってこれを是正し、敷演せられるといふ風のものであった」「演習の当時、朗々たる音調を以って、あるひは『否！　否！』と学生の答弁を否定せられ、あるひは『であるかも知れない。しかし、でなければならない理由は？』と反問せられる教授の声は、いまだに私の耳底に残ってゐるのみならず、私の修学に関して、今尚、警告してゐられるやうに思はれる」。

ドープシュ教授のゼミナールでも、三浦博士のところと同様にテーマについての個別研究が課されていた。教授と助手に相談した結果、ヴェルナー・ゾンバルトの資本主義社会形成史、とくに『ユダヤ人と経済生活』で示されている仮説の当否について検証することになった。そこで史料として選ばれたのが、ウィーンの国立図書館手書部に所蔵されている『フッガー時報』という手書きの新聞であった。一六世紀の富豪フッガー家が発行していたものである。ゾンバルトの仮説の検証として取り上げられた『フッガー時報』であったが、上原は史料そのものの批判的検討に入った。一九二四年初夏から始めたこの作業を二五年秋にはひとまず終了したところで、ドイツ語で「フッガー時報」考の「原草稿」を書き上げたのである。上原はこの作業の意味について、「私はゾンバルト仮説の批判を志向して、（一九二一年に『フッガー時報、一五六八―一六〇五年』を刊行した）クラインパウル批判へと迂回し、文献の「権威」を疑うことから出発して、有能な史料批判そのものの「権威」を疑う地点に立ちいたりえた」と整理している。さらにドープシュ教授のもとで聖界所領の「寄進帳」を史料としたグルントヘルシャフトの共同研究に参加して中世の古文書への「接近の仕方」を学んだことも「フッガー時報」の史料批判に劣らず大きな収穫であっただろう。

上原は二年間の留学を終えて、一九二六年二月に帰国した。そして最初に発表したのが東京商科大学の機関誌『商学研究』に掲載された「『フッガー時報』考」、そして『国民経済雑誌』に連載された「クロスターノイブルグ修道院のグルントヘルシャフト」の二編であった。掲載は一九二九年、三〇年である。一九四七年八月に亡くなった恩師の追悼文「三浦先生を憶う」のなかで、上原は日本に帰国直後、「ウィーンで得た一小拙文を携えて、山形に帰っていられた先生をお訪ねしたら、先生はその場で通読せられ、『少し勉強したね』と笑われた。褒められた――と私の感じた――のは、前後を通じて只この時ぐらいのものであり、その他は、諸事叱られることが多かった」と記している。

2　ドイツ中世史料研究

上原は帰国後すぐに富山県の高岡に設立されて間もない高等商業学校、つまり高岡高商に経済史の教授として赴任した。高岡高商教授としての上原の勤務は二年間と短いものであったが、この間に「専門外の」大きな仕事に着手している。開学一〇周年記念として一九三五年三月に刊行された高岡高等商業学校編『富山売薬業史史料集』上下巻、及び索引の三冊、約二三〇〇ページの編纂作業である。上原によると、この事業は「史料編纂及び出版であつて、先人の既に編修した史料集をば、その儘に刊行する事業とは違ふ」「最も進歩した史料編纂の定石」に従って、例えば注記についても、底本註・史料註・内容註の三種を付す等

『モヌメンタ・ゲルマニアエ・ヒストリカ』等に採用されている方法に倣うなど徹底したものであった。上原は刊行の知らせを聞いて「涙が出る迄に悦しい」と記している。

史料編纂の作業は上原の主導のもとに始められたとはいえ、上原の後任である同校の城宝（じょうほう）正治（まさじ）（一九〇二—一九七五）の助力も大きかった。城宝は富山の出身で小樽高商、東京商科大学を出て、上原と同じくウィーン大学に留学、ドープシュの指導を受けている。著書はないようだが、「マックス・ウェーバーの経済史」「実物経済と貨幣経済との史的発展」等の論文を同校の『紀要』に発表している。前者はウェーバーの遺著『経済史』の紹介としては比較的早いものであり、後者はドープシュの有名な論文を紹介・考察したものである。

上原は一九二八年四月、東京商科大学の付属商学専門部へ転任し、後に本科の教授として「一九四五年八月の敗戦を迎へた」。この間上原はドイツ中世に関する史料批判的研究を次々と発表したが、それらは一九四二年六月に『独逸中世史研究』、戦後の一九四九年一月に『独逸中世の社会と経済』として刊行された。後者も戦前の論文の集成であるが、ここでは前者の目次を掲げ、立ち入ってみることにしよう。

一　古ゲルマン民族の国家生活
二　『伝カール大王御料地令』文献考
三　封建制度研究に於ける一傾向
四　中世独逸に於ける国家統一の問題

五　『コーデックス・ラウレスハメンシス』の成立とその内容
六　中世に於ける独逸語古文書
七　『フッガー時報』考

「原史料への沈潜」

本書の序で、上原は自らを「三浦新七博士、アルフォンス・ドープシュ教授、二師の掖導の下に歴史考究の初程に入つた一箇の研究者」と規定して、本書の目的と方法について次のように記している。まず修学以来「独逸中世文化の特性とその生成の次第とを明かならしめ、かねて西欧文化一般のそれを考究するを宗とし来たつた」と述べた後に、「この目標に近づかんがために採られた方法は、総じて言はば原史料への沈潜といふ平凡且つ迂遠なるもの」であった。具体的には第一に「文献渉猟を第二義的のものと考へ、原史料の直接考究を第一義とすること」、第二に「原史料の性質と成立とにつき直接吟味を行ふこと」、第三に「史料学的考証に即して歴史考究を行ふこと」、以上三点である。もとより「原史料への沈潜はおよそ歴史考究の常道たるべきものであり、著者に特有の方法といふがごときものでないのは言ふまでもない。強ひて特徴を挙ぐべしとならば、独逸中世史の研究に方つて、常道たるべきところを煩を厭はず敢てかたくなに遵奉せんと欲する点を指摘すべきであらう」と記した。

例えば第二論文「『伝カール大王御料地令』文献考」を取り上げてみよう。これはカロリング時代の王領地に関する最も重要な法制経済史料とされる「御料地令」について、従来の研究がこれをカール大帝の勅令と見て、その適用地域をフランク王国全土の御料地とし、八〇〇年又はそれ以前あるいは八一二年の成立としている点について批判的検討を加えたものである。上原はガーライス、ドープシュ、マイヤー、エルスナーの四名の大家の研究を逐一検討して、「四家の所説何れも全体としては信頼する能はざる諸々の難点を蔵する事実」を指摘する。そしてその「考証に於ける欠陥」が、「或は想定せられた令者又は集成者の特殊の人格に関連せしめ、或は仮想せられた令又は集成の史的意義の如きものを通して、本史料の成立を推定するといふ研究方法が採られたことに由来してゐる」という。このような研究方法は、「少くとも史料批判の場合の如き、事実の確定を当面の問題とする限りは」「厳に警戒すべき歴史観照の態度であり、避くべき研究方法ではないであらうか」。こうして史料批判の視点からドープシュを含むドイツ中世の専門家の立論を批判したのである。

次に第六論文「中世に於ける独逸語古文書」を取り上げてみよう。ドイツでは一三世紀初めからラテン語の代わりにドイツ語で綴った文書が現れ、一四、五世紀を通じて漸次増えていく。この問題については文明史的・古文書学的・言語学的等の見地から考察が加えられてきたが、本論文は「古文書学研究の立場に立つて、従来諸先輩によ

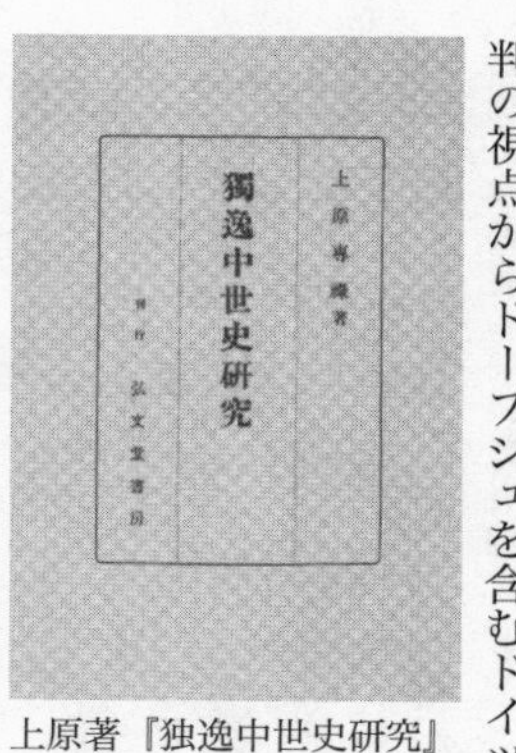

上原著『独逸中世史研究』の扉。弘文堂書房、1942年

つて観察の多少とも行き届いてゐない種類の史料に就いて、独逸語使用の関係につき観察を試みるとともに、古文書学研究の範囲内において能ふ限り、独逸語使用の動機を考察する」ものである。上原は一三世紀以降のドイツ語文書の増加を数字の上で明らかにするとともに、最古のドイツ語古文書三点を実例にして「使用せられた直接の動機」は、「文書の内容を明確に理解せしめんとする実用的目的のうちに存する」のであって、かかる動機として「独逸語文学よりの影響、或は国民精神の顕現のごときを考へること」はおよそ「無意味である」。さらに寄進帳、賃子帳、判告書というグルントヘルシャフト関係文書における独逸語使用の事情についても同じであるとして、周到な分析を加えているのである。

上原の著作にはいくつかの書評が寄せられた。いずれも高い評価がなされたが、とりわけ「原史料への沈潜」という上原の姿勢に対して驚嘆の言葉が寄せられた。そのことは歴史学の常道である。だが久保正幡（くぼまさはた）の書評が指摘するように（『国家学会雑誌』五六—九）、当時の我が国の西洋史学徒にとっては、原史料の研究は「なほきはめて難路であり険路である」。この踏破は「わが西洋史学界に人多しといへども、教授を俟つてはじめてなされ得る業」という外ない。本書は「この著者にのみ期待し得る真に比類なき作品であると同時に、近時わが国西洋史学界の最高峰を行き最高水準に位するもの」である。久保の書評は内容の紹介に終始しているが、最後に「著者がこれらの論文を基礎に独逸ないしは西欧の文化の特性なり規範なりについて体系的組織的論述を公にせられることを待望してやまない」と結んでいる。

他の書評も異口同音に上原の原史料主義とその成果について驚嘆をもって読んだと記している。例えば高村象平の書評（『三田学会雑誌』三六―七）では、「本書冒頭の序文」の五ページに「歴史研究の要諦」が余すところなく尽くされており、「それは後進者にとつてまさに頂門の一針たるものといふべく、更に本文三三〇頁に亘る業績によつて教授は自ら進んで範を示された」。そして各論文についての短い紹介後に、「七論文を通読して、事新しく私の受けた感慨は、我が志す学の成るの途遠しの一事である。独逸中世経済の諸相の一斑なりとも究めんと志し、しかも常時その成り難きを感じつつある私にとつて、本書に収められた諸論文、といふよりはその一行一行を追ひ行き、その間に潜められた謂ゆる隠れた努力の如何に大であるかを感受する毎に、一方我が至らざることを痛感すると共に、他方学的精進への至大な刺戟を与へられた」と読後の「感銘」を記している。戦後に刊行された上原の第二論文集『独逸中世の社会と経済』もすべて戦前の作品で、同じく史料批判論文集であった。

こうして二冊の重厚なドイツ中世史料研究は日本の西洋史学の水準を飛躍的に高めるものであったが、上原自身は晩年次のように回顧している。

「私が万事を棚上げして、『ドイツ中世』を研究テーマとして固定させ、長い間、その史料を試読したのは、対象自体の魅力によるのでもなければ、研究意義の大きいことの想定によるのでもなかった。それらの理由もいくらかは共働していたとしても、私が『ドイツ中世』史料にこだわり続けたのは、主として、三浦博士が私を『エブ』（「荷札」のこと）もつけないで送りつけた相手のドープシュ教授が、たまたま『ドイツ中世』を専攻している歴史家であったからだ（中略）。私はドープシュ教授の業績そのものよりは、その人と学問とについてじっくり承知したかった。それと同時に、ドープシュの人と学問とをそのようなものとして存在させているヨーロッパの社会と文化、ヨーロッパの歴史と歴史学とは何かを突きとめたかった。そのためにはドープシュその人が情熱を傾けて研究をつづけてきた、そのような『ドイツ中世』をドープシュその人が探求してきたのと同一の方法をもって体験的にとらえる作業を日本に帰ってからもつづける他はあるまい、と考えた。そして、このような試読をねばり強くつづけていくことによって、日本を呪縛してきたヨーロッパの社会と文化にたいして、また、日本人が『心酔』してきたヨーロッパの歴史と歴史学にたいして、主体的で自由な意識で向かい合える立場も獲得できるのではあるまいか、とも考えた」

さらに上原は「そのうえ、ヨーロッパにたいするコンプレックスの裏返しとしてこのアジアの蔑視と、それにも起因する軍国主義的動向への暗黙の抵抗としても、私の史料試読は廃されるべきではない、とも考えた」と加えている。戦時下の上原については第六章で触れることになるが、彼のドイツ中世史料研究の成果は同学のものすべてを驚かせるに十分なものであった。もとより注文や疑念がなかったわけではない。すでにみたように、久保は書評の末尾で、上原がこれらの論文を基礎に「独逸ないしは西欧の文化の特性なり規範」について体系的組織的論述を公にしてほしいとの希望を述べていた。また戦後かなり経てからであるが、ドイツ中世後期の専攻の中村賢二郎（『西洋史学』五〇号、一九六一）は上原の研究が「氏の中世史把握の中でいかなる位置を占めるのかが明らかではなく、限られた史料によるデータの提出以上のものではないという印象を免れない。氏の研究が当時中世史研究者に刺戟と影響を与えながらも、それが案外小範囲にとどまったのは、そのようなところに理由があったと思われる」と指摘している。確かにその通りで、上原の史料研究に何か体系といったものを求めることは出来ないだろう。また概説のようなものを書くことも一度としてなかった。この点でも上原はあまりに禁欲的であったのである。

3　ドイツ近代史学史の研究

上原はドイツ中世の史料批判論文を書いていただけではなく、史学史及び研究動向に関する論文はかなりの分量を占めている。最大のものは一九四二年四月に刊行したランプレヒトの訳書『歴史的思考入門』の「附録」の「カール・ランプレヒトの生涯とその業績」である。一〇〇ページを超える詳細なものだが、さらに一九四四年一一月には五本の論文等を収めた『独逸近代歴史学研究』が刊行された。この二冊を併せると、先の史料批判的論文に匹敵する量の史学史研究及び研究動向を書いていたことがわかる。何故このように多くの史学史論文が書かれたのか。上原は後者の序で次のように記している。

「根本史料への沈潜は歴史攻究の絶待作法であり、その煩を避けて既成の文献に終始する限り歴史認識の真諦に達することの不可能なるは、言ふまでもない。しかしわれ一人のみ歴史探求の険通を歩むのではなく、すでに先人たちの堂々たる足跡の印せられてゐる研究の大道をわれもまた楚々として辿らんとするに過ぎないのであることを想ひ、しかもかれらは稀世の俊髦（しゅんぼう）なるにわれはもと凡庸の一身のみなるを省みるときは、根本史料の直接研磨に加へて、かれらの研究業績の吟味に対し労を惜しむべきでない」と史学史研究の意義を短く記している。

『独逸近代歴史学研究』

まず『独逸近代歴史学研究』の方からみると、収録論文はいずれも一九三八年から一九四四年の比較的短い期間に書かれた。そのほかにドープシュの小文の翻訳と訳註もあるが、それを除いて執筆順に並び変えると、次のようになる。

一　ゲルマン文化研究の発達と古ゲルマン農制の若干問題
二　カール・ラムプレヒトと経済史研究
三　歴史的経済学派の古代経済史研究
四　バイエルン部族法典研究の進展
五　独逸近代歴史学の興起

最後の「独逸近代歴史学の興起」は、執筆の日付から推測すると、本書刊行のために書き下ろしたものとみられるが、まずこの論文から取り上げよう。

ドイツ近代歴史学という場合、その成立は一九世紀初頭、具体的には「一八〇六年より一八三〇年にいたる四半世紀」とみなされるが、その「源流を尋ねる場合」まず挙げられるのは、ヴィンケルマンとメーザーの二人である。特に前者の『古代芸術史』と後者の『オスナブルック史』が、一九世紀以降のドイツの歴史学に「顕著な作用」を及ぼしたことは否定できない。さらにヘルデルとヴォルフについても、前者は「文化史的思考」の点で、後者は「史料批判」の方面で「軽からぬ意義」をもつが、彼らは学界の外に立つものであった。またメーザーやヘルデルも、特に「事象を直感的に把握せんとする傾向が尚ほ強いのであつて」、近代歴史学を「一般的に特色づけてゐる実証的精神が、充分には成熟して居らないのである」。

この点でドイツの近代歴史学の先頭に立つのは「ローマ史並に古代史研究におけるニーブール（一七七六―一八三一年）の講義及び著述活動」である。特に一八一一年に刊行された彼の主著『ローマ史』第一巻はベルリン大学の講義を土台としたもので、「われわれの注意を強く牽くものは、この叙述に際して彼が「批判家」たらんとすると同時に「歴史家」たらんと意欲し、且つその意欲を比類稀れなる意志力を以つて強情に実現してゐる、といふ一事である」。彼の研究方法は「史料の存する限りにおいて歴史観察を行はんとする底のものではなく、ローマ国制発展の全聯関を叙述せんとする歴史家としての彼は、『一民族にあつて記述せられて居らない事物は、似通つた民族における類似関係（アナロギー）がこれを示す』として、類推解釈の方法を提唱し、且つこれを実践してゐる」。つまりニーブールの研究方法の特色を形作っているものは、「史料批判と類推解釈との二元的方法であると見られるのであるが、後者そのものは、彼自らの豊富なる実際経験に素材と権威とを有つものなのである」。ニーブールの方法が一九世紀以降の歴史学界に重きをなすのは、その批判的方法の故であるが、「彼自らにあつては右の二元的方法の提示を敢て辞さないのであり、そこに学者にして同時に実際家たる彼の面目を見うるやうに思ふ」。「実際家」というのは、ニーブールが「年歯尚ほ少にしてコペンハーゲンの財界に活動し、一八〇六年以来はフォン・シュタインに招ぜられてベルリンに財務行政の実務を担当し、更に一八一六年より後はプロイセンの使節としてローマ教皇庁との外交の実際に従事してゐる」という長い実務の経歴を指している。

ニーブールの次に挙げるのは法制史家のザヴィニー（一七七九―一八六一）で、一八一五年に刊行された『中世ローマ法史』及び同年に創刊された『歴史法学雑誌』（後のザヴィニー協会雑誌）の設立、さらにペルツを編者として一八一九年にはシュタインの立案による「独逸古史学協会」の設立、さらにペルツを編者として一八二六年に第一巻を刊行したドイツ中世史料の大集成『モヌメンタ・ゲルマニアエ・ヒストリカ』である。現在まで二〇〇巻以上に及ぶこの史料集は、「史料成立の内面にまで深く立入つて歴史的現実を把握せんとする、徹底した実証的精神と実証的研究方法との最も著しい発現」であって、その精神と方法は「ドイツ歴史研究者の根本精神と根本方法との上に遍く且つ強く作用して行つた」。

この時期より今日に至る一世紀余の期間におけるドイツの歴史学は、「多くの新問題が提出せられ、多くの新分野が開拓せられ、多くの新観照が展開せられ、多くの新方法が工夫せられ、多くの新研究が成就せられた」。ランケとその学統、ドロイゼンとプロイセン学派、ブルクハルトといわゆる文化史家等々の「まことに多彩なる発展」がみられたが、「それにも拘らず、ニーブールたちの活動した四半世紀は、やはり今日のドイツ歴史学の生誕期であると言ってよい」、と上原は結んでいる。

次に「歴史的経済学派の古代経済史研究」を取り上げてみよう。この論文は「過去一世紀に及ぶこの〔歴史的経済〕学派の人々」によるギリシア・ローマ経済史研究の「方法と業績」、その性格を検討するものである。最初に一八九三年に刊行された歴史学派の巨匠カール・ビュッヒャーの『国民経済の成立』における古代経済の規定、つまり「奴隷制度の導入によって人為的に拡大せられた家族圏内における封鎖的自足経済」、それを批判した「古典古代学の伝統下にある大古代史家」エドアルト・マイヤーの『古代の経済的発展』を取り上げ、ヨハンネス・ハーゼブレックの二著とそれに対するツィーバルトによる批判はビュッヒャー・マイヤー論争が再燃した形となったことを指摘する。さらに「歴史学派の耆宿」ルヨ・ブレンターノの『古代世界の経済生活』、そして最近時の双璧としてハイヘルハイムとミックヴィッツの著作を挙げている。

上原は新旧歴史学派の各学者の違いという問題について詳しく検討した後に、歴史的経済学派の古代経済史研究と古典古代学のそれとでは「研究への志向の契機」において、また「事象の対象化の方法」においても「ひとしからざるものが存する」と指摘する。具体的に言うと、前者にあっては「古代にも生活の一特殊価値たる経済を発見せんとすること」が最も主要な研究の契機であるのに対して、後者にあっては「経済をもそのうちに含むところの古代世界への親炙」である。また前者においては「全ヨーロッパ的経済発展上の然るべき位置に古代経済を排列することが問題」であるのに対して、後者においては「古代と現代とを本来等質の両世界として、又等質たるべき両世界として表象することが主要問題」となっている。したがって「古代経済」に関する論争は「単に史料の技術的操作の辺にのみ存するのではない」こと、「論争のよつて来るところの精神史的・文化史的深所」を併せて考えてみなければならないと指摘している。

この論文はその直前に書いた「ヘロドトス、コーライオス記事に関する諸家の見解」と一対をなすものだが、ここでも例えばハーゼブレックの近著等について詳しく紹介する。「古代ギリシアの商業事情の解明は、古代経済史の一中心論題を形作つてゐる」からだが、同じ頃わが国では同じように古代経済史への関心がみられた。ハーゼブレックの二著が刊行されると間もなく、村川堅太郎はその一つについて『社会経済史学』に書評を載せ、さらにそれを含む研究動向「polis を繞る問題」を同誌に発表した。村川もそこで「経済史家とギリシア史家の対立」に着目しているが、特にマックス・ウェーバーの『ローマ土地制度史』「古代の農業事情」、そして「都市」について詳しく紹介している。「ウェーバーの所説はビュッヒャーのそれとは異なり、古代史家も襟を正して傾聴するところとなつた」と高く評価するとともに、そのウェーバーの「主張から最も深い感銘を受けたのはケルン大学の古代史教授ハーゼブレックであつた」として、その著作の重要性を強調したのである。

さらに一九四三年六月にはハーゼブレックの最初の本の翻訳が『都市国家と経済』というタイトルで出版・刊行された。訳者は原随園（一八九四―一九八四）・市川文蔵で、「解説」のなかで原随園は「在欧中ムュケナイの近くヒエロポリスにおいて」偶然ハーゼブレックと会い、「ナウプリアの宿所で語り合ひ、エピダウロスからスパルタまで同行した」。そのとき本書の翻訳について了承を得たと記しているが、言うまでもなく原は京都帝大の西洋史学科の重鎮で、みずから企画した「創元社史学叢書」に収めたのである。原の研究は基本的にギリシアの史学史、文化史に向けられていたが、本訳書の他にも、亡命ロシア人で、大著『ローマ帝国社会経済史』の著者ロストフツェフの『自伝』を紹介する等、社会経済史にも関心を示している。このように西洋古代史研究は大戦末期に活性化の兆しをみせたのである。

言うまでもなく、村川は戦後の古代史研究の文字通りリーダーとなるが、一九八七年の停年に際して刊行された『古代史論集』第三巻にあらためて「ポリスをめぐる問題」を書いて「ハーゼブレック以後の半世紀」を通観しているが、戦後一〇年を経た一九五六年の段階でハーゼブレック自身の存在は「杳として消息のわからぬ」という。

他方でドイツ中世史の研究から出発した上原が古代経済史に寄せた関心も決して一過性のものではなかった。一橋新聞部編『経済学研究の栞・西洋経済史篇』（一九四九）では「西洋古代経済史」についての詳細な文献案内を書き、一九四六年一一月に上原は「ソロンの改革」と題した学長就任学術講演をおこなったのである。

ランプレヒト論

最後に、カール・ランプレヒト（一八五六―一九一五）に関する上原の研究を取り上げることにしよう。上原は一九四一年の『一橋論叢』に「カール・ランプレヒトと経済史研究」を発表していて、それは『独逸近代歴史学研究』にも収録されているが、すでに指摘したように翌年四月に翻訳・出版したランプレヒト『歴史的思考入門』の附録として一〇〇ページを超える「カール・ランプレヒトの生涯とその業績」を書いている。訳者序は前年九月であり、内容の点でも二つの論文はほぼ同時期に書かれたものである。ここでは後者に即してその内容をみることにしたい。

ランプレヒトは一八五六年に「ルーテル（ルター）宗教改革運動の発祥地」であるヴィッテンベルク近郊の主任牧師の家に生まれ、ゲッティンゲン大学、ライプツィヒ大学で修学した。一八七八年に『十一世紀におけるフランス経済生活』を著すが、一一世紀のフランスとは「いはゆる実物経済の最後期」、「第三階級が繁栄する前の、最後の時代」で、その頃の経済生活を統計学的方法つまり資料の大量観察的方法によって明らかにしようとしたものである。同年には『独逸中世における個性と個性に対する知覚について』という、「いはゆる精神文化に関する史的研究」を発表している。後者について上原は、「歴史観照上の民族主義が強烈にはたらいてゐる」としたうえで、この二つの著述は「相互間の有機的関連性をもつことなしに同時に行なはれてゐる」「ランプレヒトの研究生活の当初における二元的関心を示すものと認めてよからう」としている。

ランプレヒトの研究生活の第二期は「ライン地方を中心とするドイツ中世の経済史研究」、つまり一八八五、八六年に刊行された『中世におけるドイツ経済生活』全三巻四冊によって代表される。これは空間的には「シュタゥフェン時代以来の植民地域を除いた古ドイツの全土」、時間的には「フランクの部族法時代から、部分的にはカイサル及びタキトゥスの時代から、中世の終に及ぶところの一千年乃至一千五百年間」の「全発展をば動態的に観察」した、全体で三〇〇〇ページに及ぶ「大経済史研究」である。刊行順に第三巻は未刊並び稀覯文書等の史料集、第二巻は各種統計的資料と批判的史料案内、そして第一巻二冊が叙述に当てられている。本書の「注目すべき三段の基本観照」として、上原は総体としての物的文化の理念の樹立、地誌学的・統計学的方法の援用、そして歴史研究と歴史叙述との峻別を指摘しているが、「労作全体を貫いてゐるところの精神志向は『証なくんば言なし』といふ客観的実証のそれであり、（中略）史料に徴して、一々に渉つて明らかならしめんとするもので」「比類少い精神的張力の実証的研究」としている。

和服姿の上原專祿。戦後上原は母校の学長を務め、新しい世界史像を模索した。『Hitotsubashi in Pictures』一橋創立七十五周年記念アルバム委員会、1951年より

ランプレヒトはボン大学員外教授、マールブルク大学教授を経て、一八九一年にライプツィヒ大学教授

に就任した。そしてこの年、『ドイツ史』第一巻が刊行された。ランプレヒトの『ドイツ史』は、一〇年の中断を含みながらも、一九〇九年まで二〇年間刊行され続け、全体で正編一二巻一六冊、増補二巻三冊に上った。第三期は一八九一年に始まる。上原によると、『ドイツ史』の対象は「先史時代から現代に至るまでのドイツ民族総生活の展開」であるが、「普遍史的立場からすれば（中略）今日の意味におけるドイツ民族は存しない」。その「ゲルマンの先史時代まで遡りそこから叙述が開始せられて」いる。この点について上原は、「民族史研究の立場にあつて、現代ドイツ民族文化の最古の形態を能ふ限り古きに遡つて探求したいという要求が、彼にあつては強烈だからであらう」と推測している。次に「方法の特徴」としては、「古代から現代にいたるドイツ民族総生活の推移をば、社会心理的一体的発展として理解する」。つまり「民族心」「国民の心生活」の持続的発展の解明であり、社会心理的なる「文化諸時代」の理念が提示されている。古代の「象徴主義」、中世前半の「類型主義」、中世後半の「慣例主義」、近世の「個別主義」、そして最近世の「主体主義」という五つの「文化諸時代」がそれである。つまりランプレヒトが「全業を挙げてこの書で企てゐるところは、古代から凡そ一九〇〇年の現代にいたる、ドイツ民族総生活の、社会心理的一体的発展の歴史叙述」であった。ここに一八七八年以来「並列的に存在してゐた研究上の二元的関心が一元化せられ始めた」。経済史研究は、文化史的研究の中へと「吸収せられることとなつた」のである。

上原は第三期を『ドイツ史』の完成ではなく、それ以前の一九〇三年で以て終りとする。

というのも翌年から没年まで一〇年余のランプレヒトを特徴付けるのは「普遍史的・世界史的関心」であった。一九〇四年七月から五ヵ月間、彼はカナダ・北米旅行に出掛けているが、その時の講演を集めて刊行した『近代歴史学』（一九一九）のなかで「将来の普遍史研究の最初のプログラム」を掲げている。ランプレヒトの「民族的関心はそれ自体いかに強烈であつたにせよ、尚ほ普遍史的関心と両立しうる性格のもの」で、「いはば底流として存在してゐた」。上原が翻訳した『歴史的思考入門』は「普遍史研究への熾烈なる意志を表明した告白書」「自画像的小品」であるが、一九〇九年にランプレヒトは「ザクセン王立文化史及び普遍史研究所」を立ち上げた。その研究叢書は没年までに三五冊に達した。研究所の演習では「わが三浦新七博士と新見吉治博士とがランプレヒトの指導に協同して」いたという。

以上が「カール・ラムプレヒトの生涯とその業績」論文の概要であるが、その力強い論旨の展開とともに、成稿と出版の期日の違いにも留意するなど細心の注意を払っている。他方で一八九三年から九九年にかけての有名な「方法論争」についてはその経過を記しただけで内容には立ち入っていない。つまりランプレヒトの『ドイツ史』の刊行が続くなかで始まった方法論争について、「この長い、しかも多角的な論争においてドイツの有力なる専門史家はことごとくランプレヒトに反対するかの情景を呈する」の観があるが、かれは「終始殆ど独力を以って論戦を遂行して疲労を感ぜざるが如く、しかも最後まで自説の正しさと勝利との意識を持ち続けた」。文献総数は一一〇編、うちランプレヒト自らは二五編を書いたというこの方法論争の中身には詳しく立ち入っていないのである。

以上のような上原のランプレヒト論だが、ここで留意しておきたいのは歴史家ランプレヒトについては別様の見方もあることである。例えば現代ドイツの史家ハンス゠ヨーゼフ・シュタインベルクによると、ランプレヒトの『ドイツ史』についてはマルクス主義者メーリングが当初「ブルジョア歴史学の範囲内でのランプレヒトの方法のなかに新しいものを見出した」ことを指摘している。つまりランプレヒトは「ブルジョア的歴史叙述の伝統的な軌道をはなれて、当時の専門としての学問からは無視され、場合によっては見境なく叩かれていた唯物史観に接近した」。けれども彼が経済的諸関係が本質的に歴史規定的な力であるというテーゼを否認して、「心理主義への明白な傾斜」を示すや否や、メーリングは「大きな期待を寄せられていたランプレヒトは折衷主義者になり下がった」と非難したというのである。シュタインベルクによると、「カール・ランプレヒトは、ドイツの歴史家のなかではアウトサイダーに属して」いて、「世紀の変わり目以来ドイツでは、専門科学にたずさわる人びとはもはや彼に注目しなかった」。上原の論文は方法論争を棚上げにしたため、ドイツ史学におけるランプレヒトの位置という問題が不分明のまま残されることになったように思う。ちなみに方法論争におけるランプレヒトの「もっとも強力な敵対者」であったゲオルク・フォン・ベロウ（一八五八―一九二七）については、一九四二年七月に『独逸史学史』が讃井鉄男（さぬいてつお）によって、一九四四年一月に『独逸中世農業史』が堀米庸三によって訳出された。後者には附されたヘルマン・オーバンの論文「社会経済史家としてのゲオルク・フォン・ベロウ」はランプレヒトとの基本的な対立にも言及していて示唆的である。

4 山中謙二と堀米庸三

ドイツ中世史料および史学史についての上原の研究はおよそ以上の通りだが、もとより彼だけがドイツ中世史研究に従事していたわけではない。東京商科大学の関係者では、福田徳三ゼミ出身の宮下孝吉（一九〇〇―七一）が同じくドープシュのもとへ留学して、ドイツ・オーストリアの中世都市の研究に従事した。また先に指摘したように、日本経済史の幸田成友ゼミ出身の増田四郎も一九三五年に「独逸ハンザ都市リューベックの成立について」を発表して以来、次々にその成果を問い、はやくも一九四三年には論文集『独逸中世史の研究』を刊行している。増田は留学の機会こそ得られなかったが、間もなく古代から中世の移行期の諸問題に関心が移ったこともあって、ドープシュの業績については上原よりも熱心にその紹介に努めたのである。

山中謙二。戦前の東京帝大で西洋中世の研究と教育にあたった。山中著『フシーテン運動の研究――宗教改革前史の考察』聖文舎、1974年より

では東京帝国大学の西洋史学科ではどうか。ここでは上原よりも六歳年長の山中謙二（一八九三―一九七四）が中世を担当していた。山中は「同郷同学の先

輩」今井登志喜とともに、戦前・戦後の東大西洋史学科を担った人物であるが、東京帝大の大学院を経て、一九二七年から二年間ドイツのベルリン、ハイデルベルク両大学に学び、政治史家のカール・ハンペと教会史家のハンス・フォン・シューベルトに師事した。後の研究が示すように、中世のキリスト教史こそ山中が最も好んだ分野で、その点ではシューベルトに師事したことは大きかった。彼より一足先に、東北帝大のキリスト教史家、石原謙（一八八二―一九七六）がシューベルトについて学んでおり、後に『教会史綱要』（一九六三）が翻訳された際には、石原が「ハンス・フォン・シューベルト」という紹介の文章を寄せている。ハンペについての具体的な影響は不明であるが、留学から帰ったのち山中は母校に奉職、一九三八年に教授となり、一九五四年の退官まで西洋中世史の教育と研究に従事したのである。

山中の帰国後最初の論文は「初期基督教伝播の事情につきての一考察」で、一九三〇年度の『史学雑誌』に二回にわけて掲載された。その二年後に著した『独逸史』では中世ドイツについて大きく扱い、特にキリスト教の伝来・普及・僧侶の文化的役割、さらには宗教改革と宗教対立等について詳しく解説している。さらに戦中・戦後を跨いで刊行された『ランケ選集』では、『ローマ的・ゲルマン的諸民族史』を翻訳している。一九二三年に阿部秀助訳『欧洲近世史』として翻訳されていたが、これを新訳したものである。

戦後の一九四八年山中は学位論文『フシーテン運動の研究――宗教改革前史の考察』を刊行したが、これは基本的に留学時代の成果である。本書については、上原が『史学雑誌』

（五八―四）にかなり長い書評を載せている。そこでは内容についていくつかの注文をつけながらも、「研究態度が着実で研究緊張が持続的なこと、思惟に飛躍がないこと、思考がレアルなこと、判断が自主的なこと」等の長所を挙げ、全体として「好著」という評価を下している。ちなみに翌年六月、山中と上原は共に皇居での「ご進講」に参加した。山中の題は「ルーテルの宗教改革伝播の事情」、上原は「西洋における歴史学の発達」であった。山中は終生キリスト教史への関心が強く、没後弟子たちの手によって遺稿『中世のキリスト教』が刊行された。

堀米庸三

山中の弟子で、ドイツ中世史を専攻したのが堀米庸三（一九一三―七五）である。堀米は山形県の生まれだが、一〇歳のときに一家は東京に転居しており、一高を経て一九三四年に東京帝国大学文学部史学科に入学した。そして山中の指導下に大学院に進学して西洋中世史研究の道を歩んだ。副手を経て、一九四一年から神戸商業大学予科に勤務して、そこで敗戦を迎えたのである。六年間に及ぶ神戸時代に、堀米はドイツ中世国家についてのテオドール・マイヤー（一八八三―一九七二）の著書の翻訳と批判的紹介、さらに一九三九年に刊行され、後に

「今世紀のドイツ語圏における歴史学で最も重要な作品の一つ」という高い評価を受けることになるオットー・ブルンナー（一八九八―一九八二）の『ラントとヘルシャフト』をいち早く取り上げて詳細な紹介を発表した。さらに『ランケ選集』の翻訳分担、そして同じく中世史の大家ベロウの『独逸中世農業史』の翻訳・刊行等、ドイツ中世全般にわたって幅広く研究を進めたのである。彼は戦後間もなく新設の北大文学部での一〇年間の勤務を経て、一九五六年に山中の後任として東大に戻っている。

敗戦時に堀米はまだ三二歳の若さであったが、彼の学問的基礎はほぼ形成されつつあったように思われる。先に指摘したように、堀米は一九四四年一月にベロウの『独逸中世農業史』を翻訳・出版しているが、「訳者後記」のなかで、ベロウは「現在独逸の代表的な社会経済史家であり、我が国に対する影響力も極めて強いアルフォンス・ドプシュとは全く対照的である」と指摘する。もとより両者には方法論において基本的な違いはなく、本質的に一致している。つまり「歴史を多様性において捉へる、所謂複数主義の立場」にたっているが、「それにも拘らずドプシュの見解が多分に流動的分裂的であり、如何なる時代の叙述においても統一的表象を与へない」。また「ドプシュの立場は確かに最も徹底した複数主義である。しかしそこには何かしら歴史認識を徒らに分裂せしめる傾向のあることを否定し得ない」、とかなり厳しい批判をしている。

戦後間もなく、上原は二冊目の論文集『独逸中世の社会と経済』を刊行したが、堀米は本格的な書評を『史学雑誌』（五八―五）に発表している。堀米はまず次のように述べる。「かつて『独逸中世史研究』があらわれたとき、未熟な筆者はその余りに厳正なる学的態度に殆んど追随すべからざるを覚えたのであったが、この新たなる研究を前にして再び兜を脱がざるを得ない感におそわれる」。こうして上原の仕事に最大の敬意を払った後、七論文のうちいくつかの箇所について疑問を寄せ、あるいは「私見を開陳して教授の御高教を乞う」ている。

一点だけ取り上げると、本書のなかでは最も古く、約三分の一を占める長編「クロスターノイブルグ修道院のグルントヘルシャフト」の結論の一つとして、上原は「一般に十―十三世紀間に行われたと推定される所謂『ヴィリカチオンの解体』に関しランプレヒト以来の通説がこの修道院領においても確認せられる点を考証せられる」。けれどもドープシュの新著『独逸皇帝時代におけるヘルシャフトと農民』（一九三九）では、「通説を徹底的に否定してカロリング時代以来の独逸グルントヘルシャフトの有機的、連続的発展を強調し、皇帝時代におけるグルントヘルシャフトの『構造転換』なる事実は存在しない」「若しドープシュが自身の結論と全く相反する上原教授の所論を顧るならば、之を如何に批評するであろうか、又上原教授自身はドープシュ前掲書の結論との開きを如何に調整せられるであろうか」といささか挑発的な問いを発している。これに対して、上原は長文の反論「ドイツ中世における経済構造変化の問題とドープシュ教授の問題意識」を発表した。その詳細は省くが、上原はこの問題が分析されている「第八章を中心にして『ヘルシャフトと農民』に現れた限りのドープシュ教授の研究方法と問題構成、なかんずくその問題意識を明らかにする」という形で回答している。

ドイツ中世からヨーロッパ中世へ

すでにみたように、堀米は戦前の上原の仕事に対して最大級の敬意を払っていた。上原の徹底した原史料主義に立つ研究が現れて以後、「最早何人も良心の痛みを感ずることなくしては、その文献主義的研究を公表する勇気を失ってしまった」とまで記していたわけだが、その後徐々に評価を下げていったように思える。戦後の上原が「日本人のための世界史像」という新しい課題に専念したのに対して、堀米はドイツ中世そのものというよりも、広くヨーロッパ中世全体に視野を広げていったことも、両者の交わりを薄くしたようだ。一九七四年に堀米は『史学雑誌』(八三―四)に師の山中謙二の追悼文を書いたが、そこに記された「ドープシュに心酔された上原氏」という文言を上原は見逃さなかった。「本を読む・切手を読む」のなかで、「すべての『心酔』からの脱却が私の悲願であったのだが」と短く反論したのである。

没後に刊行された堀米の『わが心の歴史』のなかに、次のような回想がある。「私もドイツの学問から出発いたしまして、卒業論文も、また、その後もしばらくの間、つまり戦争が終わりますまでは、そのドイツを中心にして研究しておりました。ところが戦争が終わってみますと、どうもドイツの学問はあまり魅力がなくなってしまいました。そこで私はイギリスをやり、フランスをやるようになってしまっていた」。附録の「年譜」をみると、最初の著書『中世国家の構造』を刊行した翌年、つまり一九五〇年から、堀米はマルク・ブロックの『封建社会』（一九三九、四〇）を「西洋史演習のテキスト」に取り上げて、以後数年間その講読を続けている。それは「それまで主としてドイツ史学の研究に支えられていた自身の構造論的封建社会観を克服して総合的中世史像の樹立に向う、一つのきっかけになった」と述懐している。堀米を監訳者としたブロックの訳書が刊行されたのは、彼の死後二〇年を経た一九九五年のことである。

第五章　近代資本主義の担い手を求めて
——大塚久雄の近代欧州経済史研究

はじめに

二〇世紀とりわけ戦後日本の社会科学のなかで「マルクスとウェーバー」問題が特段の意味をもっていたことは、そうした捉え方に否定的な見方も含めて、ほぼ認められている。もとより二人が生きた時代にはほぼ半世紀の隔たりがあり、経済学と社会学という対象そしてその分析方法もきわめて対蹠的であったわけだが、日本の社会科学者たちは二人の所説にともに強い関心をもったのである。

このことはもちろん歴史家たちにも当て嵌まるが、西洋史家たちにとっては世界の歴史的発展の普遍性を説いたマルクスよりも、ヨーロッパの歴史の特殊性とその淵源を探ったウェーバーにより強く惹かれるものがあったように思われる。もちろんこの点についても思想的立場に左右されるし、戦前にあってはマルクスが禁書扱いであったという事情も大きい。けれども前近代的で貧しい後進国である我が国の「近代化」という目前の問題に対して、「何故ヨーロッパにのみ近代資本主義が生まれたのか」を問い、近代ヨーロッパの固有のあり方の歴史的探求に向かったウェーバーの所説には強く訴えるものがあった。ウェーバーは『宗教社会学論集』の序言で次のように述べていた。「近代ヨーロッパの文化世界に生を享けた者が普遍史的な諸問題を取扱おうとするばあい、彼は必然的に、そしてそれは当をえたことでもあるが、次のような問題の立て方をするであろう。一体どのような諸事情の連鎖が存在したために、他ならぬ西洋という地盤において、またそこにおいてのみ、普遍的な意義と妥当性をもつような発展傾向をとる――と少なくともわれわれは考えたい――文化的諸現象が姿を現わすことになったのか、と」。

日本にウェーバーが紹介されたのは一九二〇年六月の彼の死後のことであるが、彼の学説についてはじめて的確に紹介した一人が東京商科大学の村松恒一郎である。彼は三浦新七の門下で、後に母校で「文明史」を担当することになるが、一九二四年に「マックス・ウェーバーのイデアル・ティプス概念につきて」を発表した。つまり「理念型」で知られる独自の社会科学方法論の紹介であるが、その五年後には「宗教改革と近代資本主義」を書いている。後者は副題として「マックス・ウェーバー『新教の倫理と資本主義の精神』について」が添えられているように、一九〇四・〇五年のウェーバーの著名な論文を中心に据えての検討であった。

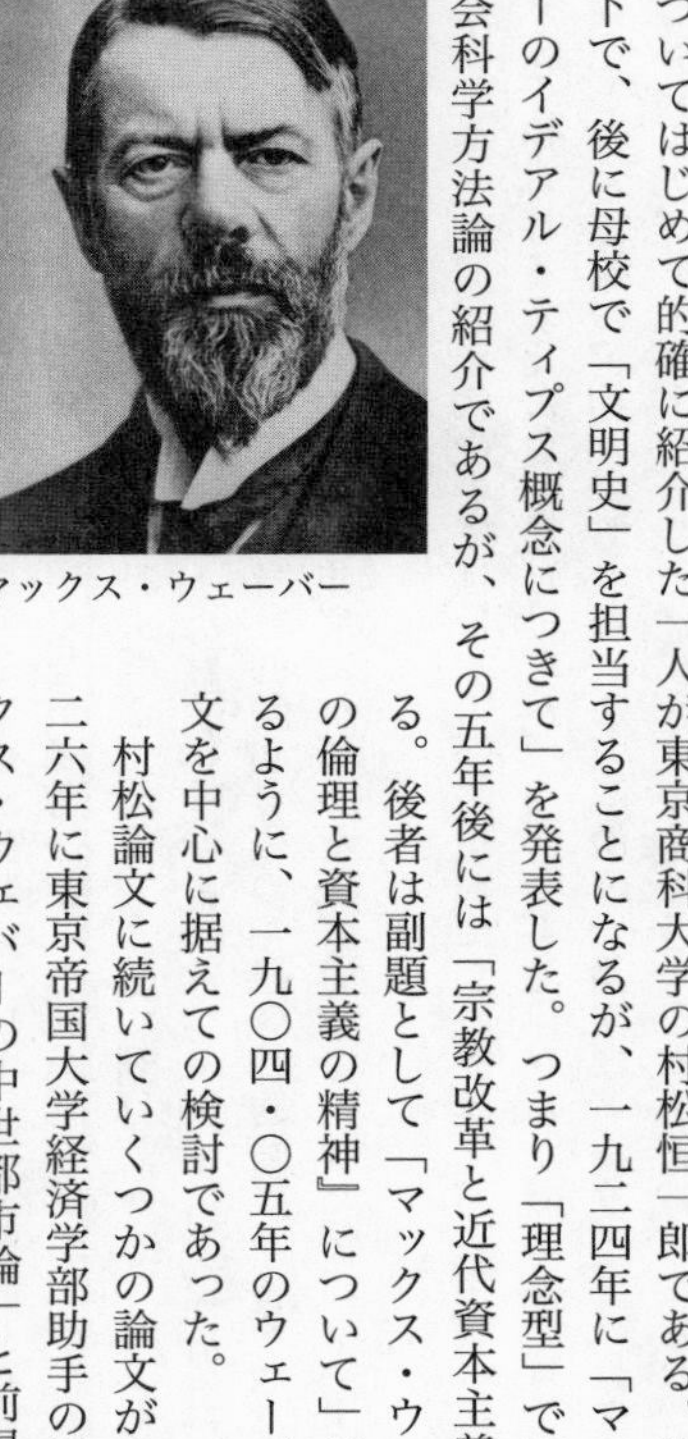
マックス・ウェーバー

村松論文に続いていくつかの論文が書かれた。一九二六年に東京帝国大学経済学部助手の阿部勇が「マックス・ウェバーの中世都市論」と前掲の論文について、さらにウェーバーの講義録である『経済史』について詳しく解説した。他方で京都帝国大学の黒正巌は、ヨーロッパ留学のなかで刊行されたばかりのウェーバーの『経済史』の翻訳権を手にいれて、帰国後に『社会経済史原論』として刊行した。一九二七年一二月のことであり、日本で最初のウェーバーの翻訳であった。ウェーバーの『経済史』は、「呪術的及び宗教的要素」「政治的要素」「身分的関心」等の「経済外的性質の諸要素」を考慮に入れるという彼独自の構想に基づく「非常にかわった経済史」であったが、ウェーバー学説のエッセンスが紹介されたのである。

こうして一九二〇年代後半には日本の経済史家によるウェーバー学説の紹介が始まり、かなり広く知られるようになったわけだが、なかでも注目されたのが「プロテスタンティズムの倫理と資本主義の精神」であった。この「倫理」論文は、ルヨ・ブレンターノ、ゾンバルト、トレルチ、トーニー、あるいはジンメル等の近代資本主義の成立を扱った論著と突き合わせられ、その主張の当否が盛んに論ぜられた。東京帝国大学経済学部の欧州経済史教授であった本位田祥男も一九二七年に「新教と資本主義精神との関係に関する一新文献」を書いて、「トウネイの新著」である『宗教と資本主義の勃興』を紹介するなかで、ウェーバーの「画期的な」論文にも言及した。さらに「資本主義精神」を書いて、一九三五年の自己の論文集に収めた。本位田の立場は各論者の主張を紹介したのであって、ウェーバーのそれも肯定的に扱われている。

こうした経緯を経て、一九三八年五月に『プロテスタンティズムの倫理と資本主義の精神』が翻訳・刊行された。訳者の梶山力（一九〇九—四一）は本位田の門下生であって、訳書に附された彼の解説には本位田、村松、阿部等を含む一五本もの関連論文が挙げられている。また序のなかで、梶山は「直接この翻訳に援助を与へられたのは法政大学教授大塚久雄氏」であり、「本書が多くの不適訳或ひは誤訳から免れることの出来たのは、専ら教授の好意に負ふものである」と記して二歳年長の大塚に深い謝意を表している。梶山はドイツ宗教改革史の専攻であったが、福島高商に勤務するも束の間、三二歳の若さで病死した。戦後に梶山の小さな論文集『近代西欧経済史論』が刊行され、大塚が序文を寄せている。

以上のようにウェーバーの「倫理」論文は一九三〇年代に本位田を中心とする東京帝大の経済史研究者のあいだで強い関心をひいていたわけだが、間もなく近代資本主義の成立に関して学会に斬新な成果を問うていた大塚久雄の詳細な分析があらわれた。本章は大塚の近代欧州経済史研究とウェーバー論の骨子を紹介するわけだが、彼の所論が「大塚史学」として一世を風靡したのは戦後のことである。本書は基本的には戦前期の西洋史学の状況に限定しているのだが、戦後についても若干触れることにしたい。

1　恩師本位田祥男

大塚久雄は一九〇七年五月に京都市に生まれた。父親は「同志社英学校」に学んだキリスト教徒で、アメリカ留学の経験もある「学者肌の実業家」であったという。母親もキリスト教の信仰をもつ人であったが、府立一中を終えて三高への進学準備をしていた頃に亡くなった。つまり大塚は両親ともにクリスチャンという環境の下で育ったわけだが、中学のときは父親の本棚にあった日蓮上人に関する書物をみつけて、暫くは夢中で「我流の評伝」を書いたということもあったという。その後母親の死に直面したこともあって、聖書を読むようになった。一九二七年四月に東京帝大の経済学部に入学した大塚は、すぐに内村鑑三の日曜聖書研究会や矢内原忠雄（やないはらただお）の帝大聖書研究会に出席したことも以上のような家庭環境の延長線上のこととして理解できるだろう。他方で、経済学部の学生として大塚が師事したのは本位田祥男であって、一九二八年春から本位田の演習（ゼミナール）に参加した。後の回想によると、本位田の講義は面白く、「先生のお話をもっと聴きたい」ということから、演習参加を希望したのだとしている。では本位田祥男とはいったいいかなる学者なのだろうか。この点は第二章で短く触れたところだが、大塚との関わりを含めて、あらためて見ておくことにしよう。

本位田は岡山県の生まれで、一九一六年に東京帝大法科大学政治学科を卒業して農商務省に入った。つまり官僚となったわけだが、そこでポッターの『英国協同組合運動』やウェッブ夫妻の著書を読むなど消費組合の研究を始め、ゾンバルトやアシュリー等経済史の専門書も読むようになったという。経済学部が分離独立したのは一九一九年のことだが、本位田は河合栄治郎の勧めで、「経済史」担当の経済学部助教授として母校に戻った。そして二年間の欧州留学を経て、一九二五年に教授に昇任したのである。

本位田の元来の関心は広く農村協同組合の歴史と現状の分析にあった。最初の本は一九二一年の『消費組合運動』であり、最初の弟子である五島茂（一九〇〇―二〇〇三）と一緒に一九二八年にロバート・オウエンの『自叙伝』の翻訳を出したのも同様の関心とみられる。例えば『消費組合巡礼』（一九二六）という旅行記を見てみよう。本書は約一世紀の歴史をもつ消費組合運動について「書かれたる材料を蒐集しようとすると共に、出来る丈多くの組合を訪ね、其運動自体に触れようとした。そして消費組合の本質を摑むと共に、夫を通じて社会運動一般を知り民衆の生活を見、同時に経済社会一般の発展を摑まうと志した」「欧洲の紹介はも早概論時代を去らなければならぬ。此うした一の問題に就いての詳しい紹介は、やがて来るべき凡ての問題の個別的な紹介の一として残らうから」というわけである。

以上のような明確な狙いをもって、本位田は一九二三年からほぼ二年間この運動がもっとも盛んなイギリスを中心にヨーロッパ各地の組合を歴訪した。イギリスでは発祥地ロッチデールを手始めに、マンチェスター、シェフィールド、リヴァプール、バーミンガム等々の消費協同組合を訪ねてウェッブ夫妻をはじめ組合研究者と会い、さらにスコットランドのグラスゴーとエジンバラまで巡った。またウェールズの「ロバアト・オウエンの誕生の地を訪ね」、記念館と附近の勝景を報告している。本位田はもともと団体主義的な運動の歴史、そして現状に関心があったが、実務的な官僚出身ということもあるのかも知れない。

一九三一年四月から年末まで、本位田は再びヨーロッパで過ごすが、このときは経済史研究に関連していた。帰国後に開かれた社会経済史学会の「在京理事会」での土産話によると、「先年牛津大学で指導を受けたことのある」英国のリプスンを訪ね、「仏国のブルターニュのレンヌで」アンリ・セイに会い、「独逸ではミュンヘン大学のストリーダー（シュトリーダー）教授と会談」した。「全体を通じて欧洲経済史学界の最近の趨勢に於ては初期資本主義の研究熱が旺んで、この傾向は特に英国に於て著しいものがある。リプスンは十七世紀頃に重点を置き、トーネーも同時代につきての史稿を現に執筆中であり、ロンドン・スクールの連中も亦同様であった。即ち産業革命以前における資本主義の存在に研究の興味が注がれてゐる。独逸ではストリーダーを中心として十六七世紀の南独逸研究、ハンザ研究の旺なるに同じ傾向が観察された」というのが、話の「大要」であったという。

本位田は一九二八年に『英国経済史要』という小さな本を刊行しているが、一九三〇年には日本評論社の「現代経済学全集」シリーズの一冊として『欧洲経済史』を刊行した。これはスタンダードなテキストとして広く読まれたものだが、個別の研究は彼の論文集『経済史研究』（一九三五）に収録されている。原始共産村落の問題から、中世都市、資本主義経済等さまざまな問題が取り上げられているが、巻末におかれた「資本主義精神」はブレンターノ、ゾンバルト、そしてウェーバーの論争を取り上げたもので、最長の論文である。

以上のように、本位田は東京帝大の経済史教授として著名な存在であったが、一九三九年のいわゆる「平賀粛学」によって、同僚の土方成美が休職の処分を受けたことに抗議して教授を辞職した。間もなく中央物価統制協力会議理事に就任し、さらに大政翼賛会経済政策部長、綿・スフ統制会理事長を歴任した。つまり「統制経済」の学者としての国策に沿った活動を始めたのである。中央物価統制協力会議というところは、柳澤治の『戦前・戦時日本の経済思想とナチズム』によると、全国的な経済団体の代表を結集した組織で、経済新体制が問題となる一九四〇年には、公益優先と指導者原理にもとづく経済団体の機構整備を提言した。本位田は同会議の唯一の専任理事としてその構想の作成に深く関与したが、彼の統制経済論は新しい状況に対応した財界の立場を代表する方向性を含んでいたという。戦後間もなく、本位田は「大政翼賛会の要職にあった理由で、公職不適格を指示された」。

大塚久雄

初期の大塚久雄

大塚久雄は一九三〇年に学部を卒業して、四月に助手となった。彼の最初のテーマは株式会社の発生に関する研究であって、これは本位田教授の指示によるものであったが、それと並行して内外のさまざまな経済史新刊文献を読み、書評・紹介の形で専門雑誌に発表している。上野正治編著の『大塚久雄著作ノート』によると、その数は一九三一年から四年間に二〇本以上にのぼっている。彼の猛勉強振りをよく示しているが、程なく株式会社の歴史に関する「論説」が登場する。後に大塚の主要な関心の対象となるイギリス毛織物工業についての「論説」は、一九三六年三月に発表された「英吉利初期資本主義の支柱たる毛織物工業の展開」

が最初である。大塚のこの二つの系列の研究は、早くも一九三八年に著書に纏められた。二月に『株式会社発生史論』、一二月に『欧洲経済史序説』がそれぞれ刊行されたのである。このとき大塚はまだ三一歳の若さであった。二つの著作は重なる部分もあるが、学界により大きな反響を及ぼしたのは後者であった。その点に入る前に、本位田との師弟関係とその周辺についてもう少し見ておこう。

後に大塚の「盟友」となる高橋幸八郎（たかはしこうはちろう）の回想によると、一九三七年に本位田研究室で「日本学術振興会からの委託研究である比較土地制度」の仕事が始まった。当時「本位田先生の研究室には沢山の人が出入りしていましたが、土地制度の研究会では、大塚さんが事実上の指導者で（中略）私にはたいへんいい勉強になった」。高橋は文学部西洋史学科の出身であったが、これを契機にフランスのアンシアン・レジームの農村研究に向かったのである。この研究会には松田智雄も参加していて、松田の回想によると、「三人いるのだからイギリス、ドイツ、フランスを分担すればいいではないかということになった」。これは「大塚先生のちょっとした閃き」で、松田は「本当はイギリス経済史をやりたかった」のだが、ともかく「このようにして三人の分担が決まり、それぞれがテーマを定めて、報告書を作成することになった。「これが歴史的にみていわゆる大塚史学の最初の研究母体・出発点だった」と述べている。

以上の点はよく知られていて、あらためて検証するまでもないのだが、少しだけ補足しておこう。松田の言う「大塚先生のちょっとした閃き」なのかどうかは別にして、一九六二年に出版された本位田教授古稀記念の論文集に附された年譜作成者によると、ドイツについては、当初「東ドイツを梶山力、西南ドイツを松田智雄」が分担することになったのだが、梶山は病に斃(たお)れた。また高橋は京城帝国大学に就職し、そして本位田本人が教職を離れたために「比較土地制度史」の研究は纏まらなかった。梶山力についてはすでに述べたところだが、本位田が「教職を離れたため」というのは、もちろん平賀粛学事件を指している。一九三九年二月に本位田は「土方成美教授、河合栄治郎教授の馘首に抗議して辞表を提出した」。竹内洋の『大学という病』はこの時期の経済学部の病巣を多くのデータに基づいて分析したものだが、本位田の後任として大塚久雄が助教授として入った。『帝国大学新聞』は写真入りで歓迎の記事を載せたという。

本位田ゼミ所属で、一九三九年に経済学部を卒業した小林昇の回想によると、当時ゼミには大塚、松田、高橋等が「背広で出席して」いたというが、これは学部の演習ではなく、すでに述べた比較土地制度史の共同研究会と推測される。小林の記憶もかなりあいまいなのだが、次のような「事件」を記している。あるとき大塚が「イギリスの毛織物工業の歴史的意義というものをめぐって本位田先生と大論争をされました。本位田先生はまだ毛織物工業の意義などというものについてお考えになるにいたらない段階でしたので、『それは君、やはり鉄鋼業なんかも重要視しなければならないよ』というようなことを議論の中で言っておられました。両者が相当議論してから、大塚先生はもうゼミには出て来られなくなったのです」。小林は「あの頃の大塚さんは勇ましかったですね」と結んでいるが、本位田と関係がギクシャクとしていた点については、大塚自身の話に基づく「メモ」による石崎津義男の本にも指摘がある。

けれども大塚久雄とて、迷わずに一直線に自分の道を歩んだわけでもないようだ。本位田教授の勧めでヨーロッパにおける株式会社の発生史という研究を始め、三年間の助手を終わって法政大学へ就職したが、そこでは欧州経済史研究のための物的条件はまず皆無といってよいほどの状態にあった。他方で、留学は「当時の情勢では、その可能性もすでにいちじるしく狭められはじめていた」。こうしたことから、大塚は幾度か「西洋経済史の研究を放棄しようかと真剣に考えた」という。さらに「こうした環境のなかで、私の学問的関心は当然ながら経済学（むしろ経済社会学）や歴史社会学とでもよぶべき理論研究のほうにしだいに傾いていった」と記している。もちろん後年の回想であるが、留学については歴史にせよ文化にせよ、外国史に関わる研究者の誰もが第一に望むところであるから、大塚の迷いは事実とみてよいだろう。けれども「ついに踏みきるにいたらなかったのは、一つには当面の講義の必要からと、いま一つには株式会社発生史の研究だけはともかくもやりとげておきたいという願いからであった」。

2　『近代欧洲経済史序説』への道

大塚の最初の本である『株式会社発生史論』は、株式会社発生期のイギリスとオランダの

「史実」を中心に置いて、株主総会を欠いた専制型構造から民主的総会を備えた近代的株式会社へと脱皮を遂げる過程を究明した労作である。「序」において、「前期的資本の理論」がこの研究の「いま一つの基調」をなしていると自ら表明しているが、それではいったい「前期的資本」とはなにか。大塚の最初の理論的研究であるこの問題からみることにしよう。

一九三五年一月に法政大学の紀要『経済志林』に大塚の「所謂前期的資本なる範疇に就いて」が発表された。「前期的資本」というのは「歴史上最も古くから存在」したが、「資本家的経済体制の成立とともに消去らねばならぬ」商業・高利貸資本である。その詳細な分析と正確な位置づけが論文の狙いであった。そもそも「前期的資本」は商品生産の発達の低度なること、及び交通・運送技術の未発達のなかで「商略及び欺瞞」によってみずからの利潤をうみ出すものと定義される。封建社会を例にとると、その担い手たる農民、小市民及び領主から直接に「「封建的余剰生産物」を収奪する」。例えば高利貸資本は二〇パーセントから三〇パーセントもの高い利子率でお金を貸し付けており、そこには近代にみられる「一般的利潤率乃至一般的利子率」なるものは存在しない。貨幣そのものについても、鋳貨制度の未発達、地方的な分裂のために交換比率は偶然的であり、非等価の交換が通例であって、煩雑な両替制の介在がみられたのである。

けれども国内市場の成立や貨幣経済の一般化、そしてそれを導く競争によって、「前期的資本一般がその存在の地盤を喪失する」時代がやってきた。それに対応するために三つの道が採られた。一つは「独占の維持」であり、これを「初期独占」と呼ぶ。つまり「反動的にしかも専制的に旧来の経済的諸事情を維持せんとつとめる」のであり、したがって商業資本は「必然的に専制主義の政治的性質を露骨に示す」。二つめは本来の産業資本への「推転」であり、「生産への喰ひ込み」である。三つめは近代的商業資本として「単に産業資本の循環の一部をうけもつ」ものであり、「近代的な利子付資本」の場合は、産業資本の作り出した余剰価値の一部の分け前に与ることになる。

ところで第二の道である「生産への喰ひ込み」、つまり著者の用語では「前期的資本の範疇的転化」については二つの形態がある。「問屋制家内工業」と「マニュファクチュア」であるが、前者が「保守的性格」をもち、後者が「前進的性格」をもつとしても、両者の結びつきはなお可能である。さらに「推転を遂げる途」もまた、商人のそれと在来の非資本家的な「生産者」のそれとがあるが、初期資本主義展開の過程においては生産者が商人となり、資本家となる道が「決定的な意義」を有するのである。

以上のように、前近代の商業や高利貸についての豊富な知識によりながら、大塚は前期的資本の基礎、循環、範疇的転化について明快に整理した。こうした彼の図式の根底にあるのはマルクスの『資本論』における商業資本の理解であるが、初期資本主義時代における「前期的資本」の多様なあり方は、戦後間もなく、この論文を『近代資本主義の系譜』に収録するに際して、大きな修正が加えられた。大塚は当初「前期的資本と産業資本とを範疇的に峻別し乍らも、なほ、産業資本（従つて近代資本主義）の歴史的形成に際し『前期的資本』がそれ自体として何らか主体的意義を有つたといふ風に考へて」いた。けれどもこの見解は間もなく捨てられた。「産業資本の自生的・典型的な歴史的形成を推進した社会的主体は、商人＝高利貸ではなくして勤労民衆（特殊歴史的には『中産的生産者層』）自体であり、従つて産業資本生誕の社会的系譜はもっぱら後者の裡に見出さるべきであるとの見解に到達した」としたのである。かなり大きな変更であった。

「農村の織元と都市の織元」

「前期的資本」についての以上のような認識を土台にして、大塚はさらに重要な問題の分析に進んだ。一九三八年の『社会経済史学』に二回にわけて掲載された「農村の織元と都市の織元――十六・七世紀のイギリス毛織物工業に於ける織元の二の型」がそれで、この論文こそ大塚理論の核心となるものであった。論文はイギリス「初期資本主義」を形づくる諸工業のなかで、毛織物工業が「圧倒的な重要性をもち、『基軸』としての地位を占めてゐた」こと、その毛織物工業の「組織者であり、指導者」であった「織元（クロージア）」の「経営内容の分析」の試みであるとされる。もとより一口に織元といっても、「二つのいちゞるしい対抗的な型」がある。つまり「農村の織元」と「都市の織元」であり、その特質と経済史的意味を明らかにするのが論文の狙いであるとしている。以下短く要約しておこう。

まず一六世紀半ばの二、三の史料から、大塚は「都市（コーポレイト・タウン）」の外に住む毛織物製造業者、つまり「富裕な織元」に着目して、彼等が「増加し、遂に都市の毛織物工業の存在を脅かす迄に立ち至つた」ことを示す。こうした「農村の織元」の「中心部分」は「分業に基く協業たる典型的マニュファクチュアの所有者」とみられる。その他に織物工に自己所有の織機を貸し付け、いわゆる賃機制度を兼ねる場合もあったが、前者こそが「経営の枢軸」であったと位置付けるわけである。こうした「農村の織元」が「もつとも典型的に発達した地方」はヨークシャーであった。これに対して毛織物工業を「問屋制乃至商人的機能」によって支配していたのが「都市の織元」である。それはサフォークの毛織物工業史に関するジョージ・アンウィンの研究に明らかであり、彼は「都市の織元」の多くが「毛織物商人」と「しばく人的に絡みあつてゐる」ことを力説している。このように「都市の織元」と「農村の織元」は「織布工程の事情を基軸として」問屋制商業資本と産業資本という明確な「社会的性格上の差別乃至対抗を示してゐた」というのが大塚の第一の論点である。

それでは「農村の織元」は如何なる社会層から発生したか、端的に言って誰が「農村の織元」となったのか。これについては、「都市の織元」から原料の前貸をうけていた織物工をはじめとして、漂白工、染色工たちが「都市の織元」に対する「従属の絆を断ち切つて、農村に移住し、以て『農村の織元』として独立した」場合がある。と同時に「本来の農民層即ちヨーマン、ハズバンドマンの一部が亦この『農村の織元』に転化した」。この場合「自営農民」の一部から「農村の織元」が生まれたわけで、「トーネー教授」もそう指摘している。さらにアンウィンが「適切にも指摘してゐるやうに」、当初都市の商人、織元は農村における毛織物工業の展開を奨励しさえしていたが、「十六世紀特にその半ば」に事情は一変する。つまり「毛織物工業が急激に農村へ蔓延」すると、それまで「都市の織元」によって支配されていた織物工たちがその「羈絆を脱して『農村の織元』として一斉に独立せんとする傾向」が生まれたからである。問屋制商業資本たる「都市の織元」にとっては「前期的利潤」の激減となるわけで、「独立を抑止し、あはよくば農村の毛織物工業をも『都市の織元』は自己の支配下に置かんとした」。

以上のように「都市の織元」の利害は「農村の織元」の繁栄と「決定的に対立するに至つた」が、さらに「両種の織元の対立関係は明瞭な姿を以て政治・経済的舞台の前景」へと進みでた。「都市の織元」は抑止策としてまずギルドの再編、すなわちカンパニー制度の形成に向かった。ロンドンのリヴァリー・カンパニーがそれである。それは本来民主的なクラフト・ギルドとは全く異なって「明白な専制的構成、即ち毛織物商人（ドレイパー）及び『都市の織元』による寡頭（オリガーキー）専制的支配なる構成」をとった「少数問屋制商業資本のギルド」であった。

「農村の織元」の増加及び既存のものの拡張も諸条例によって禁止された。さらに「国庫的・商人的色彩をもつ『独占』」が図られ、独占的会社企業の創設がなされた。けれどもそうした抑止策の効果は薄かった。条例は「決して遵守されなかった」し、「農村の織元」は直接輸出商人にその商品を売りはじめた。「農村工業の真只中にその凝集点」としてマンチエスター、バーミンガム、ハリファックス等の新興工業都市が誕生する一方、「都市の織元」はますます「衰滅乃至屈服の一路を辿」ったのである。

最後に論文は眼をヨーロッパ大陸に向けることで、あらためて「イギリス型の初期資本主

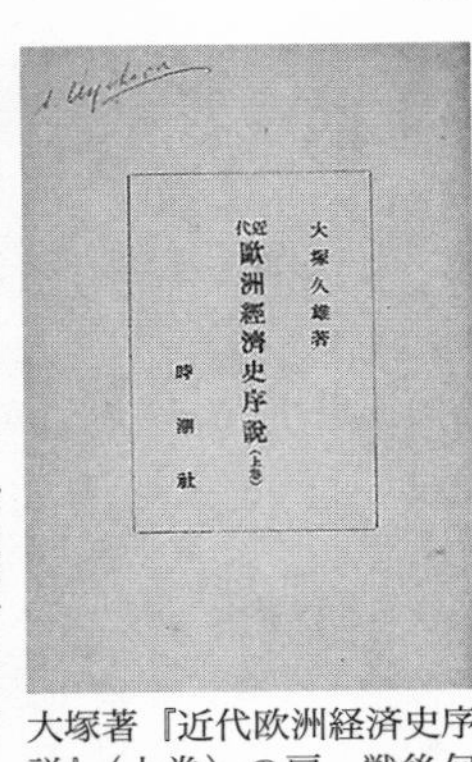

大塚著『近代欧洲経済史序説』（上巻）の扉。戦後何度も版を重ねた。時潮社、1944年

義」の誕生の秘密に迫る。つまりイギリスにおいて「農村の織元」が順調に展開し、マニユファクチュアが形成された背景としては、「封建的土地所有制が十四世紀末乃至十五世紀半迄にいち早く崩壊し、而してその地盤から世界史上類例をみない程裕福な且つ事実上（デー・ファクトー）封建的束縛から解放せられた自営農民層（ヨーマンリー）が成立しており、その結果として封建的勢力に到底『農村の織元』の展開を抑止すべき実力も又利害もなかつた」故であった。そうしたあり方はイギリス以外では明確に認められなかった。言い換えると「イギリス初期資本主義の「型」の規定者」は自営農民層であった。「かくて問題の核心は都市ではなく、農村にあつた」。

一九三八年一二月に刊行された『欧洲経済史序説』は、前編「近世欧洲経済史に於ける毛織物工業の地位」と後編「毛織物工業を支柱とせる英吉利初期資本主義の展開」から成る。前編はこの時期の東アジア貿易の概説で、後編には発表したばかりの「農村の織元と都市の織元」がほとんどそのまま収録されている。五年後の一九四四年四月に刊行された『近代欧洲経済史序説』上巻の「序」のなかで、大塚は「本書は、旧著「欧洲経済史序説」（昭和十二年、時潮社刊）の構想を拡大しつつ全面的に訂正・加筆したもの」としている。つまり「旧著の基本的な構想が殆どそのまま再現されてゐるのであつて、それは謂はば旧著の増訂版である」。タイトルに「近代」が入り、ページ数もほとんど一・六倍になっているが、「基本的な構想」は旧著のままというのが著者の説明である。だが一点だけその違いを指摘しておくと、旧著にあってはいわば行間に秘められていた「国民生産力」の問題が中心に出ていて、旧著を構成する素材を再編成する「基準」となっている点である。この的確な批評は小松芳喬（一九〇六―二〇〇〇）のものだが（『社会経済史学』一四―六）、この点を重視するならば、「新しき著述」と言うことも出来るのである。

それとともにあらためて注意したいのは、『欧洲経済史序説』の「序」で、大塚が「経済史は具体的な歴史からの一の抽象である」点を強調している点である。大塚によると、「経済史は、基礎的な側面であつても、それ自身でのみ孤立してその必然的発展が十全に解明されうるものではなくして、つねに具体的な歴史の一契機として他の諸契機と合体してのみ必然的でありうる」。本書では「近世ヨーロッパ諸国の経済的発達並びに興亡は『農民』の状態を基軸として解明せられねばならぬ」として、特にイギリスのヨーマンに就いて明らかにした。けれども彼らを「単に経済史的範疇」としてのみ考えていない。「法制史的、政治史的、社会史的、軍事史的、（中略）また『精神史』的等の各側面から把握されて」初めて、近世ヨーロッパの経済的発展を左右する「規定者」としてのヨーマンの意義が「十全に解明されうる」からである。そのうえで「ヨーマンの『精神史』的側面が如何に重要な意義をもつてゐるかは、マックス・ウェーバーの『プロテスタンティズムの倫理と資本主義の精神』（梶山力邦訳）なる研究の成果を、少くも偏見なしに凝視するならば、瞭然たるものがあるであらう」、と指摘する。「要するに、私は経済史研究に際して『経済史的な余りにも経済史的な』立場は之を超えねばならぬと思ふのである」、と記したのである。

以上の文章から明らかなように、大塚の近代欧州経済史研究、特にヨーマン論には最初からウェーバー論文が刻印されている。単に影響が認められるという以上に、その核心を成しており、この点で他の経済史家の本とはいわば本質的な差異をなしているのである。この問題について具体的に取り上げることにしよう。

3 「マックス・ウェーバーに於ける資本主義の『精神』」

大塚がはじめてマックス・ウェーバーの名前を知ったのは大学入学間もない頃で、師となる本位田祥男の「経済史」の講義のなかでのことであったという。これは大塚の回想に記されているが、ウェーバーの『宗教社会学論集』を自ら読んだのは助手時代の一九三一年以降のことで、一九三八年五月に刊行された梶山訳『プロテスタンティズムの倫理と資本主義精神』の出版にあたって、大塚は協力して全面的に梶山を支えた。こうした一連の経過のなかで大塚のウェーバー理解が一段と深められていったが、梶山の訳書を紹介した短い文章のなかで、「資本主義精神の起源論争」におけるウェーバーの主張の正しさを認めただけでなく、「私はこのウェーバーの理解をまさに完璧の正しさをもつと信ずる者である」とまで言い切ったのである。

一九三九年五月に大塚は「資本主義精神起源論に関する二つの立場――ヴェーバーとブレンターノ」を発表し、次いで八月にはルヨ・ブレンターノの「ピューリタニズムと資本主義」の一部を翻訳したが、もちろんウェーバー学説を支持する立場からの作業であった。さらに一九四〇年代に入ると、一方で『近代欧洲経済史序説』を纏めると同時に、あらためてウェーバー論文の内容と意義を明らかにする長大な論文の執筆にとりかかった。それが一九四三年一二月、四四年一月、そして敗戦後の四六年一月と三度にわけて『経済学論集』に発表された「マックス・ウェーバーに於ける資本主義の『精神』」である。「近代社会に於ける経済倫理と生産力　序説」というサブタイトルが附された本論文は全体で七五ページ余の力作である。戦後二〇年を経て「改訂増補」されたが、以下では元の論文によってその論旨を紹介することにしよう。

大塚によると、ウェーバー論文が提起した「資本主義の精神」に関する研究史は「トロェルチなどの賛同を除けば」「否定的批判に終始してゐる」。つまり最初の批判者であるブレンターノにせよ、折衷的なゾンバルトにせよ、最近のトーニーにせよ基本的には同じで、「ウェーバーのそれとの乖離」がみられる。確かにトーニーの研究はウェーバーに比べて「はるかに豊富な史料を駆使してゐる事は固より認めねばなるまい」が、同じ誤りをおかしている。「本稿はウェーバーの所論の単なる外面的な紹介ではなく、固より貧しくはあるが現筆者なりのウェーバー解釈（中略）を含むところの、内面的に彼の「問題」意識に忠実な批判的な紹介たらんと志向する」。

この論文で大塚が一貫して拘っているのはウェーバーの言う「資本主義の精神」の用語の理解である。ブレンターノのそれを原型とするところの「通説的見解」によると、それは「近代経済社会の裡に指導的乃至支配的な地位を占める」ところの「資本家」（或は「企業家」）たちの「精神」に他ならない。つまり「利潤に向つてひたむきに専念する」「何よりも先づ貨幣に対する「営利慾」」という、「「資本家」（企業家）が示す（中略）心的態度」を意味している。けれどもウェーバーのいわゆる「資本主義の精神」はそうではない。ウェーバーにあっては、それは「近代経済社会の基幹的部分を形造る二つの社会層、「資本家」（企業家）層と「賃銀労働者」層、此の両者の何れもが——さらに歴史的に見れば此の両者がともに其の裡から産み出されるところの共通の社会的母胎たる「工業的中産階級」gewerblicher Mittelstand も亦既に——抱懐してゐるところの、而も共通な心的態度を意味してゐたのである」。またウェーバーのいわゆる「資本主義の精神」は、「営利心を含むにしても、それは凡そ「営利慾」一般と云つたものではなく、営利心は一種の「エトス」Ethos（倫理的雰囲気）と離れ難く絡み合つて」いる。つまり「営利」は一つの「倫理的義務」、あるいは「「倫理的な色彩をもつ生活原理と云ふ性格」Charackter einer *ethisch* gefärbten Maxime der Lebensführung を帯びて」おり、したがってウェーバーのいわゆる「資本主義の精神」は、「かかる特有なエトスに他ならぬ」、というのが大塚の基本的な理解である。

以上のような「資本主義の精神」を「殆ど古典的といひ得る迄純粋に」示しているのがベンジャミン・フランクリンの〈An Advice to a Young Tradesman〉（大塚は『若き商人へ

の戒め』という訳は「問題の焦点を晦冥ならしめる危険」があるとしている）である。フランクリンは次のように言っている。「時が貨幣であることを忘れるな。一日の労働で十志〔シリング〕を儲け得るものが、散歩のためとか、室内で懶惰にすごすために半日を費すときには、たとへ娯楽のためには六片〔ペンス〕しか支払はなかつたにしても、彼はそれのみを勘定すべきではなくて、その他になほ五志の貨幣を支出、といふよりも、抛棄したのであることを思はねばならない」。さらに「信用が貨幣であることを忘れるな」と続くわけだが、このフランクリンの謂わば「吝嗇の哲学」の顕著な特徴は「信用できる立派な人と云ふ理想であり、わけても、自分の資本を増殖することをば自己目的として之に関心をもつことが各人の義務であるとの思想」である。フランクリンは「勤労」と「質素」とを要とする「禁欲」的諸特性の徹底的な実践こそ「富裕に到る途」として説いたのである。このようにウェーバーのいわゆる「資本主義の精神」は、すでにみたように「禁欲」的な諸特性を「その本質的構造契機として自らのうちに包含する」のであり、「勝義における「倫理的雰囲気」」として理解される。つまり「営利」の追究は「道徳的完成」への努力と一致する。言い換えると、「倫理」の実現が「営利」の遂行によって媒介されるわけだが、そうした「自然的」な事態から、「営利」がその実現を「倫理」の実践によって媒介されるという「倒錯的」な事態へと重心を移動させる。これこそが「資本主義の精神」の「精髄」で「謂はばその個体的特質だとウェーバーは云ふのである」。

以上のような理解を示したうえで、大塚は果たして「史実」はこれを裏づけているのかと問うている。特にウェーバーが「資本主義の精神」の「標準的抱懐者」としたいわゆる「中産的生産者層」、すなわち「漸く興隆しはじめようとする小市民（クライン・ビュルガー）や農民（ファーマー）の諸層」について、大塚はイギリス産業革命の過程において「中産的生産者層」は機械の発明・充用という技術革新に対してどう反応したのかと問う。その答として彼らは一般に「技術の変革への根強い志向」をみせたこと、また下層にあってもその動きがみられたことを指摘するのである。

以上が大塚論文の要旨であり、ウェーバーの「資本主義の精神」の意図について明快に解説されたわけだが、論文はこれで終わりではない。さらに「勤労」が「質素」「周到」の諸徳性によって裏打ちされながら、「現実に生産を増強し生産力の拡充を招来する」として、「生産力」や「生産倫理」の問題へと推移していく。つまり「倫理」の問題が「単なる「個人の」道徳的完成の域を超えて、いな「個人」の道徳的完成が「全体」（国家・社会・公共）の福祉と関連せしめられてゐる」。さらに生産力の拡充によって、「結果として「全体」の福祉に貢献し、而して此の貢献に於いて自らの「倫理」性を現実に証明する」、と指摘している。したがって「資本主義の精神」は「すぐれて一つの「生産倫理」「労働倫理」として捉へられてゐる」のであり、少なくとも「生産倫理」をその基本的契機として構想されているというのが「吾吾の主要な結論」であるとしている。大塚は同じ時期に書いたいくつかの小文でも「生産力」「生産倫理」について語っているが、この部分はウェーバー論文の解説というよりも、戦時体制という状況下での拡大解釈とみるのが適当で、一九六五年の「改訂増補版」では削除された。

最後に、ウェーバー論文の翻訳の歴史について短く述べておこう。最初の翻訳者の梶山力については既に言及したが、戦後大塚久雄の手によって改訂のうえ「共訳」として岩波文庫に収録された（上巻一九五五、下巻一九六二）。だがこれで終わったのではない。一九八八年には大塚の新訳が岩波書店から刊行され、翌年文庫に収められた。その結果梶山訳は「自動的に消滅した」ことになるが、これに対して梶山の訳業が独自の価値を持ち、「その蘇生を図ることは、日本の学問世界に対して果たすべき客観的義務」と考えたウェーバー研究者安藤英治（あんどうひではる）は、一九九四年に梶山訳の「復活版」を未来社から刊行したのである。

4　戦後の「大塚史学」とその批判

戦争末期の一九四四年三月から丸二年間、大塚は都下武蔵野町吉祥寺から相模湖与瀬に疎開した。細かな字がびっしりと詰まったウェーバーの本を読んでいたため、眼を悪くしたというが、一九四一年六月事故にあっている。満員のバスで痛めていた左足膝の関節を強く捻挫したため、上腿部以下の切除という大手術を受けた。したがって疎開先の与瀬から本郷まで義足にゲートルを巻いて通勤したというが、それ以後ずっと松葉杖の不自由な生活を余儀なくされたのである。

『大塚久雄著作ノート』によると、一九四五年は空欄となっていて、翌年一月に「マックス・ウェーバーに於ける資本主義の『精神』(其の三)」が『経済学論集』に掲載された。そして同年四月一一日付の『大学新聞』に発表されたのが「近代的人間類型の創出――政治的主体の民衆的基盤の問題」であった。誌上わずか一、二ページのこのエッセイこそ、戦後の言論活動の口火を切ったものである。「近代的人間類型」というのは、大塚によると「みずから自律的に前向きに社会秩序を維持し、公共の福祉を促進して行き得るような『自由な民衆』」であり、彼らによってこそ「民主主義は真底から創出される」。また「自由な民衆」こそ「近代生産力の決定的要因」であり、教育によって「広く深くわが民衆をこうした近代的・民主的人間類型に鍛え上げ」なければならない、という主張である。その際大塚は「内面的な」ヨーロッパと「外面的な」アジアという人間類型を比較したウェーバーの「興味深い指摘」を引いて、その重要性を唱えた。これは「近代化の人間的基礎」にそのまま繫がる議論で、「社会変革は少なくとも同時進行的に人間変革を伴っていなければならない」等とも表現されたのである。この頃大塚は矢継ぎ早に数十本の中小のエッセイを書き、それらは一九四八年一月に『近代化の歴史的起点』、三月に『近代化の人間的基礎』として刊行された。またそれに先立って入手困難になっていた『近代欧洲経済史序説』も再刊された。西洋近代に範を求めた大塚の「近代的人間類型」の議論は、敗戦後の日本の再建に対する人びとの切実な願いと期待に沿うものであり、広く受け入れられたのである。

ではいったい大塚はいつから「近代的人間類型」なる表現を用いるようになったのだろうか。この点を探っていくと一つのエッセイにたどり着く。敗戦前夜の一九四四年九月の『大学新聞』に書いた「諷刺小説と経済」で、そこでデフォウとスウィフトの二つの諷刺小説を取り上げて、次のように述べている。つまり「近代イギリスを建設した人間類型」というのは、二つの諷刺小説にみられるような「酷烈な『営利』的性格と執拗な『生産力』的性格を同時に兼ね具へてゐる」のであり、「この二つの性格が一つの人間類型のうちに内面的に結び合はされてゐた」。これは「実は、世界史的に見て稀有な事実」である。けれども「世界史の現実が西欧的近代を超えつつあるといわれる現在」、「近代イギリス的人間類型」は「まぎれもなく崩壊しつつある」。したがって欧州近代経済史の「究極の問題」は、崩壊しつつある「近代イギリス的人間類型」の歴史的認識である。これが当該エッセイの主旨である。このエッセイだけでは何とも言い難いが、戦後ある種の意味転換がなされたように見えるのである。

それはともかく、大塚史学に対する強い関心はもちろん言論界だけではなかった。住谷一彦（すみやかずひこ）（一九二五―二〇二二）によると、一九四七年四月に刊行された大塚の『近代資本主義の系譜』は、「黒い表紙の仙花紙のざらざらした紙で作られた、鉛筆で線を引くと破れてしまうような本」であったが、それを求めて「長蛇の列が出来ていて、私も並んで買った」と回想している。学界における「大塚史学」の席捲は戦後一〇年、一五年と途切れることなく続いたのである。そうした大塚の学説の「牽引力」については、戦後一〇年を経た一九五四年に中世史家の堀米庸三が明快に整理している。堀米によると、大塚の『近代欧洲経済史序説』は「一個の歴史的研究として世界の水準を凌駕するほどの労作」であったとともに、「我々の西洋史研究に最初に、真の意味での『我々の』といいうる問題と方法を与え、又それを通して欧洲史の統一的・法則的な把握を教えたことが、我々にあの異常の感激をよびおこした真の理由であったと思われる。それまでは何等特殊な研究の対象となることもなく、又なることも出来なかったヨーロッパの市民革命が、強烈な歴史的背景を以て浮び上り、こうして我々自身の近代化という最緊要の実践的課題が、我々の研究上の課題と不離の関係を以て結ばれたのである。そればかりではない。近代資本主義の本質と生成との新しい分析と定義は、荘園制と農奴制とに新しい照明を与えることによって、中世史の研究者に、最初に、彼等自身の問題を与えた。我々は大塚氏の研究によって、我々自身の問題を見出すと共に、狭い専門領域をこえた共同研究者としての提携の悦びをも味わうことが出来たのであった」。

堀米は「中世史研究者たる我々も亦、殆んど例外なく大塚氏の心酔者であり、又それを通してウェーベリアンであった」とも記している。さらに後で取り上げる高橋幸八郎の論文「所謂農奴解放に就いて」の画期的な意義についても言及している。もとより堀米はそこでは同時に中世史研究固有の難しい問題も指摘しているわけだが、他方で大塚批判もまた年を追うごとに活発化していった。この問題を逐一とりあげることは本章の課題ではないが、やはり短く言及しておこう。大塚批判は大きく理論的と実証的の二種類にわけてみることができる。前者は「大塚史学」は決して「マルクス主義的経済史」ではなく、その点に由来する理論的欠陥がある、というマルクス主義歴史家からの批判である。そしてもう一つは大塚の「西洋近代成立史」の議論は多くのイギリスの専門的歴史研究に拠っているが、それは誤解・誤読に基づくものが少なくない、という主にイギリス経済史家たちからの批判であった。この問題について、戦前の専門論文の集成というべき『近代資本主義の系譜』（以下『系譜』）を中心にみておくことにしよう。

マルクス主義史学の立場から明治維新史を中心に近代日本の成立について多くの著述がある民間の「鎌倉アカデミア」の教授、服部之総（一九〇一―五六）は、「大塚史学の系譜」という批判的な書評を書いた。そのポイントは「大塚史学」がマルクス主義的経済史ではなく、「マックス・ウェーバーの方法によつて毒された一種の小ブルジョア史学である」という点にある。もとより大塚は「みずからマルクス学徒をもつて任じている人ではない」から当然とも言えるのだが、『系譜』に収録された一四本の大小の論説（一九三四から一〇年間に執筆）を「年代順に仔細に読んでゆけば、大塚氏がいつごろから経済史学上のマルクス的方法をウェーバー史学の方法に転換していったか」を明らかにすることが出来る。服部によると、三四年の「所謂前期的資本なる範疇に就いて」と翌年の「初期資本主義に於ける所謂『独占』に就いて」の二つの論文には「マックス・ウェーバーからの影響は全然認められず、氏の論稿を嚮導する理論がマルクスの資本論にあることは、引用についても、方法の上でも、容易に観取される」。もとより

『大塚史学批判』「大塚史学」の「理論的欠陥」を批判した。大学新聞連盟出版部、1948年

「マルクス経済学徒の作品」として読む場合には「致命的欠陥」もある。それは二つの論文とも「マルクス主義的基本視角たるべき市場理論即農民分解の理論が欠除(ママ)している」ことである。また四一年の「近代資本主義発達史に於ける商業の地位」においては、「中産的生産者層の分解過程」については「たつた一ケ所」、それもほとんど目立たない場所に置かれているに過ぎない。つまり「「分解」ぬきの資本主義生成史」が展開されている。さらに四四年に発表された「資本主義と市民社会」は「ウェーバー的方法が最も濃厚に作用している論稿」であって、「大塚氏の若さ独創性は完全にうしなわれ、マックス・ウェーバーのふるびてかつ非生産的な「社会学」的方法だけが発言している」。

以上が服部の書評の骨子である。ここにみられるように服部は「いまだM・ウェーバーの影響なく、総じて一九三四年前後のわがくにのマルクス主義的課題」を担いつつあった段階の大塚をプラスに評価するが、その後の「ウェーバー的=大塚史学的方法」については厳しく批判するという手法で、前半と後半を区別した。さらに服部は「ウェーバーへの転化」の要因として、大塚の「「事変」の低気圧下の孤立的存在」を示唆して書評を終えているが、この「転化」は「より良心的に行われた」とする等、マルクス主義者たちによる大塚史学批判のなかでは概して好意的なものと言えよう。

次に「実証的な批判」として一九五二年に刊行された矢口孝次郎(やぐちたかじろう)(一九〇三—七八)の『資本主義成立期の研究』を取り上げてみる。矢口はすでに長くイギリス経済史研究に従事してきた専門家で、大塚の本の問題点について逐一検証している。要点だけ記すと、まず

「都市と農村の対立」及び「商業資本と産業資本の対立」という大塚史学の出発的テーゼについては、大塚の実証的典拠となっているジョージ・アンウィンの『十六、七世紀の産業組織』（一九〇四）における所説とは解釈が異なっている。すなわち、大塚は二つの型の対立としてとらえているが、アンウィンの言う「都市と農村の対立」は、資本の対立というよりもむしろ労働の対立である。また都市の資本と農村の資本の相違は、単なる立地条件のそれであって、経営様式ではない。アンウィンにおいては「産業資本対商業資本」の対立は、都市の産業組織内におけるそれであって、「農村の織元対都市の織元」として系譜的に対立せしめ得るものではない、と批判した。

さらに大塚の言う「マントゥー的シェーマ」、つまり近代産業資本家層の社会的系譜を遡って農村の半農半工の社会層、さらに封建制解体期に現れた中産的生産者層とくにヨーマン層にこれを求める見解について批判する。矢口によると、ポール・マントゥーが『産業革命』（英語訳、一九二八）のなかで産業革命期の工場主層の出自を小生産者層に求めているのは事実だけれども、これは産業革命の直前におけるヨーマン層乃至半農半工の小生産者層であって、遠く一四、五世紀の中生産者層あるいは一六、七世紀のマニュファクチュア主にまで遡及するような議論ではない。またいわゆる「二つの道」についても、両者の系譜的対抗関係を強調する大塚に対して、両者のあいだには密接な結合関係が存在し、数世紀にわたり一貫して対抗していたというようなものではないと批判したのである。

以上のように、大塚のイギリス資本主義成立史論は矢口等の批判に加えて、特に「一国資本主義史観」のような全体の枠組みの批判を受けて、一九七〇年頃から徐々に退場していった。坂巻清等の緻密な実証的研究によって、都市と農村工業の関係、あるいは毛織物工業の経営形態についての大塚の基本的見解は完全に覆されたのである。最近では近藤和彦が「戦後知」としての大塚の歴史学の意義を高く評価しながらも、彼のイギリス史像が「『中道』をゆく国教会の意味をほとんど看過して、信仰ないし信念の純粋主義をとなえた非国教徒ピューリタン（一種の原理主義）の系譜で解釈する偏りがあった」としている。また馬場哲(ばばさとし)は「近代資本主義の成立」をめぐる研究動向について明快に整理しつつ、大塚が「理論的な精緻化・体系化を進める過程で、欧米の研究動向に対する、さらには史実そのものに対する鋭敏さと謙虚さを次第に失っていった」ことを指摘している。もとよりこれ等は大塚の基本的見解が形成されて半世紀後の評価である。我が国ではこれほど長く真剣な批判的検討が重ねられた学説はかつてなかったのであり、そのこと自体「大塚史学」の画期性を裏書きしているとも言えるわけである。

5　高橋幸八郎と松田智雄

「大塚史学」という俗称が生まれたのはもちろん敗戦後のことだが、大塚とともに、フランス近代史学の高橋幸八郎（一九一二―八二）とドイツ近代史学の松田智雄（一九一一―九五）の二人の仕事を併せた呼び名であった。そこで高橋と松田の初期の学問的な歩みについても短く記しておくことにしたい。

高橋は福井県鯖江の山村の生まれで、正式な名を「八郎右衛門」という。福井中学そして一高を経て一九三二年に東京帝大の西洋史学科に入学した。一高、西洋史学科と同期であった林健太郎の回想録によると、高橋の卒業論文はモロッコ事件をめぐる外交史であったが、その後「どういうわけか一念発起してフランス史、それも『アンシャンレジーム』の経済史を始めた」。それにはもちろん理由があった。経済学部の本位田教授がはじめた共同研究のメンバーとなったことで、すでに指摘したように、この研究会には主要なメンバーとして五歳年上の法政大学教授大塚久雄が参加していた。ここで高橋は学問的に強い影響を受けるわけだが、大塚の世話で上智大等あちこちの私大で非常勤講師をしていたという。こうしたなかで高橋は一九四〇年の一一、一二月号の『史学雑誌』に「所謂農奴解放に就いて」を発表した。またその前後に別の雑誌に「フランス革命と農村」「ヨーロッパ経済史に於ける『型』把握について」を発表するなど、大塚の見方に強い影響を受けてフランス近世の歴史を分析していった。それらは同じく戦時中に書いた他の二本の論文とともに、敗戦後の一九四七年四月に『近代社会成立史論』として刊行された。サブタイトルは「欧洲経済史研究」であり、フランスを軸にしてヨーロッパ全体を視野におさめたものであった。

高橋の最も著名な論文である「所謂農奴解放に就いて」は、「封建的土地所有の本質並びにその変質過程」というサブタイトルが附されたように、通常の意味での歴史論文とはいささか趣を異にしている。フランス中世後期の農奴解放を対象としており、史実はフランスに求めているが、「把握は《gesamteuropäisch》になされなければならぬ」という立場であり、しかも「所謂社会経済史学派への批判（中略）に一の力点がおかれる」。論文はまず中世における「農奴」身分の諸規定について述べた後に、「大量現象としてのフランス農奴身分の解放運動」は、ほぼ一三世紀に始まり、一六世紀の最中まで継続したことと、「解放状」にはキリスト教精神や霊魂の救済が謳われているけれど、同時に「支払われた金額」が記載されていること、つまり「貨幣に飢えた領主」が「解放金」を求めた「上からの農奴解放」であることが示される。その背景としては「古典荘園」の解体があり、領主が「地代取得者」として「寄生的性格」を強めていた。つまり「農奴解放」という領主の「寛大なる行為」は「抜け目のない打算」に裏打ちされていたというわけである。

このようなフランスのあり方は、一五世紀以降のイギリスの「賦役の金納化」と貨幣地代の全面的な成立、そしてオスト・エルベの賦役の拡延、「バウエルンレーゲン」「農奴制再版」とは大きく異なるもので、「外ならぬ生産物地代の本格的成立（ママ）＝強化が、『貨幣経済』の進展に照応しつつ遂行された、その特有の・複雑な・だが古典的な仕方」なのである。

論文はさらにこの時期のフランスの「封建的危機」について史料を紹介しながら展開していく。中世都市の生長、いわゆる大開墾時代、そしてペストのなかで「『逃亡農奴』と『移住民』とは封建社会に於ける日常現象となつた」。こうして「領主制の危機」に見舞われた結果、フランスの領主たちは当初の「富裕な」農奴の解放に代わって、村全体を「一挙に解放」するに至った。領主直営地は「或は旧来の、或は新来の」農民に分割・貸与され、こうしてフランス農業における「耕作地の零細化・小規模農民経営」が一般化した。つまりイギリスとも東ドイツとも異なる「第三の型」が成立したのである。

　論文は最後に一六世紀フランス農民層の分解、「階層的序列」に言及した後に、絶対主義の時代における「商人」又は「市民」による農地の獲得を明らかにする。つまり「封建的債務は屢々巨大な額に達し、貴族・領主は（中略）荘園、封土、領主権の一部又は全部の放棄を余儀なくされ」没落する一方、「商人及び市民自身は、少くともその上層は、直接封建的債務者にとつて代ることによつて、『領主の世界に滑り込み』つつ、あらはな封建社会の支配身分に上昇・転身するであらう」。その市民的土地所有は一五、六世紀に「最初の且つ強大な孵化」を遂げた。「市民層による農村の漸進的隷属化は、一種の封建的再建に終る」。「農奴解放」を生みおとした「危機」は、「封建的再建」をもって終わったのである。

　以上が論文の骨子であるが、最初の狙いでもある「所謂社会経済史学派への批判」についてみると、ピレンヌ、ブレンターノ、セイ、ゾンバルト、そしてブロックも含まれる。彼等は多くの実証的成果をもたらしたが、「商人」又は「市民」を本来の「資本家」範疇に於いて理解し、その利潤追求の志向を『資本家の精神』と呼んでいる。このような形で「近代社会の創世記を探捉する現代ヨーロッパ歴史学の支配的把握は、我々の見解と基本的に異なる」として、具体的には「フランスのもつ最も秀れた歴史家の一人、ブロック教授」を厳しく批判したのである。

　一九四一年一〇月、高橋は京城帝国大学法文学部に赴任した。京城帝大はすでにみた台北帝大の四年前の一九二四年に予科ができ、二年後に医学部と法文学部の二学部で発足したもので、「城大（じょうだい）」の略称で知られる「植民地大学」である。教授は日本の帝大から派遣され、学生数も朝鮮人よりも日本人の方がかなり多かったという。同期の林健太郎によると、高橋はすでに結婚していたが、妻が病気のため単身赴任であって、敗戦までの四年間、高橋はここで精力的に研究を続けたのである。京城では給与も食料事情も「内地」、つまり日本本土よりも恵まれていて、「植民地官僚」として不自由のない生活を送った。直接本業と関わるわけではないが、かなり広範囲にわたって朝鮮の農村調査をしたことは有益であったと高橋は回想している。

一方松田智雄は朝鮮の仁川の生まれで、高橋と同じく西洋史学科の出身であるが、プロテスタントの信仰をもっていた。大塚との出会いも高橋より早く、帝大聖書研究会の例会であったという。毎月の例会には必ず出ていて、自然に大塚の欧州経済史研究にも注目していたが、『社会経済史学』に掲載された大塚の「フッガー時代の南独逸に於ける会社企業」を読み、フッガー時代への関心をそそられたと述べている。またクーリッシェルの『ヨーロッパ近世経済史』（一九二七）のドイツ語原本を入手し、その圧倒的な魅力もあってこの学問に進む決意を固めたのである。ちなみにヨシフ・ミハイロヴィチ・クーリッシェル（一八七八—一九三三）はロシアが生んだ最もすぐれた欧州経済史家の一人で、ビュッヒャーの『国民経済の成立』をロシア語に翻訳するなど同時代のヨーロッパの歴史派経済学者と親密な交流があった。

こうして松田は西洋史学科で今井登志喜の下で学びつつ大塚等の土地制度史研究会にも加わるわけだが、さらに経済学部に入って勉強を続けた。卒業論文は一四世紀のシュワーベンの都市同盟を扱ったもので、先の研究会のなかで読んだギールケの本がヒントになったという。このように松田にとって研究会、特に大塚の学問的影響は大きなもので、一九四二年に発表した最初の論文も「農村工業」に関するものであった。「南独逸農村麻織物業の類型的特質」及び「前貸制度の展開と独逸農村工業」がそれである。その主旨をごく短く紹介すると、一六世紀のフッガー家の時代の南ドイツは「麻」の最大の生産地であり、農村麻織物の発展がみられた。特にシュワーベン地方では、農民の副次的な家内工業として営まれていた農村麻織物業のなかから独立自営の「織工」が登場して、「典型的な産業的中産社会層」を形成した。繊維工業にあっては、原料と販路において商人に強く依存しなければならず、そこに前貸制度が介在するわけだが、南ドイツでは都市ツンフトの規制を嫌った商人の前貸制度による「農村工業の哺育」がみられた。こうして一七世紀の繊維工業においては、「都市ツンフトに対して、農村工業は圧倒的重要性をもった」。

もともとこれは「地代制グルントヘルシャフト」、つまり「近代的な小作関係に擬制しうる程」の領主・農民関係にあった南ドイツでこそ生まれたもので、グーツヘルシャフトつまり農場領主制の下の東部ドイツにはこうした独立自営の「農村織工」はみられなかった。シュレジエンにおいて農民の麻織物業は「商人の問屋制前貸とグーツヘルの権力下に二重の重圧を受けて」、「些かも自立性を獲得しえなかった」。つまり松田は南ドイツの農村麻織物業にあっては前貸制度が農村工業を「哺育」する役割を果たしたのだが、東部ドイツにおいては逆に「抑圧」したと結論した。その他にルターとドイツ農民の「精神的性格」、その「独立の小生産気質」などにも言及した。大塚の影響が強いとはいえ、松田は彼なりのドイツ農村工業史像を提示したわけである。

だが松田の最初の研究書は『イギリス資本と東洋』（一九五〇）であって、ドイツではなかった。「東洋貿易の前期性と近代性」というサブタイトルに示されるように、ここでも大塚の影響は認められるが、直接的には大学卒業後「東亜研究所」に入ったことと関連している。「東亜研究所」は、一九三八年に設立された調査研究機関で、松田によると「大体満鉄調査部を追随しようとしていた」。そこには「講座派の有力な学者たちがかなりの数入って」くるのだが、設立の年の八月に入所した松田は、ヨーロッパ諸国とアジアとの関係を調査研究する部門に所属した。一九三九年からは「香港の経済発展」を資本蓄積史の観点から研究していて、「イギリス資本と東洋」というのは「命令されたテーマ」であったわけだが、もとより無益な調査研究ではなかった。特に一時同じ所属で、講座派の一人でもあった信夫清三郎（しのぶせいざぶろう）（一九〇九—九二）と親しくなった。信夫はすでに『日清戦争』他の著作のある近代日本政治史の専攻であったが、一九四三年に刊行される『ラッフルズ——イギリス近代的植民政策の形成と東洋社会』を準備していた。松田は信夫の本によって「与えられたオリエンティールング」に得たところが、いかに大きかったか」としている。信夫と『ラッフルズ』については次の章で触れることにしたい。

こうして戦前の松田の研究は二方向に分かれていたわけだが、戦後間もなく出た『「近代」の史的構造論』では「自己を形成する三つの側面」として、「一つは宗教改革、次には社会科学的批判精神、最後にはドイツ市民音楽」を挙げており、「この三者はプロテスタントとしてのわたしのうちに、それぞれの位置を占めている」。つまり知的な関心の幅がきわめて広かったのである。

しばしば指摘されてきたように、大塚久雄・高橋幸八郎・松田智雄の三人の編集による『西洋経済史講座』全五巻が出版されたのは一九六〇年五月から六二年四月のことで、「封建制から資本主義への移行」をサブタイトルとしたこの共同研究には四十余名の研究者が「動員」された。いわゆる「大塚史学」の総決算で、関口尚志によると「戦前に始る比較経済史学はここに一応の集大成を得た」。だがそれは同時に「終りの始まり」でもあったのである。

第六章　「大東亜戦争の世界史的意義」
——戦時下の西洋史家たち

はじめに

一九四一年一二月八日、日本軍による真珠湾攻撃によって「大東亜戦争」が始まった。一九三一年九月の満州事変、そして三七年七月の支那事変に続く長期戦は、この段階で様相を一変したとされる。戦の敵は一転して米・英となったわけだが、政府は戦争遂行のために総力戦体制を敷いた。武力戦、経済戦だけでなく、思想戦もまた重視されたのである。一九三七年にできた内閣情報部は一九四〇年一二月に言論・思想の統制を主目的とする内閣情報局に改組され、戦時下のあらゆる出版・放送・マスメディアに対する検閲・取り締まり・指導にあたった。そしてこの戦争の正当性を内外に宣伝するとともに、国民のイデオロギー的統合をはかることによって、戦争支持の社会的風潮をつくり上げる役割を果たしたのである。政治経済の専門雑誌は、情報局から敵愾心の昂揚、生産増強への寄与、明朗性の付与を編集の三原則とすべきことを提示された。「大東亜戦争」を米英の「鉄鎖」からアジアを解放し、八紘一宇の「皇道に則る東亜の新秩序」を樹立する崇高な「聖戦」として示すことが求められたのである。

以上の点はよく知られているところで、あらためて繰り返すには及ばない。本章の課題はこれまで取り上げてきた幾人かの西洋史家の「時局」に対する態度を明らかにするということになるが、はじめに社会学者で、いわゆる戦後知識人の一人とされる日高六郎（一九一七―二〇一八）の回想録『戦争のなかで考えたこと』（二〇〇五）に紹介されている戦時下の帝国大学文学部の雰囲気を示す挿話から始めることにしよう。日高は中華民国の青島市に生まれ、中学まで青島の学校に通った。その後東京の旧制高校を経て、一九三八年四月に東京帝大の文学部に入学した。一九四一年末に「繰り上げ卒業」で大学を出て翌年二月に召集を受け入隊した。だが肺炎をおこしたため四ヵ月ほどで除隊となり、一九四三年九月に文学部助手に採用されるという経歴の持ち主である。

決戰下學生に與ふ　京都帝國大學新聞部編

『決戦下学生に与ふ』多くの教授たちが激励の小文を寄せた。京都帝国大学新聞部編、教育図書、1942年

日高は「真珠湾攻撃の日」は卒業を控えて論文を仕上げていたわけだが、その日文学部の建物に入り二階に向かったところ、扉の開いている研究室のなかから、「にぎやかな談笑の声がきこえてきた」。五〇代の教授を中心に、若い助教授をまじえ、五、六人が雑談していた。部屋から聴こえてきた言葉は「わが帝国海軍は、向うところ敵なしだよ」「胸がすっとした。支那事変にはもやもやとしてわかりにくいところがあった。これでほんとうの敵は米・英であることがはっきりした」

「これは植民地解放戦争だよ、歴史が変わるのだ」等々の発言であった。最後の言葉は「史学科の教授」のものだったという。日高はその三日前に徴兵検査を受けて「第三乙種合格」となっていて、年明けの召集予定とみられていた。「ハワイの大戦果」に酔う笑い声に同調できるはずがなかったのである。

幸いにも四ヵ月で除隊した後に助手に採用された日高は、尾高邦雄助教授の紹介で翌一九四四年の秋に「海軍技術研究所」の嘱託となった。週一、二回の勤務で「時局」についての研究調査がその仕事であった。研究所は「自由な雰囲気」で、尊敬する先輩の清水幾太郎も いたという。一九四五年の四月か五月頃、時局の現状についての意見があれば、「率直かつ自由に」書いて提出してほしい旨の事務連絡があった。敗戦前夜での「意見」聴取であった。若い日高は「遺書」のつもりで「大東亜戦争の本質と世界の大勢」及び「国策転換の必然性及び其の要綱」の二部から成る『国策転換に関する所見』を纏めて提出するわけだが、文書提出の前にその要旨を報告する会合が持たれた。五月末か六月初めであったというが、一〇名ほどの出席者のなかに文学部史学科教授の平泉澄（一八九五―一九八四）がいて、日高をいっそう緊張させた。

四〇分ほどの報告後、平泉は次のように反駁した。「日高君の議論には、私はすべて賛成できない。その根本は、議論の進めかたが、皇国精神から出発せず、世界の大勢から説きおこしているところにある。それは皇国思想の否定以外のなにものでもない。君の思想は、日本の国体を危うくするものである」というものであった。日高によると、「教授も民衆の戦意の低下を認め、それを憂えていた。それを克服する道は『国体』の本義に徹する以外にないというのである」。平泉の語調は秋霜烈日の如く厳しいものであったという。平泉は「当時の陸海軍上層部に絶大な信頼」をうけている人物で、「国体護持の歴史学」、つまり「皇国史観」の提唱者その人であることはあらためて言うまでもない。二ヵ月余り後の八月一二日、日高は技研を解職され、その三日後、安田講堂で玉音放送を聴いた。日高は六〇年前に書いた『所見』を「附録資料」として本書に収録している。

以上は一人の若い研究者の回想であるが、そこに指摘されたような当時の帝大のぬるま湯的雰囲気については他にいくつもの証言がある。すでに見たように、開戦の数日後、文学部で「繰り上げ卒業」の試験がおこなわれたが、倫理学の和辻哲郎教授が黒板に書いた出題は「大東亜戦争の世界史的意義について」であった。その瞬間学生たちのあいだから「ワァーという歓声」があがった。和辻に師事したことのある市倉宏祐によると、「ワァーという歓声」は「授業とは関係のない出題であったので、ノートが十分でなかった学生たちを喜ばせた」というあたりが真相だという。またサイパン陥落の際には史学科の二人の教授が日本とアメリカのどちらが勝つか賭けをしていたという笑えない話も伝えられている。リベラルな学風をもつ学者として知られ、本書にも何度か登場してもらった西洋史学科の今井登志喜はこの頃、「世界の現段階と日本の世界史的地位」を書いている。それによると一九三一年に始まる満州事変は「東洋の西洋に対する反撃の第一声」であり、真珠湾攻撃によって「我国の世界史的使命の完成を約す可き大東亜戦争の幕は遂に切って落とされた」。今井らしい緻密な問題整理はみられるものの、戦争を謳歌し、戦果を誇る一般の新聞記事と大差ない「論文」である。本章では、その論調はともかく、この戦争に正面から向き合った論著をいくつかとりあげて大戦下の西洋史家の「苦悩」を探ることにしたい。

1 イギリス植民地主義批判

欧州経済史研究は野村兼太郎を嚆矢として、イギリス史研究が先陣をきった。世界の最先進国イギリスにまず関心が向けられたわけだが、すでに見たように野村は一九三〇年頃には事実上日本の近世経済史に移っていた。その野村に続いたのが関西大学の矢口孝次郎であり、そして先の大塚久雄と早稲田大学の小松芳喬である。小松は一九三七、三八年にロンドン・スクール・オヴ・エコノミックスに留学していて、一九四二年に『中世英国農村』という概説書、さらに二年後には本格的な論文集『封建英国とその崩壊過程』を刊行した。その他にもイギリス史の研究者は少なくなかったのである。

ところで矢口もまた既に二冊の専門書を著していたが、一九四三年三月に刊行した『イギリス帝国主義史論』の「序」で、次のように述べている。「言ふまでもなく、現代世界の最大の関心事の一つはイギリス帝国の存在とその帰趨である。いな、吾々にとつては、イギリス帝国は、吾が民族の興亡をかけての戦の強力な一敵国であつて、このことを吾々は先づ深く肝に銘すべきである」「顧みれば、世界史に於ける所謂近代はヨーロッパ的近代であつたと言はれる。吾々もそれを認めなければならぬ。然し乍ら、そのヨーロッパ的近代は、更に大観すれば、著しくアングロ・サクソン的近代、或はイギリス的近代としての色彩が濃厚なのである」。近代の時代概念としての資本主義や議会制はイギリスが典型とされ、英語は「世界語」とさえ言われた。「更にイギリス帝国の構造そのものを見よ。それは実に文字通りの世界的帝国であつた」。

「いまや、そのイギリスが指導性を失ひ、そのイギリス帝国が解体乃至変質に向ひつゝあるのである。いな、東亜に関する限り、イギリス帝国は既に「失はれたる帝国」である」。イギリス及びイギリス帝国は吾々にとって「アンチ・テーゼ」であって、その克服のための努力の「一つの途は、イギリス帝国の構造と生成とを更によく理解し、吾々がこれを知悉すること」でなければならない。「大東亜戦争の開始は、私をしてかくの如き必要を更に痛感せしめた」。

以上のように、矢口はイギリス近代史に関する豊かな知識と資料を帝国史批判の観点から整理して、短い期間で小著を書き上げた。全体の紹介は略するが、「イギリス帝国の始源はエリザベス朝にあると言ふ——然し一六〇三年、女王が世を去る時には、未だイギリスの海外領土と称すべきものは一箇所もなく、海外に於いてイギリス国旗の下に在る一人のイギリス人も存在しなかつた」。しかるに「ジョージ六世の治下に於いては、イギリス帝国は五大陸に亙つて、地表の四分の一を領有し、そこには五億の人口がその統治の下に在つた」。だが「現在に於いては、その帝国は崩壊に向ひつゝある」というのが論文の基調である。

同じ頃リリアン・ノールス（一八七〇—一九二六）の大著『海外帝国の経済的発展』が二巻本の『イギリス植民地経済史』として翻訳刊行された。訳者の岡倉古志郎（一九一二—二〇〇一）はその訳序の冒頭で「昭和十六年十二月八日、畏くも対米英宣戦の御詔勅を下し賜つて以来早くも一年になる。この僅か一年のうちに帝国陸海軍は古今無比の大戦果を挙げ、ひとり東亜における米、英、蘭等敵国勢力を一掃したのみならず、更に遠く北太平洋、南太平洋、濠洲、印度洋、アフリカ等にも米英撃滅の鋒先を向けつゝある」と記した。そして「皇軍の戡定下に入つた東亜諸地域は、おほむね英帝国主義の支配下にあつた植民地であり、また、現在皇軍に対する米英の反抗の基地となつてゐる印度、濠洲等は何れも同じくイギリスの植民地である」。したがって「英帝国の本質に関する認識、即ちその歴史、政治、経済、社会に関する詳細なる知識が、我が国民にとつて重要であることは、敢て冗言を要さない」。本書訳出の狙いは「ひとへにかゝる国家的要請に沿はんとするものに他ならないのである」。

まだ若い訳者の発言はともかく、野村兼太郎はこの本を推薦する文章を寄せている。野村は留学中ロンドン・スクール・オヴ・エコノミックスで著者ノールスに会ったことがある。その思い出を記すとともに、訳者が「アジアはひとつ」を提唱した岡倉天心の孫に当たることを紹介して、「故天心氏が夙に東洋の理想を唱えられたが、今本書の如きイギリスの世界支配の最後の墓碑銘ともいふべきものが、その子孫の手に依つて訳されたといふことは一つの奇縁」と書いた。野村のリップ・サービスならぬペンのそれは状況の厳しさと読むべきなのか、あるいは状況に対する過剰な反応なのだろうか。にわかに判断はつきかねるが、この種の発言はこの時期枚挙に暇がないのである。

信夫清三郎の『ラッフルズ』

他方で、私たちはこの戦時下でイギリスの植民地主義の歴史について真に批判的な検討をくわえた一冊の本を忘れるわけにはいかない。一九四三年九月に日本評論社から刊行された信夫清三郎の『ラッフルズ――イギリス近代的植民政策の形成と東洋社会』である。著者の信夫は西洋史家ではなく、日本の近代史家である。一九三四年に九州帝大の法文学部を卒業して、戦後の一九五〇年に名古屋大学法学部に迎えられたが、戦前は一貫してほぼマルクス主義の立場からの日本近代史の研究を進めた。信夫自身の言葉によると、「公共図書館に通いながら、筆一本で食っていた」在野の研究者である。当初「講座派」の服部之総の私的な助手となり、共同でのマニュファクチュア研究もあるが、のちに立場を異にして分かれた。東亜研究所の専門委員となるが、一九三八年一一月の「唯物論研究会事件」のため治安維持法違反容疑で逮捕され、八ヵ月のあいだ拘束されたのである。

信夫清三郎著『ラッフルズ』。発売後ただちに発禁処分をうけた。日本評論社、1943年

信夫の第一の関心は日清戦争の解明であり、

そのために外交史や経済史についても強い関心をもった。一九四一年に刊行した『後藤新平』もその一環であるが、本書には「科学的政治家の生涯」という副題が添えられた。というのは後藤の台湾統治の成功の要因としてイギリスの植民政策の導入があり、アメリカの碩学ビアードは後藤を「調査の政治家」として高く評価していたからである。それではイギリスの植民政策とは何かという問題の模索のなかで、信夫はサー・トマス・スタンフォード・ラッフルズ(一七八一—一八二六)という植民地行政官、つまりジャワの改革者でありシンガポールの建設者に出会ったのである。

『ラッフルズ』の序で信夫は次のように記している。「イギリスが産んだ最大の『帝国建設者』の一人としてウェストミンスター寺院にまつられ」ている「ラッフルズの生涯は悲劇に始終した。最愛の妻と三人の子供を熱帯風土の犠牲に供した個人的生涯もさうであつたが、アダム・スミスの啓蒙主義を植民政策のうへに具体的に展開しようと志しながら、本国の利益のためには植民地を犠牲にしてかへりみないやうな故国の政治家に容れられなかつた彼の政治的生涯は、なほさらさうであつた」「私が本書において叙述しようとしたのは、なかんづく植民政治家としてのラッフルズの生涯である」。こうして序章の「植民史の新時代」に続いて「東インド会社」「ペナン」「マラッカ」「ジャワ遠征」「ジャワ改革」「日本貿易計画」「帰国」「スマトラ」「シンガポール建設」「アチン・ケダー・シャム」「最後の帰国・死」「ラッフルズの歴史的地位」の一二章にわたる全体で四五〇ページ余の大著である。以下ではラッフルズの生涯を短く辿った後に、「ラッフルズに対する私の総括的批判」に宛てた第一二章を紹介することにしよう。

ラッフルズは西インドのジャマイカ島沖合を航行中の船のうえで生まれたという。東インド会社に入社して、ペナンとマラッカに勤務するが、一八〇八年会社のマラッカ放棄の方針に反対して、この地域の重要性を訴える意見書を提出した。これがインド総督の認めるところとなり、ラッフルズは副総督としてジャワ占領行政を指揮することになつた。地域の改革をすすめるに際して、彼は調査研究を基礎とした。またオランダ統治の専制的支配を改め、村の共同体に自治権を付与したが、一八一四年の条約によってジャワがオランダに返還されると激怒してスマトラに去った。一八一九年にラッフルズはオランダの貿易独占に対抗するためにシンガポールを建設する。世界最初の自由貿易原理に基づく自由港の建設であった。

信夫によると、ラッフルズはアダム・スミスの影響をうけて一九世紀初頭に生長した植民地政治家の一人であった。つまり自由貿易を推進することで「植民地の生長を刺戟し誘導すること」、これこそ「先進国たるイギリスに課された歴史的な任務であると自覚してゐた」。そのためには政策が対象とする社会の制度なり慣習を「具体的に知悉することをもつて政治の第一義」とする「科学的政治家」であった。農民の地位の改善と彼等の企業心の促進のために土地改革を実施する一方で、先住民の固有の文化を育てようとラッフルズ・インスティテューションを設立したのである。ラッフルズは自由貿易を主張して、東インド会社の独占制度を批判したわけだが、自由貿易の発展はかえって「植民地が民族的に生長するための地盤」を奪うことで「啓蒙主義の戦士」である「スミスを裏切つた」。それは「自由貿易を東洋に宣布したラッフルズの限界」でもあった。土地改革や教育改革は「客観的には（中略）イギリス産業資本の植民政策的要求を実現したのにすぎなかつたのである」。またラッフルズによる組織的植民の提唱は「直接にイギリスの矛盾を反映してゐた」。要するに「ラッフルズの一面は啓蒙主義につらなり、他の一面はイギリスの資本主義的矛盾につらなつてゐた」。以上のように「スミス的理念の展開者」であるとともに、「イギリスにおける資本主義的矛盾の体現者」であったラッフルズは「過渡的政治家」であった、というのが信夫の下した結論であった。

本書についての論評はさて措き、後年の信夫の二つの回想に留意しておこう。一つは『ラッフルズ』を書いていたとき、「私が机上においていたのは『資本論』と『国富論』と大塚さんの著作であった」という回想である。「大塚さん」とは大塚久雄のことであり、信夫は東亜研究所のときの友人松田智雄を通して大塚の仕事を知った。そして系統的に彼の学問を学び、松田の仲介で一九四〇年秋に大塚と会ったという。「大塚さんの学問がなかったならば、私の『ラッフルズ』はうまれなかったかもしれない」と記している。

もう一つは、『ラッフルズ』が「発売一週間で内務省から発売禁止の処分をうけた」という回想である。理由は「敵国のイギリスを『ほめている』というもので」、妻による装幀も「この戦争を『ひややかにみている』という非難をうけた」。ただこれだけであるが、信夫は「アダム・スミスの啓蒙主義を植民政策に適用しようとしたラッフルズの理念を日本帝国主義の侵略政策に対置しようとしてラッフルズの伝記を書いた。当時の私としては、これ以外に戦争と対決する方法をもたなかったのであるが、それゆえにまた当局は私の著書を発禁処分にしたのであろう」と推測している。発禁というと、すぐに出版社は在庫の山を抱えることを余儀なくされたと推測されるが、この場合は違っていた。編集を担当していた藤間生大（とうませいた）（戦後の著名な古代史家）の回想によると、『ラッフルズ』の刊行から「一週間ばかりたった時、発売禁止の通知がきた。三〇〇〇部の初版は全部売り払って、社には一冊もないので、警察は手ぶらで帰った。社には実害はなかった」。二年後の終戦によってこの通知は完全に空文となったわけである。

2　日本諸学振興委員会と大類伸

一九三六年九月に文部省教学局の肝煎りで、日本諸学振興委員会が設立された。委員会は教育学会、哲学会、国語国文学会、歴史学会、経済学会、芸術学会、法学会、自然科学学会、地理学会という順序で学会を開催するとともに、四年前に設立された「国民精神文化研究所」とも提携した。つまり事業の焦点は人文科学であって、「国体、日本精神ノ本義ニ基キ」学問を「刷新」するとともに、それを通して教育をも「刷新」することが狙いとされたのである。学会は年一回の研究発表という形でこの方向性を推進することになったが、言うまでもなくここで取り上げるのは歴史学会である。第一回の歴史学会は一九三八年六月三〇日から七月二日にかけて開催された。場所は文部省第一会議室で、三六名の報告者が立ったが、出席者は延べ八〇〇名に及んだという。最終日には日比谷公会堂で四名の名士、つまり三上参次、白鳥庫吉、高坂正顕(こうさかまさあき)、辻善之助の公開講演がおこなわれた。こうして敗戦の前年まで、毎年春か秋に文部省お膳立ての、きわめて大掛かりな歴史学会が開催されたのである。

歴史学会の「中心人物」が京都帝国大学国史学科の西田直二郎(一八八六―一九六四)であったことは衆目の一致するところである。西田は大阪天王寺の生まれで、一九〇七年に京都帝大の史学科に入り、古代・中世の文化史を専攻した。一九一九年に助教授となり、二年間の欧州留学の後一九二四年に教授に就任した。彼を有名にしたのは一九三二年に刊行した『日本文化史序説』であった。本書は戦前には「たびたび版を重ね、総計何十万部といわれるまで世に流布した」。現に筆者の所持する一九四三年七月刊の本書は「一〇八版」となっている。弟子の柴田實は、その理由として高等文官試験の科目の一つに国史が加えられ、「たまたま時局の進展があらゆる方面に日本精神の自覚を強調した」ゆえに、本書が受験生の必読書と考えられるようになったという事情を挙げている。ちなみに西田は、西洋の歴史家のなかでは「ブルクハルトをもっとも敬愛して」いて、彼の書斎につづく応接間の「眉間」にはブルクハルトの「肖像写真を掲げておられた」。『日本文化史序説』の刊行の二年後、西田は「国民精神文化研究所」の所員を兼任するが、さらに「日本諸学振興委員会」が設立されると、その常任委員を引き受けたのである。

西田は常任委員として、歴史学会の運営に積極的に関わった。つまり研究報告者として自己の知己や弟子を送り込み、一九四〇年一一月に開催された第二回歴史学会ではみずから「国史に於ける永遠の思想」という公開講演をしている。以上のように学会において西田が果たした役割はきわめて大きかったが、戦後公職追放の対象とされたのは「国民精神文化研究所」での勅任所員であったからで、歴史学会との関連ではなかったという。以下で取り上げるのは西洋史の部門で西田と類似の役割を演じた大類伸である。

第三章で指摘したように、大類は長く京都帝大の講師を勤めており、西田も東北帝大に講師として来ているから、おそらく知己であったと推測される。二人の交流を示す直接の資料は見あたらないが、ブルクハルトに対する西田の「敬愛」と「肖像写真」の件も示唆的である。

大類は一九三七年の五月、その業績によって帝国学士院会員という名誉ある地位に就いたが、その翌年に日本諸学振興委員会歴史学会の臨時委員となっている。そして一九四三年からは常任委員として西洋史部門の運営に尽力したのである。第二回以降の大会には研究報告者として弟子たちを送り込んだわけで、名前と報告のタイトルは以下の通りである。

千代田謙「史学における『機』の問題」
村岡晳「十九世紀ドイツ史学の基調」
西村貞二「ローマ観念より権力国家へ」
山脇重雄「ドイツ海軍の伝統」

祇園寺信彦（ぎおんじのぶひこ）「古代羅馬帝国の属州統治」
酒井三郎「啓蒙思想の世界的性格」
河部利夫「独逸世界政策の思想」
平塚博「中世ドイツ帝国の対外政策と皇帝思想」

その他に間崎万里や渡辺鼎の報告にも関わったと推測されるが、ともあれ東北帝大からの報告者の多さは、奈須恵子が指摘するように「アカデミズム西洋史学」の「中心的存在であった」「大類の影響力の大きさと関係していた」ことは間違いないだろう。

「歴史に於ける自由と運命」

大類は第二回大会では西田とともに公開講演を実施した。タイトルは「歴史に於ける自由と運命」で、以下その要旨をみることにしよう。大類はまず「いかなる歴史の研究でも、わが国民の独自の立場が肝要である」と述べる。つまり従来あまりに依存してきた嫌いのある「西洋の学問から先づ解放されなければならない」。大類はこのように歴史学が「日本人としての覚悟、立場」に立つことの必要性を述べたうえで内容に入るのだが、それは次のようにまとめることが出来る。まずはじめに、タイトルの「自由と運命」の解釈である。つまり吾々は「自由の思想、精神が漸次に発展を重ねて行く、その発展の状態が即ち歴史である」と教えられてきたが、この考え方には「漸次変化」がみられる。つまり「自由の精神」よりも「運命」又は「必然」といふべき大きな力」があり、「人間の行動を抑へてゆく大きな力が外から働いてゐる」「結局二つの力が集つて歴史は動いて行く」のである。こうした「歴史に於ける自由と運命」との関係は「吾々の場合に於ける生と死との関係に同じ」であって、「「死」に依つて限定された吾々の短い生涯に於て、出来るだけ其の生を活かして行かう」「死の中に生を求めようとする努力、それが歴史を動かす力」となるのである。「歴史の真髄は死の自覚であり、また運命の認識であると云へませう」。

さらに大類は次のように論を進める。右に述べたように歴史を「相対立した二つの力」として説明するのは、実は「西洋式の説明」である。日本の場合は相対立した生と死、自由と運命を「もつと調和的に、一体となつて居るものとして考へる傾向が強い」。「相和する」のが「日本精神」の特長であって、「歴史観に於ても以上のやうに調和的であつた」。それは日本が「西洋や外国のやうに興亡盛衰が激しくない、いはば変化が少い、平和的な歴史」をもつたお陰であって、「二千六百年の光輝ある、平和的な永い存在を続けて来た」ことに感謝し、それに誇りを持たなければならない。

では日本が「大きな世界の荒波の中に飛込んで行く」「是から将来の歴史は」どういうことになるのか。重要なことは、「かうでなければならないといふ人間の意思の力」、つまり「政治」が「歴史を生む大きな原動力」となることの認識である。政治がすべての「中心勢力」となり、個々人は全体の歴史を動かしていく「大きな力の動きに適応しながら生き」ることで、「もはや単なる一個の人間ではなくして、「歴史の人間」となることが出来る」。「本当に歴史が分つた、本当に歴史を体得した」ということは、「運命を自己のものとして受容れて、それを充実して行くことである」。要は「「歴史の人たれ」、「時代を痛感せよ」、是が私の話の眼目で」あって、「時代を痛感するものは過去を察すると共に、将来を思はざるを得ない。蓋しそれは世界に於ける民族の使命を負うて立つものゝ覚悟でなければならない」。

最後に大類は「今から百三十年ばかり前」に、「独逸国民の精神的な生れ替りを主張し、全然新しく独逸国民国家を築き直さなければならない」ことを叫んだ哲学者フィヒテの言葉を引いて、講演を閉じた。講演の反響についてはもとより不明だけれども、米英との戦争を遂行する政治的指導者に従うことを説く著名な西洋史家の発言はそれとして意味があったと思われる。「政治と游離した文化史が現代の動きに刺戟されて、政治と握手するに至つた」とするこの頃の大類の歴史観については、この講演を収録した彼の『現代史学』の全体をみなければならない。

敗戦直後、西田直二郎は大学新聞に左翼学生から「人民の敵西田史学」と書かれ、そして公職追放にもなっている。これに対して大類は一九四四年三月に東北帝大を辞めて、日本女子大学に移っていた。「公職」にはなかったのである。

3　戦時下の上原専禄

上原専禄のドイツ中世史研究は、主に一九三〇年代から四〇年代初めにかけてなされたが、冷静緻密な史料批判に終始しており、そこに戦争の匂いを感じさせるものは何もなかった。戦時期の出版刊行は、彼の一連の研究がこの頃に纏まりつつあったということ以外ではないが、戦争が上原の人と学問に何ひとつ影響を及ぼすことがなかったとまでは言えない。以下では三つの論著に即して具体的にみることにしよう。

一九三九年から二年間にわたって全体で一二巻に及ぶ『新独逸国家大系』という訳書シリーズが出版された。柳澤治の分析によると、このシリーズの原書は一九三六年にドイツで刊行された『ナチス国家の基礎・構成・経済秩序』全三巻で、ナチス・ドイツが「公務員など公的な任務に就くドイツ人にナチス体制の全体像を周知させる」ことに目的があったという。たいへん大掛かりな企画だが、日本での翻訳・刊行の事業は「日独防共・文化協定の締結を背景とする、日本側の半ば国家的な文化事業」で、「ナチズムに対する積極的な評価と結び」ついていたのである。柳澤は本書についてさらに細かな分析をしているが、「東亜に新秩序を建設しつつある日本にとって」ナチスの指導精神の考究を急務と認識する日本政府の後押しで短期間に刊行されたこの翻訳事業には「当時の、また戦後活躍する第一級の社会科学者が総動員された」と指摘している。上原専禄もその一人であった。

『新独逸国家大系』の第一二巻に上原専禄訳のヴィルリー・ホッペ著「中世ドイツ史要」が掲載されているが、「原書の遅着等の事情のため」「先史及び古代史と近世史との部分」の翻訳はこの巻に収録できなかった。だが「今やドイツ史の研究関心は、新しい脚光の下に、いよいよ緊要なものがあり（中略）その際、ドイツ全史を、纏めて提供することが、読者に対しても有益と考へ」て、先の大系とは独立に一九四一年一一月に『独逸史』として刊行されたのである。中世史部分の訳者である上原は再録を「快諾」した。ちなみに「先史及び古代史」及び「近世史」の訳者は共に小林良正であった。周知のように、小林は『日本資本主義発達史講座』に参画した講座派の歴史家である。

ここで取り上げるのは上原専禄が書いた「訳者後記」である。僅か六ページ足らずのものだが、上原はホッペのそれまでの研究が「概ね専門的特殊研究であるか、さもなければ、地方史的記述」であるのに対して、このたびの「中世史」はそうではないとして、次の三つの特徴を指摘している。第一に、本書はカロリング時代から宗教改革に至る中世の全期にわたって、ドイツ民族生活の全領域を蓋（おお）った「通史的叙述」であり、一九三四年に刊行され、「別の観点からドイツ全史を取扱つた」『ドイツ史における指導者人格』とともに、「最も広汎な読者層を対象として記述せられたものである」。第二に、この史論の目的が「中世におけるドイツ民族・（ママ）並びに国家生活の展開」についての「啓蒙的通叙」にあるのではなく、「ナチス的文化・並びに政治観照」を強化することにあることを挙げている。そして第三に、「ホッペ教授にとつては、かかるナチス的文化・並びに政治観照は、学問領域外に存する政治領域において、学問的思考と係りなく定立せられて、それが云はば外部から与へられたといふが如きものではなく、教授自らが学界において多年数々の個別的実証的なる研究と思索とを行つた結果自ら到達した一種の総体的結論たるの意味を有つてゐると、観察せられる」。このように指摘した後、上原は次のように結ぶ。「即ち、ここにも亦、ドイツ学問とドイツ政治との、幸福なる有機的調和の一実例が見られるわけである」。このように上原はホッペの著述をナチスという「ドイツ政治」との「幸福なる有機的調和」として肯定的に性格付けたのである。ちなみに本訳書の口絵として、「ヒットラー総統」のスケッチ画が掲載されている。

他方で上原専禄は、一九三〇年末に発足した社会経済史学会の最初期からの会員で、長年にわたって理事を務めているが、一九四二年一〇月末に京都で開催された学会の一二回大会で、「西洋史上に於ける主人と従者」というタイトルで公開講演をおこなっている。そこで上原は具体的には「主人と従者の関係といふものが国家を形作り、国家を動かす時の基本原理となつた」西洋中世の「盛期」の特徴を中心に述べているが、最後に「現在ドイツで行はれてをります指導者国家」について次のように指摘する。「ドイツの指導者と現在の従者との関係は、まず民族共同体といふ古代や中世にはなかつた一つの考え方を前提として」いて、そこに特徴があるわけだが、「ナチスの政権獲得以来、先にナチス党内部で存在していたフューラーシャフトの関係がドイツ国民全体とフューラーとの間に拡大せられたといふふうに考へ得られないか」という問題がある。けれどもこれは「一概にはいへない、区別して考へるべき沢山の問題がある」として公開講演を結んでいる。以上のように上原はドイツ中世史研究者としてナチス・ドイツの政治と学問の新しい動向に強い注意を払っていて、時に肯定的に時に留保付きの慎重な発言をしていたのである。

「世界史的考察の新課題」

次に取り上げるのは、『統制経済』の昭和一七年三月号に掲載された「世界史的考察の新課題」である。これもまた一二ページの短いもので、註などもないエッセイ風の「論文」である。『統制経済』という雑誌の性格についての説明は省くが、同号には「東亜共栄圏の主体としての日本経済の課題」「対南方交易政策」「大東亜共栄圏建設の針路」などのタイトルの論文が並んでいる。また上原論文にもタイトルの前に「大東亜戦争の世界史的意義」という「キャッチ・コピー」が上書きされている。おそらく編集者側の判断（独断？）と思われるが、論文の内容から大きく外れたものではなかった。

上原は冒頭で、「大東亜戦争は、何よりも先づ、高鳴る国民感情に裏づけられたる意志的実践である」と記している。つまり「内に澎湃（ほうはい）たる国民感情の昂揚あり、外に鬱勃たる戦争意志の発現あり、支ふるに明確なる戦争意義の自覚を以ってする、大東亜戦争への精神態勢は間然するところなく一通りは整備せられたと見られる」「大東亜共栄圏の確立こそ国民の悲願であり、世界新秩序の樹立こそ国民の念願となつてゐるのである」。そしてこの際「特に重視すべきは大東亜戦争の歴史的意義についての国民認識の深化であると言ふべきではなからうか。行為の意味を把捉することなくして、行為の成果は期しがたいからである」。

以上のように述べた後、上原は「この戦争の世界史的意義を事象的性格の側で把握するための世界史的考察の一般的方法」について述べる。上原はさし当たって「三通りの類型」があるとして、それぞれについて次のような説明を加えている。一つは「人間生活の一体性と共通目標の実現を基本観照とするところの世界史的考察の立場」である。これは「キリスト教歴史形而上学を含むヨーロッパ的思考様式」であり、「ヨーロッパ的価値を最高位において一体性を考へる」「ヨーロッパ中心の世界史的考察」である。けれどもこの「ヨーロッパ中心の世界史的考察の有つ偏狭さは是非ともわれわれ自らの手によつて是正しなければならぬ」というのが上原の立場である。

二つ目は「世界史の経過の全体を、それぞれ発展の『自界完了性』をもつ諸国民史に分解し、それらの諸国民の総計として全世界史を観念する方法」に立つものである。このような世界史的考察方法は「特にランプレヒトとシュペングラーとの世界史学の特徴をなしてゐるものと観られる」。そこで課題とされる「国民性の実証的考究こそ、三浦新七博士が、ランプレヒトを通じてしかもランプレヒトを超越して、全努力を傾けてゐられるところのものと考へられる」。以上のように師である三浦の国民性研究を肯定的に評価しながらも、上原はもう一つの方法を考えている。

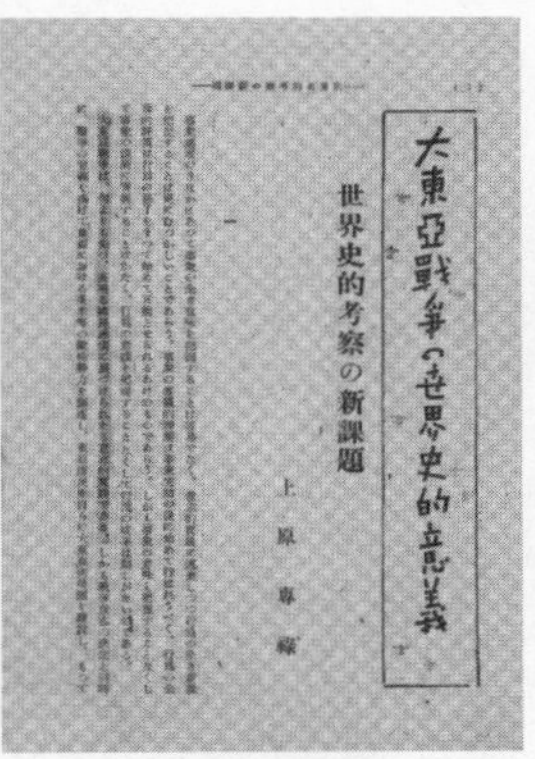

「世界史的考察の新課題」の見出しと冒頭部分。『統制経済』1942年3月号

その第三の方法とは、「この大戦争そのものを出発点としてレトロスペクティーフに世界史経過の全体を把握せんとする方法」である。「著大なる政治的事件を史的考察の出発点」とするこの方法は、ヘロド

トスやポリュビオスに例があるが、この方法にも難点がある。つまり当然他の出発点をとった場合には「重要なるべき史的事象が看過されることなき」保証はなく、「歴史的思考の歩みそのものが政治事件の性格によつて左右される」、という「思考の内面的自律性に欠くる」点である。つまりこの方法にも「出発点の偶然性と他律性とを中心とする各種の難点」があるのだが、「大東亜戦争への実践的参与の意志の存する限り、又国民感情の昂揚を自ら体験する限りにおいては、かかる理論的不安を一先づ心情的に圧しつぶすことも不可能ではないし、進んで圧しつぶして贅沢を言はぬことの必要をさえ思はざるをえないのではなかろうか」。こうして上原は第三の方法を採るわけだが、それは「理論の必然性によるといふよりは、むしろ実態の必要性に基く」と了解されている。

それでは「大東亜戦争そのものを考察の出発点として世界史経過を遡及的に観察せんとする立場」では、「何が主要対象となり、主要問題」となるべきなのか。第一に「日本民族生活の生成と性格」、第二に「日本に敵対するところの諸民族生活のそれ」、第三に「大東亜共栄圏内に含まれるべきものとして意志せられてゐる諸民族のそれ」、以上について考察されるべきだとする。第一は日本、第二は米英等のヨーロッパであることは自明だが、第三は具体的にどこを指すのか。上原の言うところをみると、先ずは東亜諸民族が「どれ程の文化圏に分岐してゐるか、文化圏の相違毎にいかなる精神特性が認められるか、又それぞれの精神特性の形成に何が参与してゐるかを尋ねる仕事から始め」なければならない。その文化圏についてでは日本文化圏、支那文化圏、南方仏教文化圏（仏印、泰、ビルマ）、回教文化圏（インドネシア）、キリスト教文化圏（フィリピン）の「五大別するを適当とするであらうか」。

以上が上原論文の要旨である。明らかに大東亜共栄圏の叫びに強く影響された史論であるが、もとよりこのような問題設定は上原一人のものではなかった。第三の東亜諸民族については、より具体的に踏み込んだ「南洋文化圏」についての議論が提起されていた。日蘭文化交渉史家として著名な板沢武雄（一八九五―一九六二）の『南方圏文化史講話』（一九四二）もその一つである。板沢はそこで「今やこれまでの南洋の概念で南方を考ふべきでなく」「大東亜共栄圏の一環としての南洋圏のみが、現在及び将来の我々の問題である」と主張して、南方圏文化の特異性を明らかにするとともに「南方圏に対する皇国文化の使命」を説いていたのである。

「大東亜戦争」はこのような形で歴史家上原専禄のうえに深い影を落としたわけだが、戦後の上原はドイツ中世史家としてよりも世界史学者として登場する。つまり「世界史像の新形成」「日本国民の」世界史像の構築の必要性について説くわけだが、そのことと今みたような戦時の「世界史像」との間にいかなる関係があるのだろうか。そこに断絶を見るべきか、あるいは連続を見るべきか、この点についてはもう一段立ち入った考察が必要になるだろう。

「サルウィアーヌス考」

最後に一九四三年、雑誌『思想』の二月号に発表された「サルウィアーヌス考――特に「神の支配」におけるローマ没落観について」を見ることにしよう。サルウィアーヌスとは五世紀に生きた聖職者、マルセイユ司祭であるが、その著『神の支配』全八巻によって古代史家には広く知られている。上原によると、この著は「当時の教会事情と教勢」はもとより、「ローマ国民、ゲルマン民族の両側にわたり、広く道徳、社会、経済諸般の事情についても、他に比類稀れなる周密なる報告」を含むもので、多くの歴史家が史料として利用してきた。上原の師ドープシュもその一人で、「ゲルマン民族を目して古代文化を破壊した低劣なる蛮族とする通念を打破し、且つ古代文化の中世における連続的発展を主張せん」とした彼の『ヨーロッパ文化発展の経済的並に社会的諸基礎』全二巻では、サルウィアーヌスの『神の支配』は「ドープシュの愛好テーマたるゲルマン蕃族の道徳的優秀性を、即ちその純潔、その公正、その寛仁を証するものとして特に重用せられてゐる」。では果たしてサルウィアーヌスはいかなる人物で、その「全業績」はいかなる性質のものなのか。また彼の作品は果たして「古代文化の中世におけるいはゆる連続的発展を証するものであらうか」。上原は以上のように問題を立てている。

サルウィアーヌスは四〇〇年頃にガリアの某地で生まれ、少青年時代に四度ゲルマン人の侵略により壊滅の災厄を蒙ったトリーアに滞在していた。特に第三次の侵略の惨状を目撃した。その後四二四年か翌年には修道士生活を始めていて、『神の支配』の成立は四三九年頃と推測されている。修道生活そのものは「平坦平静なもの」であったが、「外的生活の静けさにも似ず、一方には聖職者並に一般信者の道徳及び信仰生活の現状につき、他方では政治及び社会生活の実情につき、いかにきびしく且つ劇しい思念と感情とが、基督教徒及びローマ国民としての彼の心生活を支配してゐたか」は、本書から明らかである。つまりサルウィアーヌスは「ローマ没落の悲しむべき歴史的現実そのもののうちに神の正義を敢て確認した」のだが、「ローマ帝国の政治的衰退よりも、ローマ人における道徳生活と宗教感情との頽廃を、サルウィアーヌスがより強く歎じてゐる」。そして「ローマ人の罪は一二の個人に特有のことに非ず、万人これを犯さざるものなし」として、「特に瀆神の業なる演技の流行について詳説し、蕃族侵略の天刑が加へられても依然として観技の欲情の衰へざるを悲しみ（中略）ローマ全市民は『死して、且つ笑ふ』といふ一句のうちに、無限の憂思と義憤とを吐露する」のである。サルウィアーヌスは特に「ローマ人における淫靡の風を写すこと詳を極め」ていた。

おおよそ以上のように整理したうえで、上原は「若干の所見」を加える。第一に、ローマは既に滅亡しているというサルウィアーヌスの感慨を確認する。第二に、本書はローマ人の「峻厳稀れなる自己批判」の書であるが、そのこと自体「ローマ精神の健在」を示すことに他ならない。そして第三に、本書をゲルマン民族の道徳的優秀さを証明する重要な史料とする、先のドープシュのような主張には「一方的信頼を置きがたい」。確かに「生活の一切に渉つて蕃族の道徳的優越が力説せられて居り、それだけにローマ人自らを責むること愈々急を加へ来たつてゐる」。けれどもこれはローマ人と諸蛮との比較であっても、ゲルマン民族とのそれではない。蛮族のなかには「ゲルマン民族ならざるフン族、マウル族、スキタイ族」も含まれているのであり、比較されているのはローマ人と非ローマ人なのである。以上のような著書の意図と精神をみるとき、「今日においてゲルマン民族優秀の証とすることには、やや意外の感が伴はざるをえない」と結論するのである。

以上のように、「大東亜戦争」の下にあって、上原の思想もまたかなりの動揺を示すことになった。ナチスの歴史観に一定の理解を示し、また自らの世界史像の試みを始めたことはその端的な表れであるように思われる。けれども同時に歴史研究者としてあくまで「史料批判」の手続きの労を省くことはなかった。「サルウィアーヌス考」における師ドープシュ批判にもそれをみることが出来るのだが、本稿には「尚ほ考証を加ふべき点が多数に残されてゐるのであるが、時あたかも厳冬に方つて史想も自ら氷結する」という意味深長な言葉でもつて論文を閉じている。

上原は一九七〇年二月刊の『歴史的省察の新対象・新版』の「あとがき」で、この論文の「意図」について次のように書いている。つまり此の本には「一九四五年六月段階での研究のかたちを、ほとんどそのまま残している」「鳩摩羅什考」が収録されているが、「実をいえば、羅什に関する私の研究関心は必ずしもかれの翻経活動そのものにあったのではなく、むしろ「西域」と呼ばれていた今日の新疆地区をめぐる政治的・軍事的争奪のあらしの中で、またそのあらしにたいして、巨大な学僧というべき一人の「胡僧」が、どう進退し、どう対応したであろうかを確認することに考察の焦点がすえられていた、といってよい。このことは「サルウィアーヌス考」において、ローマ帝国没落の動態そのものよりも、その動態における、また、その動態にたいする一人の教養人としてのマルセイユ司祭のあり方に私の研究関心が集中していたのと揆を一にする。ここまでいえば想像がつくだろうように、この二つの場合とも、太平洋戦争というものにおける、また、それに対する一人の日本の読書人のまさにあるべき、また、ありうる姿勢について会得したい、というひそかな願いが、私の実証研究の底に秘められていたわけだ」。

だがどういう訳か、「サルウィアーヌス考」は「鳩摩羅什考」とは違って『歴史的省察の新対象』の「新版」に収められることはなかったし、「世界史的考察の新課題」と同じく、戦後いくつも刊行された上原の論文集に収録されることもなかった。戦時下の上原について本人以外の「証言」はほとんどみられないが、上原に「ほんものの学問の手ざわり膚ざわりのようなものを、感じて」吉祥寺の上原邸に出入りしていたという水田洋の回想「さればこそ『うひ山ふみ』に曰く」では、「時局」に対する上原のネガティヴな反応が示唆されている。

4　鈴木成高の歴史哲学

「大東亜戦争」の勃発を告げた真珠湾攻撃の二週間前、つまり一九四一年一一月二六日の夜、東京の中央公論社で、ある座談会が開かれた。出席者は高坂正顕、西谷啓治、高山岩男、そして鈴木成高の四名で、歴史家である鈴木を除くと、いわゆる「京都学派」の哲学者たちであった。この座談会は「世界史的立場と日本」というタイトルで『中央公論』一九四二年一月号に発表され、大きな反響を呼んだという。さらに同じメンバーによる座談会が同年四月号に「東亜共栄圏の倫理性と歴史性」として、翌四三年一月号には「総力戦の哲学」として同誌に掲載された。三つの座談会は、一九四三年三月に『世界史的立場と日本』として中央公論社から刊行された。初版は一万五〇〇〇部で、「序」を記した高山岩男によると、最初の座談会は「意外にも世上多少の注意を惹き、賛否両様の批評に恵まれた。特に道義的生命力と、その大東亜共栄圏内に於ける実現の方策について質疑を与へられる機会が多かつた。英国百年の東亜侵略の拠点たりし香港、シンガポール既に陥ち、日本を主体的中心とする大東亜共栄圏建設の具体的方途が一層実現の課題として迫り来たつたことも、その重要な一つの理由をなしたであらう」と記している。

『世界史的立場と日本』についてはすでに多くの論評があり、あらためてその内容を解説するまでもない。ここで注意したいのは歴史家の鈴木成高の存在である。その場にいた「京都学派」の一人である大島康正の回想によると、鈴木は「哲学に対する関心と理解度が深く、そのため西田や田辺のところへより出入りしていた」という。「西田や田辺」とは、言うまでもなく西田幾多郎と田辺元（たなべはじめ）、つまり「京都学派」の重鎮である。鈴木はその他に、一九四二年の『文学界』九、一〇月号に掲載された座談会「近代の超克」にも参加していたのである。では鈴木成高とはいったいどのような歴史家なのか。第一章で坂口昂の弟子として少し触れたが、この点についてあらためて見ることにしよう。

『ランケと世界史学』

鈴木成高は一九〇七年三月に四国の高知市に生まれ、この地で旧制高校まで過ごしたが、生来病弱であった。一七歳のときにチフスに罹り、さらに肺炎を併発して重態になったという。幸いにして恢復したものの、その後も病気との縁は深かったのである。一九二六年に京都帝国大学文学部に入学した鈴木は、一〇人ほどの同期生とともに西洋史学を専攻した。先に原勝郎についての鈴木の「印象」を紹介したが、原の息子で、同じく西洋史家となる弘二郎とは同級であったという。こうして坂口昂教授と植村清之助助教授の指導のもとに西洋中世についての勉強を始めたわけだが、「中世」はたまたま先生から勧められたものであって特に自らの意志があったわけではなかった。鈴木の主著とも言うべき『封建社会の研究』（一九四八）の「まえがき」では、中世史の勉強は「興味によって撰びとられた選択的な問題」というよりも、「他に向かわんとする興味をみずから殺し」「禁欲（アスケーゼ）を意味した」と記している。卒業論文は「中世初期の西欧に於けるモナスチズムの発展」であるが、その論文を纏めていた一九二八年一月、坂口教授の死去に遭遇した。さらに卒業して大学院に進学して間もない同年一〇月、今度は四二歳の若い植村助教授の急逝に出会うのである。こうして鈴木は二人の亡き恩師の遺作の刊行作業にかなりの時間を割くことになったが、もとより決して無駄な時間ではなかっ

鈴木成高

である。

た。恩師の遺作の精読を通して、鈴木の歴史学の一面が築かれていったと推測されるからで

一九三二年四月、鈴木は二五歳の若さで文学部の専任講師となったが、またもや病魔におそわれた。肺浸潤である。長期の入院を覚悟した彼は辞職して、郷里に帰って療養に専念した。三年後に恢復した鈴木は第三高等学校の講師、翌年に教授となった。この頃結婚もして、ようやく本格的な西洋中世の研究に従事していくつかの大きな論文を発表している。京都帝大の助教授となったのは一九四二年のことで、三五歳のときである。けれども彼の最初の本は中世史の研究ではなかった。『ランケと世界史学』がそれで、弘文堂書房の「教養文庫」の一冊として一九三九年末に刊行された。一七四ページの小さな「新書」である。

では鈴木の『ランケと世界史学』はいったいどのような本なのか。まず冒頭で次のように述べている。「ランケ史学を通して現在の歴史学が直面する課題に到達しようといふのがこの小著の企てられた動機である」。したがって「必ずしもランケ史学の忠実な再現を意図するものでなく、私の解釈が加はるものであること、時にはランケを離れることさへもあることを断つて置かねばならない」。つまり本書がランケ「の」世界史学ではないことが説明される。では何故こういう本を書こうとするのか。それは現在が歴史主義の危機にあること、そのため「之までの欧羅巴主義の世界史が最早や成立し得ないといふ未曽有の段階に立たされてゐる」。「「世界史とは何ぞや」といふことが、その古典的な即ちランケ的な意味において把握せられる必要がある」というのが本書の出発点ということになる。

鈴木著『ランケと世界史学』初版は不明だが、第３版は１万部である。弘文堂書房、1939年本書は四部から成っている。まず第一章の「歴史主義」では、ランケ二八歳のときの作品である『ローマ的・ゲルマン的諸民族の歴史』に示された歴史認識の独立性、もしくは自己目的性を示す言葉、つまり「それが本来如何であつたかを単に示すといふことだけが私の意図するところである」に係わる鈴木の見解が示される。この「ランケの黄金律」は、「十八世紀の啓蒙的歴史観に対する反逆を意味してゐた」こと、つまりランケ史学が既成史学から生まれてきたものではなく、またニーブールに負うものでもない。それは「新しき歴史学の誕生を画する」ものであったとする。「歴史は彼にとつては興味ではなく救済であつた。（中略）神の前において歴史は歴史のためにあるものであり自己目的でなくてはならなかつた」。鈴木によると、ランケ史学は何よりもまず「個別的現実的具体的なるものの認識としての歴史主義の立場」、「認識至上主義としての歴史主義を代表するもの」なのである。

「ランケは常に世界史家であつた」、という点も鈴木が強調するところである。歴史学はランケに於いては「二重の課題」を担うものである。つまり「個別の探求」と「普遍の把握」であり、後者は特に「世界史学」と呼ばれ、前者と区別されている。もとより両者は一体であり、普遍的関連において把握されなければ個別は決してその完全な光のなかに現れることはないというのがランケの立場である。かくて「「世界史学」は正にランケにとつては最初にして且つ最後なるもの、出発点にして且つ到達点なのであつた」。

啓蒙的歴史観を批判して、すべての時代は「神の前において平等の権利をもち、それぞれに神に直接する」と主張したランケであるが、それぞれの時代には「一定の支配的な傾向」が存在することを認める。「歴史は傾向の複合体」であり、傾向の変化が時代の相異を決定する。歴史において求められるべきものは目的ではなく、「傾向或は方向」なのである。さらにランケの歴史叙述において「一つの注目すべき特徴」として、鈴木は、出会、遭遇、繋がり、モメントを挙げている。

第二章の「政治及び国家」では、ランケの世界史が「民族」の観念の上に立脚するものであり、「民族と民族とが同時に共存し接触し闘争するところに世界史がある」。鈴木は自らの国家論を交えながら、ランケの『強国論』のなかから、「国家は力であり而も精神的な、生命をもたらす創造的な力であり、それ自体が生命であり道徳的精力である」「強国は卓れた「道徳的精力」であり高貴な存在である。十七・八世紀はかくの如き強国の世紀であつた」。ランケの『強国論』は、短編ながらヨーロッパ列強の「「不可分なる分立」の鳥瞰図をば異常な熱情をもつて描写」した傑作である。国家に関することを第一義に置くことを歴史家の義務と信じたランケは政治史家であり、「歴史家であつたが故にその見解が保守的たらざるを得なかつたのである」。他方でランケには「歴史を動かす或る種の要因」に対する認識が欠けているという非難があるが、「全体としてランケが常に経済よりも政治に優位を認め、また政治現象を考へるに当つては大衆より個人、集団よりも個体を常に中心に置いたといふことは彼の歴史観の然らしめるところ」であった。

第三章の「世界史の問題」に移ると、ここではランケが国民史家ではなく世界史家であったこと、世界史は彼にとって「畢生の課題」であった点が強調されている。だが世界史として体系的に述べられたものは『近代史の諸時期』だけである。この著作は「決して詳悉的世界史でない、にもかかはらず吾々は今日でも之以上に普遍的な世界史を有たない」とする。

もちろんランケの世界史は「欧羅巴の世界史」であって、「ローマの統一とゲルマンの侵入とを基礎として生れた西欧的世界」を基礎とするものである。近代世界は、同時に西欧の世界であり、ビザンツも近東諸民族もそれに参加していない。スラブ民族でさえも一八世紀にロシア帝国が近代国家の一つとして登場するまでは、世界史に入っていない。つまり過去に於いてヨーロッパは「世界であつた、自己完結性をもつた孤立体系」であったのである。

さらに三章の末尾で鈴木は次のように述べている。「吾々はいま新しい世界像を有たねばならない。（中略）十九世紀の欧洲観念は今日においても尚ほ人々の常識を支配してゐる。恰かも十九世紀の欧洲が欧洲のすべてであるかのやうに。現代が清算しなければならないものは正にこの十九世紀の欧洲でなくてはならない」。この観点を敷衍したものが第四章の「ヨーロッパ的世界史への展望」である。この章は「西洋と東洋」と題した講演に手を加えたもので、その立場は「ヨーロッパ的世界像が破綻を来しつつある今日においてヨーロッパの外における西洋史学は之までとは異つた新しき意義と課題とを有たねばならない」という点にある。ここではランケ史学から離れて、鈴木自らの見解が示されている。まずヨーロッパとはなにか、アジアとは如何なる関係にあったか。ギリシアの古典文明とキリスト教とからなる「欧洲文明の二大底流」は、ローマ帝国の崩壊に伴って「それに含まれてゐたアジヤ的部分」は、ヨーロッパの舞台すなわちいわゆるローマ風ゲルマン風世界から「一応遮断せられ」た。「サラセンの侵入」を蒙った八世紀は「世界史における一つの分岐」で、中世のヨーロッパは「封鎖され局限された地域性」をもつことになったのである。以上の諸点はこの時期に纏められ、戦後に刊行された『ヨーロッパの成立』で集中的に論ぜられた。

こうして成立したヨーロッパ内陸文明は一二、三世紀頃から新しい段階に入るが、一七、八世紀の列強の対立抗争、植民地争奪戦のなかで形成されたヨーロッパ近代国家は非ヨーロッパの富を吸収することによって「列強」となり得たのであり、近代英国にみられるように、科学文明に基づく一九世紀末、二〇世紀の帝国主義の時代にヨーロッパの膨張は最高の段階に達した。日本が資本主義と機械文明をもつことになったのはヨーロッパ化の結果だが、二〇世紀の日本はそのヨーロッパ化を通してアジアに新しき時代を齎そうとしている。つまり「今日我が日本に課せられてゐるアジヤにおける新秩序建設の課題もまた、ヨーロッパ資本主義がもたらしたアジヤの旧秩序を改訂せんとするものに外ならない」。一九三〇年代の歴史は明らかにヴェルサイユ秩序とは「反対の方向」に向かって動いており、我が国も一九三七年の「日独伊防共協定を通しイデオロギー・ブロックに参加」した。かくて「今次の事変」には「世界における国家のイデオロギー的対立」、そして「西洋と東洋との対立」

という少なくとも「二つの世界史的性格」があるのである。

鈴木の『ランケと世界史学』の骨子は凡そ以上のように要約することが出来る。最初の三章がランケ史学についての鈴木の理解を示しているのに対して、最後の章は新しい、現代の世界史学の樹立の必要性について論ぜられている。後者は付け足しのようにも見えるが、鈴木のなかでは一体的なものと自覚されている。このように本書は単にランケ「の」世界史学を解説したものではなく、それを乗り越える日本人の「世界史像」の構築を提唱するものであった。「大東亜戦争」という戦時下で本書が何を意味したかは、ここであらためて解説するまでもないだろう。

鈴木成高と林健太郎

一九七四年に中央公論社の『世界の名著』の一冊として「ランケ」が刊行された。その附録に責任編集者の林健太郎と鈴木との「対談」が掲載されている。『ランケと世界史学』そして敗戦から三〇年が経過しているのだが、そこで鈴木は次のように語っている。あの本は「書きたくて書いたのではなく、書かされたというほうが本当」であって、「あれを私に書かせたのは、西田門下の哲学のひとたちでした」。もとより鈴木の恩師である「坂口（昂）先生はリースの非常に忠実なお弟子さんですから、リース―坂口の線を通してのランケ史学というものが、知らず知らずのうちに私のなかにしみこんでいったということがいえます」。他方で学生時代のころから、「京都の哲学が歴史哲学的な傾向をとるようになって、とくに西田哲学が、どういうわけかランケと結びついて（中略）高坂〔正顕〕さんがいちばんまともにランケを読んでいました」。こうした知的な環境のなかで鈴木はランケを読んだわけだが、ランケには「ただ事実を明確にするというだけで終わらないもの」「歴史の世界がもつ非常に深いものへの洞察」「歴史であるからにはどうしても離れるわけにはいかない」「本質的なものが含まれている」、というのが当時の鈴木の感想であった。『ランケと世界史学』はその産物であったというわけである。

「あれを私に書かせたのは、西田門下の哲学のひとたち」という鈴木の発言にはいささか首を傾げるのだが、たしかに京都学派の推薦でランケの『強国論』や『政治問答』が哲学の相原信作（一九〇四―九六）によって翻訳されていて、鈴木も相原とともに『世界史概観――近世史の諸時代』を訳したのである。他方で対談相手の林健太郎の方にもある種のわだかまりがなかったとは言えない。林は一九三二年に西洋史学科に入り、今井登志喜のもとでドイツの近代政治史を専攻する。そして一九四三年には早くも『独逸近世史研究』を刊行しているが、そのなかの主要論文である「グーツヘルシャフト考」と戦後の「プロシァ農業改革とユンカー経営の発展」はマルクス主義的な経済史研究であった。対談でも述べているように、林は学生のとき演習でランケを読まされたけれども、「私はそのころ唯物史観にかぶれていたものですから、ランケにそれほど興味をもたなかった」。けれども一九四一年に一高教授になって間もなく、ある出版社が林のところに来て、ランケ選集を出したいからといって企画を依頼された。こうして敗戦を挟む困難な時期に数冊の『ランケ選集』が出た。林もそれに加わったのである。

同時に林は、当時紙面を賑わしていた鈴木を含む京都学派のランケ論に対して批判を展開している。戦後彼の『歴史と現代』に収録された「ランケ復興の意味」と「歴史家の立場」がそれだが、江口朴郎（えぐちぼくろう）によると、林は「京都の人びとが、『世界史』の哲学というような題目を掲げて、時勢の世論に迎合的であったことに対して鋭く批判を加えた」「戦前は、林さんはきわめて颯爽とした存在だった」という江口の評価につながる。けれどもそれで終わりというわけではない。江口が「戦前は」と限定したように、林は戦後暫くしてからマルクス主義を離れ、これに批判的な立場をとるようになった。そうした曲折を経て、対談の頃の林は「右派の論客」と見做されていた。鈴木に比べていささか歯切れが悪いのもその辺から来るのである。

鈴木成高は敗戦後の一九四七年九月に京都大学をやめて、間もなく京都を去っている。京都学派のある人によると、自分たちは戦前は右から、戦後は左から非難と批判を受けたと述べている。「戦前は右から」というのは、海軍に近い思想をもっていたことからそうした「非難」もあったということだが、鈴木は本書についてはもちろん、強い批判を受けた『世界史的立場と日本』についても一切弁明することはなかった。一九四八年三月には、中世社会の成立から崩壊に至る諸問題を「学問史的な展望」のもとに整理した論文集『封建社会の研究』を刊行した。戦前の研究の集成で、六七三頁の大著である。

鈴木はたいへんな名文家というか、小文や随筆の名手でもある。一九四七年五月付の「西田先生」、そして翌年八月付の「河上博士とパン」というエッセイがある。鈴木は敗戦前夜に亡くなった西田とはその晩年の一〇年ばかり「先生に親炙することができたということは私の平凡な生涯にとっての最も重大な出来事」とするほどの間柄であった。河上肇というマルクス経済学者の名前はもちろん知っていて、その人生を敬愛はしていたが、京都の進々堂というパン屋の客として偶然見かけたというだけである。どちらもその人柄と時代を深く写しとった文字通り珠玉のエッセイである。読者はすでに老成した書き手を想像するが、当時の鈴木はまだ四〇歳そこそこであった。そうしたエッセイから『ランケと世界史学』の著者を想像するのはある種の違和感を残すのである。

『西洋史学』の創刊へ

もとより『ランケと世界史学』で示された理解は一般的であったし、『決戦下学生に与ふ』にみられるように京都帝大でもそれは同じである。鈴木と同じシリーズで『フランス史学』という好著を書いた若い前川貞次郎（まえかわていじろう）（一九一一―二〇〇四）、『政治史の課題』を書いた中山治一（一九一一―九〇）、そして鈴木の同僚であった井上智勇（一九〇六―八四）も同じである。井上は古代ローマの専攻で、三高教授を経て一九四三年に京都帝大の助教授となったが、戦時下にあって新しい世界史を構想していた点でも鈴木と同じである。つまり「古代末期研究序説」のような手堅い論文を書きながら、他方で井上が一九四三年に翻訳・出版した『世界史の成立』及びその附録として彼が執筆した「世界史学の根拠」がそれを示している。井上によると、「嘗つてヨーロッパ人はヨーロッパの政治的経済的優越性を自負し又実証した。世界史運行の原動力はヨーロッパ人の手に掌握されてゐた」が、「満洲事変を契機として日本を発火点とする非ヨーロッパ世界の反ヨーロッパ運動が、新しい世界史の構造を誕生せしめた」。ライプチヒ大学のブランデンブルク教授による本書は、ヨーロッパ文化圏の他に、西アジア文化圏、東アジア文化圏を提起しているが、「新興ドイツが新しい理念を以てヨーロッパ新秩序の創造を目ざして将に躍動せんとする時にものされてゐる」と高く評価したのである。

この点において二人の先輩教授にあたる古代ギリシア史家の原随園も同じである。原は一九二八年の第一巻を皮切りに、戦争末期に第二、第三と全三巻の『ギリシア史研究』を著した古代ギリシア史の泰斗であるが、他方で一九四二年五月に刊行されたエッセイ集『世界史への断想』には大東亜戦争の意義、世界の新秩序建設を説いた多くの文章が含まれている。また一九四三年一〇月末の日本諸学振興委員会歴史学会第五回大会では「民族興亡の岐路」なる公開講演をおこなったのである。

『西洋史学』創刊号。巻頭は原の論文である。比叡書房、1948年

けれども同時に注意しておくべきは、「学問」としての西洋史学の確立に注いだ原の熱意であろう。東北帝大の『西洋史研究』に対抗して、京都帝大でも一九四一年に『西洋史説苑』

が創刊されているが、これは原のイニシァティヴによるものだろう。翌年には第二号が刊行され、京都の西洋史家と院生を総動員した論集である。『西洋史説苑』は戦後に出た第三号で終わるが、それは一九四八年に創刊された『西洋史学』によって「発展的に解消」されたからであった。こうして西洋史学会は雑誌が先行するという変則的な形をとったが、二年後の一九五〇年五月に京都大学で第一回学術講演会が開かれた。みずからも学会設立に立ち会った酒井三郎によると、この間大類伸の積極的な働きかけもあったが、「実質的推進者」は原随園であった。さらに一九五〇年末には本邦初の『西洋史辞典』を編纂・刊行する等、斯学の発展に対する原の尽力は大きなものがあった。原のなかに「戦中」と「戦後」の「断絶」を探るのは容易ではないのである。

補章　世界史とは何か
——上原専禄の世界史像と地域概念

はじめに

現在の歴史研究者のなかで、上原専禄（一八九九—一九七五年）の業績を知るものはどれだけいるだろうか。名前を知るものさえ恐らく少数派、あるいはひと握りではないだろうか。上原は一九四五年の敗戦前はドイツ中世史研究において大きな業績を残したが、戦後間もなく始めた世界史研究は今でもその意味を失っていないように思う。近年の話題作である羽田正の『新しい世界史へ』（岩波新書、二〇一一年）でも、上原編『日本国民の世界史』（岩波書店、一九六〇年）で示された「世界史理解の大筋」こそが「日本における世界史認識の主流となって現代まで受け継がれている」として、かなりのページを割いて紹介されている。もとより羽田は「出版から五〇年が経ち、さすがに内容が古くなった観があることは否めない」として「上原世界史」を克服する側にあるのだが、その歴史的意義は基本的に認められているのである。

本章は「新しい世界史」の立場から上原の仕事を批判的に取り上げるものではなく、茫漠とした対象に立ち向かった上原の世界史像を正確かつ内在的に理解することを目指している。具体的には『日本国民の世界史』の前後十年間の思索を詳しく辿ることにより、いわば「新しい上原世界史像」を形成しようとする試みである。主な資料となるのは『上原専禄著作集』に収められた、生前未発表の講演・論考を含むさまざまな論著であるが[1]、必要に応じて同時代及び現在のさまざまな上原論も参照した。教育学者や宗教学者によるものも少なくないが、ここでは世界史の問題に限定し、彼の教育論・日蓮論については扱われない。

1 「世界史の方法」をめぐる戦後初期の状況

八月一五日の敗戦後、政治的混乱と経済的困窮のなかあらゆる分野で「戦後改革」が始まった。教育界もまた早急な対応が求められるが、一年半後の一九四七年四月には早くも六・三・三・四の新制度が発足した。高等教育（三・四制）の制度化にはかなりの混乱もみられたが、新制高校の進学率をみると、一九五〇年に四二・五％（男子四八・〇％、女子三六・七％）に達し、その後は右肩上がりであった。問題は「教科」で、ポイントは言うまでもなく「社会科」の導入である。新制高校に「社会科」が設けられ、そこでは二学年から日本史、世界史、人文地理、時事問題の四科目から二科目を選択履修することとされた。旧制高校では「西洋史」「東洋史」と分離されていた歴史が「世界史」に一本化されたからである[2]。一九四九年から授業が始まる「世界史」は、教科書もない状態で、もちろん指導要綱もできていなかった。当面は担当者の創意に委ねられることになったのである。「一つの怪物が、一九四九年の日本に突如として現れた。社会科世界史という怪物が」。世界史の授業が始まって半年後の盛夏の一日、一三名の歴史家が一堂に会して議論を戦わせた。討論を纏めた『世界史の可能性』の編者、尾鍋輝彦（一九〇八―九七年）は「高校世界史」を「怪物」と表現した。[3]参加者のほとんどは歴史研究者であったが、討論に加わった一人の高校教師は「社会科の一般目標にそって世界史をいかに構想するか」という問題は、「実のところ混迷状態にある」、また「適当な概説書を早く紹介して欲しい」などという教師もいる、と発言した。概説書はすでに出ていた。むしろ「『世界史概説』とかなんとかいう本が沢山出た」のだが、そうした『世界史概観』（山川出版社、一九四九年）の執筆者の一人である村川堅太郎（古代ギリシャ史）によると、これは「全く史学会を復興させる手段として」出来たもので、「非常に短期間に出来たものですし、こういう研究会を持つ機会も無かったのですから、これは問題外だと思います」、と発言する始末であった。また「沢山出た」概説については、翌年「『世界史』の氾濫」としてその安

1950年代半ばの上原専禄。上原専禄『アジア人のこころ――現代への省察――』理論社、1955年

易な出版に対する批判文が掲載されたのである。(4)

『世界史の可能性』の討論は、こうして世界史教育については何ら実のある討論はなされず、議論は歴史解釈の方に傾きがちであった。討論後の尾鍋の整理によると、「座談会を一貫して流れている特徴」は、「発言者によって程度の差はあるが、歴史の解釈として、京都学派や文化伝播説を非とし、発展段階的乃至自己発展的見方を是としていることである」「今までの世界史が西洋史中心的であったこと、及び新しい世界史における東洋の役割の重要性に関連した東洋と西洋の発展の比較も座談会の主要テーマとしてくりかえし出てくる。これについて東洋の後進性の原因が各方面から追求されている」。(5)

ここで尾鍋の指摘する発展段階説の優位に関連して、この頃話題となった文献を二、三挙げておこう。まず一九四七年九月にマルクスの未完の草稿『資本制生産に先行する諸形態』（ロシア語）の翻訳が『歴史学研究』に掲載され、その二年後岩波書店から、同じ訳者飯田貫一（一九一五―二〇〇九年、ロシア近代史専攻）の解説を付けて出版された（訳書はきわめて難解で、一九五三年のドイツ語版に基づいた訳がでている）。(6)出版にあたって飯田は高橋幸八郎、尾鍋、岡本三郎に謝意を記している。一九四九年の歴史学研究会は「世界史の基本法則」という統一テーマをかかげてシンポジウム形式の集会を行ったが、その報告者の一人が高橋幸八郎（フランス近代史専攻）であった。このシンポは「空前の反響」を呼び、その報告と討論は単行本として出版された。(7)当時の歴研（会の代表は一九五〇年から一二年間、江口朴郎）の会員は一〇〇〇人であり、会誌の発行部数は一万部であったが、その頃の大会報告や『成果と課題』などの出版の売れ行きもよく、活動の「最盛期」であったという。社会構成史的方法をベースにして、世界諸地域の発展を歴史的、かつ理論的に展望しようとした『社会構成史体系』（日本評論社）全二五冊の刊行も一九四九年から始まった。

以上のように戦後初期における歴史家の関心はマルクス主義理論、その発展段階説、社会構成史の概念に向けられた。文字通り隆盛をきわめたのだが、社会構成史体系は、大筋としては一国社会の内的発展として理論構成されているため、世界史の理論としては「一定の限界」をもっていること、内的発展が基本であるとしても、国際的契機を単なる外的な、あるいは偶然的なものとして見ることもできない。具体的な歴史社会において、外的な影響とみられるものも、それが内的発展の条件となりうるという点も指摘されていた。「大塚史学」として知られる大塚久雄（一九〇七―九六年）の方法はそうした点を補うものと高く評価された[8]。他方で、石田英一郎の「世界史における発展段階」（『展望』一九四七年一二月）、林健太郎の「唯物史観の試練」（同誌一九四九年二月）はすでにマルクス主義の公式的理解の批判を始めていた[9]。「世界史の方法」をめぐる戦後初期のこうした議論のなかで逸することが出来ないのは飯塚浩二である。飯塚は先の『世界史の可能性』の討論にも参加して発言していたが、「人文地理学」の専門家であって、狭い意味で歴史家ではない。けれども研究生活の最初から歴史に対する強い関心を示しているだけでなく、「歴史と地理」を一体として考えた。世界史についてもきわめて興味深い著作活動をしており、上原専禄との学問的交流も見逃すことはできないからである。

飯塚は東京生まれで、一九二七年東京帝大の経済学部に入り、「経済史」教授の本位田祥男のゼミナールで学んだ[10]。同期に大塚久雄がいて、その影響も無視できないが、卒業後ほどなく地理学の研究に移り、一九三二年にソルボンヌ大学の文学部地理学教室に留学したのである。同年の『社会経済史学』誌に「歴史と人文地理学」というタイトルで、フランスの「現代地理学の建設者ヴィダル・ドゥ・ラ・ブラーシュ」を紹介している。パリでは学期中は大学の研究室か講義室に通い詰め、休暇のシーズンごとに計画を練って「かなり足まめに」旅行へ出掛けるという生活を二年余り続けたという。『北緯七十九度』（一九三八年）はその成果の一つだが、視野の広さは飯塚の学問を特徴づけている。帰国後にブラーシュの『人文地理学原理』（岩波文庫、一九四〇年）を翻訳・出版したが、学問としての人文地理学の発達を批判的に跡付ける仕事を続けた。「大東亜戦争」の開始を受けて、「国土」論などさまざまな議論を展開した。いわゆる「京都学派」の『世界史講座』に「世界史と地理」を寄せているが、一九四三年末に東京帝大に附設された東洋文化研究所の教授となり、三九歳で敗戦を迎えた[11]。

敗戦後、飯塚は直ちに活動を始めた。一九四六年二月に開講され、二年半五五回に及んだ「東洋文化講座」（公開）には研究所内外の著名な学者が講師に招かれ、知識欲に飢えた多くの学生・市民を集めた。戦後初期の文化運動のなかで特筆されるものだが、その発起人兼幹事が飯塚であった。そうした中で、彼はアジアの歴史に関心を強めていった。一九四八年六月に出版された『世界史における東洋社会』は戦前の論文を含むものだが、その「序」で自己を「世界史的な視野において人文地理学を取扱おうとする者」「人文地理学の観点から世界史の理解に近づこうとする者」と規定し、「資本主義化し、工業化した『近代』西洋との対決」を余儀なくされたアジアの人びととその歴史に対する強い関心を表明している。

戦後まもなく、毎日新聞社から『世界の歴史』全六巻が刊行されるが、飯塚はこれに企画の段階から関わり、編集を担当した。[12]第六巻の「歴史の見方」（一九五四年五月）には五本の論説が収められ、飯塚によると「われわれ一同の畏敬する上原先生の長編の論文（「歴史学の概念」）を巻頭にかざりえた」。その上原論文を上回る八〇頁の長編「歴史と地理」で、飯塚はそれまでの自己の思索を整理している。内容は「近代地理学のたどって来た道」「フランス学派の人文地理学」「世界史と地理」であるが、全体の半ばに達する「世界史と地理」の論旨は明快である。取り上げられたのは、中世以来のイスラームとイスラーム商人の重要な役割、そして「近代」ヨーロッパである。両者は表裏一体の関係にあるという。まず前者については、「地域間（インターローカル）の大商業を営む人たちは、交通の不便な時代であればあるだけに、地域的な経済の断層を利用して、儲けの多い商売をすることができた」「イスラームの商人たちが、中央アジアの沙漠や草原（ステップ）を横断する隊商商人として、またモンスーンを利用してインド洋を股にかける船乗りとして、有利な商業活動を独占して栄えていたのは、そのいい例である」。「ガマの一行にしたところで、アフリカ東岸のメリンドにたどりついてからは、ここで代々水先案内を業としていたイスラームを傭って、インド西岸のカリカットへ連れて行ってもらったのであった」。イスラームの人びとは「技術文化や学問の高さにおいて、直接にヨーロッパの師であり、その広汎な、さかんな商業活動によって蓄積された富の豊かさにおいてヨーロッパの羨望のまとであった」。それに比べると「地中海の通商活動から疎外され、自然経済的な農業社会として何世紀かを終始した中世ヨーロッパは、まぎれもない呪術的人間の世界」であり、「教会の神学が用意していた世界観」に浸っていたのである。

ではイスラームが「独占的に支配していたインド洋の通商圏」が、「ヨーロッパ商人たちの蚕食にまかせるにいたった」のは何故か。それは「封建制経済から出直して、海外発展の要求をもつまでに成長した、ヨーロッパ社会における生産力の成長」であり、「英国を筆頭とする西ヨーロッパ諸国の社会経済は、資本主義化の過程を、自からの内部的成長の過程として経験した」。これに対してイスラームには「古代的な奴隷制経済に寄生した商業文化という性格」が、最後までつきまとった。「古代的な奴隷制経済に寄生しながら、そのことによってかえって奴隷制経済を永続させ、発展の芽をつみとりつづけてきたと考えられるイスラーム社会の旧態依然たる生産力の停滞」である。「確実には、社会経済史家の考証にまってはじめていいうることがらである」としつつも、飯塚は以上のような仮説を示したのである[13]。

他方でヨーロッパの海外発展を代表する勢力は、「たがいに競い、傷つけ合いながら、ちくじ交替している。この方向において、世界の一元化、いわゆる『世界のヨーロッパ化』の過程を仕上げたのは、結局において、イギリスであった」。そして飯塚が強調してやまないのは、「最初の世界地理、そして最初の世界史はこの雰囲気において素描された。二千数百年来、ヨーロッパが世界をリードして進んで来たかのような妄想が、西洋の歴史家たちの固定観念にまでなってしまったのも、この段階においてである」「この雰囲気において再構成された世界史が、ヨーロッパ人の独善的立場をおく面もなく丸だしにしたものであったこと、東洋についてはもちろん、西洋の古代や中世についても、何より、『近代』ヨーロッパ人の眼で読みとったものであったことは、争うべからざる特色であった」「資本主義的な近代ヨーロッパの姿が世界史のすべてをはかる基準のごとくに考えられた」「ヨーロッパの眼をかいして世界地理を知らされた人々は、同様にして『近代』ヨーロッパの眼で読みとられた世界史概論の生徒になった」「『世界のヨーロッパ化』は、ヨーロッパでない部分までが、ヨーロッパの尺度でもって自から評価するにいた」る。飯塚は「資本主義列強がたがいに相手を屠(ほふ)ることに死力をつくした二回の大戦を経て、ヨーロッパの覇権はもはや昨日の夢となった今日、ようやくにしてヨーロッパ的世界史への批判が生まれかけている」、と結んでいる。(14)

すでに述べたように、飯塚は狭義の歴史家ではないのだが、世界史をはじめからヨーロッパを中心に秩序づけられたものとして考え、社会や文化の在り方を「近代ヨーロッパ」のそれを基準として測るという一群の固定観念に対して、それがいかに虚妄であるかを学問的に立証することが彼の主要なテーマになった。みずから「本来の職場で、半生を賭けたアジア研究の要約といった意味をもつ作品」と述べた『アジアのなかの日本』（一九六〇年）がその代表的著作である。[15] 彼のアジア研究について詳しく紹介できないが、ヨーロッパ中心、白人優越論からのアジアへのアプローチを排して、アジアの側からアジアを見ること、アジアの風土がアジアの文化的特異性を、さらに世界史におけるアジアの地位を規定したというような環境論的、宿命論的な見方を排したこと等が特徴とされる。他方で、飯塚のアジアは主としてインドであり、そのインドもジャワハルラル・ネルーのインドであり、バンドン会議当時のアジアで、限定的であったという批判もある。飯塚はネルーの『インドの発見』(上巻一九五三年、下巻一九五六年)を辻直四郎、蠟山芳郎と共に翻訳しているが、一九五七年一〇月のネルーの来日もあってきわめて旺盛な言論活動を展開したのである。[16]

2 「現代アジア」と『日本国民の世界史』

上原専禄は一九四六年八月から約三年間、学長として多忙な行政事務を務めた。そして一九四九年一月から一橋大学社会学部教授として研究活動を再開するが、当面は「世界史の方法」、そして「現代アジア」についての積極的な発言はみられなかった。[17] その意味で一九五五年の『中央公論』一月号に掲載された「世界史における現代のアジア」(執筆は一九五四年一一月)は画期的であった。上原は一九五四年一〇月のインド首相ネルーの中国訪問の意義を手掛かりにして、初めて新しい世界史像の形成について論及している。つまり一九世紀におけるヨーロッパ人による世界支配という世界史的現実に裏打ちされ、ヨーロッパ史を世界史そのものと同一視するようなランケ以来の世界史像は「世界史の構造に関する独断」である、と批判した。そうした「ヨーロッパ人およびアメリカ人の世界史像の独善性と独断性を放棄させ、それぞれの民族、それぞれの世界の独自性と固有の価値をみとめた世界史認識の構造を窮極的に承認させるものは、〔……〕一つの新しい歴史的現実でなければならず、特に現代のアジアのそれでなければなるまい」。

では「現代アジア」とは具体的に何か。これを述べたのが、飯塚と共に編集した『現代アジア史』の第一巻のために書かれた「現代アジアの理解のために」（一九五六年五月）である。ここで上原は、「現代アジア」の歴史的特徴を「過去のアジア」と対比させながら三点挙げている。第一はヨーロッパによる帝国主義的支配からの独立であり、ヨーロッパに対するアジアの「主体性と自律性の再獲得」である。「再獲得」という意味は、アジアがヨーロッパの支配を受けていたのは比較的短く、「古い時代には」アジアが「ヨーロッパにたいして優勢な政治的・経済的地位や宗教的・文化的境位に立っていたことがむしろ多かった」からである。ペルシャのギリシャ進出、フン族のヨーロッパ進出、アラブ人の地中海制圧、モンゴルの東ヨーロッパ支配、オスマン・トルコの東南ヨーロッパ支配、等々が示すように、「アジアは、ヨーロッパにとっては、しばしば大きい『脅威』であったのであり、その『脅威』をどう受け止めるかが、ヨーロッパにとって、絶え間ない課題であった」。この形勢を逆転させた契機が一五世紀末ポルトガルのガマによるインドへの新航路の発見であった。「ヨーロッパ人たちはその端緒をかたくつかみ、やがて彼らによるアジアの政治的・経済的支配が実現されるための一切の用意と準備を整えた」「ヨーロッパにおける資本主義の発展そのものは、すでにアジアを経済的に支配していたことを、少なくとも一つの重要な条件とするものであった」。したがって第二次世界大戦後におけるアジア諸国の「独立」は「主体性と自律性の再獲得」なのである。

第二の特徴は「一つのアジア」への動きである。一九五五年四月にインドネシアのバンドンで開催されたアジア・アフリカ会議、通称バンドン会議が示すように、アジアの諸国、諸民族は政治的・経済的独立という課題を「共通に担っている」、という歴史的事実と歴史的意識を通して、つまり「一つのアジア」であることによって、「現代アジア」は世界史における自己の主体性と自律性をいっそう高めてゆく。「分立し、分裂した」過去のアジアは世界史の「客体」で、「一つのアジア」というようなものは存在しなかった。けれども今やアジアは結束して、さらに第三の特徴でもある「世界平和」の先導者となっている。インドと新中国のあいだの「平和五原則」が示すように、「現代アジア」は「世界の平和の問題を担い、その実現に努力する仕方において、世界のどの地域よりも先駆しつつあるように見える」。かつてアジア（の遊牧民）は、ヨーロッパの平和を脅かすものであったかもしれない。「現代アジア」は、ヨーロッパその他の地域に平和を促進するものとなろうとしているのである。(18)

以上のように、上原はバンドン会議の歴史的意味を問うなかで「現代アジア」に対する認識を深めていった。同時に「世界史像の新形成」が彼の中心課題として浮かび上ってきたのだと思われるが、その契機は高校世界史の教科書の作成であった。一九六〇年に岩波書店から刊行された上原専禄編集の『日本国民の世界史』は、元々は高校世界史の教科書であった。そこで本書の成立の事情について短く述べておこう。

この当時上原の身近にあって、都立広尾高校で世界史を担当していた吉田悟郎は晩年に次のように回顧している。「一九五二年の春に始められた実教出版の『上原世界史』の編集は、上原専禄、野原四郎、江口朴郎、西嶋定生、太田秀通の各氏による五人で始まりました。そこに現場の世界史教師を入れなければならないということで、西洋史の私が参加することになりました。さらに東洋史の都立本所高校にいた久坂三郎氏が加わって、『七人の侍』となりました」。「西嶋氏が歴教協（一九四九年七月結成の歴史教育協議会の略称）の高校部会で世界史案を発表したのが、上原氏に徹底的にたたかれました。この発表は、私も聞きましたが、ここから教科書編集が始まりました。西嶋氏はこれを『八年間のゼミナール』と回想しています。教科書の編集のために集まっていたはずですが、小手先の文章を作るような作業はせず、ほとんどが根本的で、基本的なことに対する議論でした。大変面白いものでした。毎月一回以上、議論は四、五時間以上、行いました。普段は、実教出版の会議室に集まり、夏には、北軽井沢で合宿したこともありました」。「この教科書の執筆は、野原・江口・西嶋・太田の四氏が主に担当しています。挿絵や図版の選定は、主として私が担当しました。もちろん、長く共に議論してきたものですので、共同責任を負う著作です。『世界史を学ぶにあたって』についての項目は、上原氏が一人で執筆しています。あのような文章は、他の人には書けない、深い内容です」[19]。

以上であるが、「七人の侍」とはいえ、執筆者の四人のうち中堅の四〇代の野原（一九〇三年生）と江口（一九一一年生）、そして若手で三〇代前半の太田（一九一八年生）と西嶋（一九一九年生）、いずれも上原（一八九九年生）とは年齢のうえでも、そして学問経験のうえでもかなりの開きがあった。後に江口が回想しているように、四名の執筆者は「文字どおりそれぞれ自分の手で執筆し、数回にわたって合宿を重ね、そして言わば、上原先生の前で素稿を読み上げ、先生の批判あるいはコメントを受けながら進められた」[20]。こうして三年間にわたる執筆・討議を経た後、一九五五年前半に原本がつくられ、秋の文部省検定にも合格した。実教出版社の上原編『高校世界史』は、一九五六年春から三年間にわたって全国の高校で使用された。この教科書のいわゆる「市場占有率」も興味あるところだが、残念ながら不明である。

他方で、上原はほぼ同時期に東洋経済新報社の『世界史講座』全八冊（一九五四年一〇月—一九五六年一二月）の作成にも関わっている。その経緯についても短く整理しておくと、キッカケは東京在住の高校教師の小さな集まりで、高校・中学の世界史教育に役立つものを作りたい、というのが講座の直接の狙いであった。「学問的蓄積のある先輩諸氏に監修をお願いし、高校教師をやっている若いメンバーが概説を執筆するというやり方」がとられた。その六名の監修者のなかに上原も加わるのだが、当時都立深川高校で世界史・日本史を教えていた三木亘によると、講座の編集会議を重ねるなかで「おのずから上原が指導的立場に立った」[21]。それは「現在の日本人の眼と立場で現在の世界をどう見るかということから」この講座は出発すること、世界の歴史は「中国、インド、イスラム、西洋という四つの歴史的世界（文明圏）がそれぞれ独自に特殊的に形成されてゆき、歴史的主体性をもつようになり、それが互いに接触し影響しあう中に現在の世界が形成されてきた」、という基本的な見方に示されている。つまり「社会構成史という戦後学界の主流的な考え方」が、ここでは「暗黙のうちに否定されている」。社会構成史を「本質論としてはあくまで正しく、研究方法としてはつねに有効である」と考える三木にとっては完全に承服しがたいが、「世界史の歴史叙述という観点に立てば、必ずしもそれは前面に出る必要はない」と折れた格好である。こうして、上原が示した方針に基づいて『講座』の編集が進められ、短期間で刊行されたのである。

そこで上原の世界史像について、もう少し丁寧に見るために『世界史講座』の第一巻の月報（一九五四年一〇月）に掲載された「世界史像の新形成」を紹介することにしよう[22]。上原によると、戦後の「新しい世界」に生きる現代の日本人にとって不可欠な作業は「世界史像の自主的形成」である。それは第一次世界大戦までの「ヨーロッパの意志にそって総括され、ヨーロッパの生活原理によって一貫された一つの秩序」、「ヨーロッパ的秩序」としての「一体化された世界」としての「古い世界史」であってはならない。それに「原理的転換」がなされた、「新しい世界史像」でなければならない。ではそもそも「一体化された世界」とは何か、それ以前の世界はどのように理解されるのか。

まず「一体化された世界」であるが、上原によると、それは「地理上の発見」によって準備され、資本主義の発達によって動機づけられた「人類の歴史において真に新しい、そして根本的に重大な事件」、つまり「ヨーロッパにおける諸世界の統括と支配」に他ならない。「人類は、このときから一体化の密度を高めてゆく『世界史』において生きはじめたのである」。そうした「一体化された世界」以前にあっては、世界は①東アジア世界、②インド世界、③イスラム世界、④ヨーロッパ世界、という「少なくとも四つの世界が、それぞれ固有の文化と生活様式を作り出し、それぞれ独自な歴史を展開させていった」。もとより相互の世界に「政治的、経済的な交渉」「文化の交流や摂取」があり、そうした交渉、交流・摂取は軽視されるべきではないが、四つそれぞれが「別個の世界」をなしていたのである。以上のような理解に立つならば、第一に世界史で扱われるのは「諸世界の形成と歴史的展開」でなければならず、次いで一体化の展開と現代の「歴史的特徴と問題状況」ということになるだろう。したがって新しい世界史は「人類の発生や文明の発端に注意を払う『人類史像』である必要はない」。それは多分にキリスト教の歴史観、ヨーロッパ歴史哲学の影響を受けたもので、上原によると、人類史と世界史とはそもそも狙いが異なるのである。

「上原世界史」により特徴的な点は、『日本国民の世界史』においても講座『世界史』においても、現代の日本人、日本文明をそのうちに含む「東アジア」の歴史から世界史叙述を始めていることであり、この点にこそ上原の思想の基本がある。「ヨーロッパ的世界史」においては、「ヨーロッパ文明の前提としてのオリエントから記述を始め、ついでギリシャ、ローマと世界史をフォローしていく」。だが私たち日本人がそれを採ることは誤りである。世界史を学ぼうとし、世界史を書こうとしている我々日本人の歴史は、「ほかならぬ東洋文明圏における歴史」であり、「我々の祖先たちが作り出した日本文明が、中国を中心とした東アジア世界の歴史の動向のうちに形成された」ことにある。さらに「現代日本の生活現実や実際問題が、何よりも東洋文明における——特に東アジア世界における——歴史現実であるからである」。

以上のような上原の世界史構想は彼にオリジナルなものだが、先に指摘したように、この頃上原が独立と平和に向かう「現代アジア」の政治の動きに強く注目していたことと無縁ではない。一九五四年にインドの首相ネルーと中国の周恩来との間で「平和五原則」が確認され、翌年にアジア・アフリカ会議、いわゆるバンドン会議を成功させた。さらに「非同盟主義」の運動が始まろうとしていた。これらの動向を上原はいち早く紹介し、その意義について繰り返し説き、一九五六年六月に『世界史における現代のアジア』としてまとめられた。仁井田陞（にいだのぼる）、飯塚浩二と共に全四巻の『現代アジア史』（大月書店）を編集したのもこの頃で、アジアは世界史の上に「現代」を創造しつつあると、「私は信じもし、希望もする」、と述べた。彼は「現代アジア」のオピニオン・リーダーであったのである。

こうした上原にオリジナルな「思想と実践」に基づく世界史像は、さまざまな批判を受けなければならなかった。上原と共に教科書の編集にあたった江口朴郎は上原の仕事に最大限の敬意を表しながらも、「上原先生の問題の出し方のなかには、それまで普通に考えられてきた革新的な歴史学の方向と異なった新しい側面があった」。「西ヨーロッパの近代国家の主導のもとにつくりあげられた近代の世界をアジア・アフリカ、その他の従属的な地域をふくむ、それぞれの人びと（民族）の立場から見れば、その非民主主義的側面は気づかれていたとしても、上原先生の主張されるのは、そのような場合の近代主義に対する批判の主体的側面であった」。また上原の見方の根本は、近代以前というよりも、大きくルネサンス以前が四つの文明圏に分かれていて、「そこまでそれぞれの文明圏が生存してきたものが、ルネサンス以後、どのように、まさに世界史的に発展してきたかという構想に立っている」。「実は、そこにひとつの問題点があらわれているのであり、ややもすればこの観点が従来の社会の発展段階から歴史を考える方法を単純に否定し、言わば文明史観というべきか、あるいはトインビーに代表されるような文明圏に基づく把握と同列視される可能性をもっている」、つまり「一面的に悪用される側面をもっている」というのが、江口の感想である。「現に、ある時期から文部省の学習指導要領が、この上原的とでも言えるかも知れない文明圏的な扱いを一面的に強調しているかのように思える」[23]。

江口の感想はきわめて慎重なものであるが、同じく執筆者であった太田秀通は一九六七年、マルクス主義史学の立場から「上原世界史」に対してより直截な批判を発表した。「思想としての世界史像」がそれである[24]。太田によると、戦後日本の「歴史学界における問題意識の発展」は、「世界史像」「世界史の基本法則」「民族の問題」「世界史の基本法則の再検討」という三つの時期に分けられる。その各々の特徴について短く解説した後、太田は第三期に登場した

「上原専禄氏に代表されるわが国の文明圏史観」の問題意識は、「ことに弱小諸民族の誇りにつながる民族史の一貫した歴史像の構成に努力するとともに、ヨーロッパ中心史観をより高い次元で克服しようとする変革主体形成の立場に立とうとする態度から出たものであり、発想の基礎はアジア再生の条件の探求にあったと理解される」。したがってトインビーのようなヨーロッパの危機意識に立つ文明史観とは異なるのだが、「その異なった問題意識から構築された世界史像は文明圏史観ときわめて類似したものになった」。「上原世界史」は確かに指摘しているが、「それでもやはり、この世界史像全体の底に流れているものは、文明圏という一つの歴史世界を交流による共通性を指標にして捉えるという文明史的発想であったとするほかない」。太田の立場は明白で、あくまでマルクスの世界史像、「世界史の基本法則」の研究成果のうえに立ち、「これをさらに発展させうる可能性」にかけるというものであった[25]。

3　「上原世界史」における地域概念

上原は一九六〇年三月をもって一橋大学を退職した。停年をまたずに辞職したわけだが、その頃「世界史的認識への一つの発想」という報告で、自身の研究生活を「生活綴り方的に」回想している。そこでは「世界史認識」への具体的契機として四つの契機を挙げている。一つは大学の教師としてゼミナールの学生たちの多面的な研究関心を「何とか有機的・

統一的にまとめていく方法」としての世界史認識の必要性である。二つめは戦前の「おもしろくもない実証研究」に対する自己反省から、「いままで棚上げにしておった自己と日本と世界との統一的把握の問題を、内容を込めて迫っていかないと、学者として申しわけないんじゃないか」、そこから「世界史の問題」が出てきた。三つめが「高等学校における一教科としての世界史のあり方」について現場の教師からの相談から始まった教科書の作成である。四つめはもっと一般的で、現実の政治問題、社会問題の意味をつかむには「やはり世界史的な、世界史的現実の問題」としてやらなければならない。「平和の問題とか独立問題というそれ自体は、もう日本史だけの枠を超えたものであって、おそらくは世界史と日本史を統一的にどうつかむか」、そういう認識方法を媒介としていなければ実態がつかめないからだ、と整理している。退職にともない、ゼミテンに対する指導義務、高校世界史教科書との関わりもなくなった。上原は改めて自己と「世界史と日本史とを統一的にどうつかむか」、という課題に向きあうのである。(26)

上原は、一五世紀末・一六世紀以降の「一体化された世界」以前の在り方について、これまで「歴史的世界」「小世界」、あるいは「文明圏」等の表現を用いてきた。例えば「文明圏」をみると、「文明」とは「民族の歩みと在り方のうちに造出されるところの、一定の歴史的特徴をもった政治・経済・社会・文化の構造と内容の全体」の総称であり、「文明圏」とは「一つの共通の文明が造出され、それによって一つのまとまりをもつようになった世界」を指すとしている。したがって例えばトインビーの「文明圏(27)」とは異なる、上原独自の用語なのだが、間もなく使用されなくなる。それに代わるのが「地域世界」である。その移行は上原の新しい世界史構想とも深くかかわっていると思われるので、この点について整理しておくことにしよう。

一九五五年九月、「岩波小辞典」全一八巻の刊行が企画され、上原は江口朴郎とともに『世界史――西洋――』の編集を委ねられた。当初は姉妹編の「東洋」と同じく、「小項目主義」による編成で進められていたが、上原の判断でその方針は大きく変更された。つまり「読者の歴史認識の形成にいくらかでも本質的に寄与するものでありうるためには、また国民の間における世界史学習の進歩にいくらかでも体系的に役立つものでありうるためには、むしろ各国史記述を主内容とした大項目主義によるべき」との判断に至ったからである。こうして「便宜上『西洋』という言葉で一括された諸地域における全独立国の小史七三項と、特に現代認識のために最も必要と考えられる重要諸事項についての歴史的小考察一二項」とを収めた、きわめてユニークな「小辞典」（二三五頁）が編集され、一九六四年四月に刊行された(28)。

この間に九年近い歳月が流れているが、「全独立国の小史七三項」について、上原は執筆者（特に名前を挙げたのは、太田秀通、鳥山成人、山上正太郎、吉田悟郎の四氏）に対して「民族の問題、なかんずく独立の問題に照明をあてて」書くように要請していた。そのため執筆者には書き直しを求めることもあったが、間もなく事はそう単純でないことが判明した。というのも「その独立の問題さえが、その国限りの問題ではなく、いつも複数の国々の、共通の、また一体的な問題として形成されてきている」。つまり独立問題はその国と他の国々を含む「一つの地域世界」における「共通の問題」で、そこでは共通性だけでなく、相互媒介性、そして反発性も認められるからである。こうして上原は、「複数の国々」の一体性が形成される場を「地域世界」として措定し、「地球的世界」というものは「もろもろの地域世界の複合的な全体構造、複合的構成体として初めてとらえられるのではないか」と考えた。こうして「世界」「地球的全世界」というものを、「問題の具体的共通性と一体性・相互反発性によって特徴づけられる諸地域世界」に分けて、「それらの諸地域世界の複合的な全体構造として、地球的全世界というものをとらえなおしていく」。そこから「独自の問題性、問題構造」を持つ「現代一三地域（諸地域）」という仮説が示された。具体的には①サハラ以南のアフリカ世界、②中東ならびに北アフリカ、③インド、④東南アジア、⑤ラテン・アメリカ、⑥西ヨーロッパ、⑦東ヨーロッパ、⑧北ヨーロッパ、⑨ソヴィエト、⑩アメリカ、⑪「中国、朝鮮、ヴェトナム、日本を含んだ」東アジア、⑫カナダ、⑬オーストラリアを中心とする大洋州である。こうした上原の仮説は一九六四年八月の歴史教育協議会第一六回大会の講演「歴史研究の思想と実践」で述べられた[29]。

「独自の問題構造を持つ現代一三地域」という上原の構想にはそれを支えるもう一つの地域論があることを忘れてはならない。上原は一九五七年に日教組が作った国民教育研究所の研究会議長に就くが、その七年間の在任中に日本の地域研究、そして地域変革運動に参加した。その過程で日本自体が「生活の地縁的構造を持つ諸地域」の「総合体」であること、その日本でいま現在「地域の地方化」が進行していると指摘する。では「地域の地方化」とは何か。それは「地域住民の生活から遊離した、地域住民の生活要求とか文化要求とかにかかわりない」「独占資本の利益」のための地域政策に他ならない。「地域の地方化」は実は日本だけの問題ではなく、上原の見るところ世界共通のものである。「現在の日本では中央の政策による地域の地方化というものが、えらい勢いで進行しつつある」が、「そういう日本の政治的現実を通しつつ、世界的レヴェルで情況を観察してみますと、特にアメリカ帝国主義の世界政策というものがアジア・アフリカ・ラテンアメリカというそれぞれの地域を地方化しようとしている動きが目につきます。つまり日本の国内での地域の地方化という政策を、世界的規模において行なおうとするのがアメリカではないか、そういう観察が成り立つと思うのであります(30)」。

以上のように、上原は地域変革運動に関わることで、さらに体系的な世界(史)認識に達するのだが、その作業のなかで現代の西ドイツの「東方学」「東方研究」(オストフォルシュンク)を参照している。つまり「地域」、「地域の総合体としての全日本」を捉まえる「方法」については、現在のドイツの「地域研究」が大いに参考となる。ドイツでは第二次世界大戦以前に、国内のある地域をミクロ的におさえていこうとする地域研究が盛んであった。戦争で中断されていたその地域研究が、いま「非常な勢いで復活」している。特に東方研究がそうである。「東方学」は大きく現在の東ドイツ、そしてポーランド領、ソヴィエト統治下のバルト海の東方海岸地帯の「狭い地域での東方研究」、そしてかつてドイツが掌握していた全地域、場合によってはナチ政権下で領土になっていた地域をも含む「相当広い地域の東方研究」に分けられる。それは「歴史意識からいうと、ヒストリスムスの地域研究がでてきて、その地域研究の複合体として、ドイツ全体の歴史をつかむという方法意識に立つものである。モデルとされるのは一九世紀末のカール・ランプレヒトの中世トリアーの周辺地方の研究、そしてテオドール・マイヤーのオーストリア、バイエルンの地帯を中心とした両大戦の間の地域研究である。

そもそもドイツ人にとって「地域」というものは一つのゲノッセンシャフトで、中世・近代・現代を通して、それ自体の生命力と存在の主体性をもっているゲノッセンシャフトという気持ちが強い。つまりドイツ人は「先験的に地域を個性的なものだときめてかかる傾向がある」。そうした「東方学」の一拠点がゲッティンゲン大学で、東方のオルト、村についてのミクロの研究がなされている。東方における社会と文化の形成、経済の発展におけるドイツ人の果たした指導的・先駆的役割というものを、地域研究のなかで一つ一つ掘り出していこうという研究である。それはプロイセンに出来ている中央集権に対して、地域のもつ特殊性、個性を強調する仕方で、中央集権、全体主義に対する抵抗ということにもなる。そういうドイツの地域研究は「われわれの地域研究の方法を練り上げてゆくのに適当な視点」を提供しているのだが[31]、はたして日本の地域は「地方化に対しては、抵抗しうるような生活単位なのか、そうでないのか」、と上原は問いかけるのである[32]。

4 「世界史の起点」

一九六三年末、上原は自宅の書斎・芸文学堂で「二、三の若い人たち」を相手に「世界史学習会」を始めた。ここで上原は「黒アフリカ」地域についてイギリス社会人類学の多量の文献を読み、「世界史認識の生きた個体的主体としてのランケとマルクス」について、ランケの『世界史』とマルクスの『政治経済学批判要綱』を読み、学習会でも報告した。それらは何れも示唆的なものだが、別個に考察されなければならない(33)。

最後に「世界史の起点」という上原晩年の思想について取り上げることにしよう。上原が育った叔父の家は日蓮宗の檀家で、彼にも生涯を通じて日蓮への強い関心が認められるが、一九六〇年代半ばには世界史認識と日蓮認識が「相互不可分な関係」を取り結ぶようになった。そこで日蓮と鎌倉時代の日本、さらには日本を含む一三世紀の「東アジアと東南アジアの諸地域」に共通する問題（特にモンゴル・元の侵略）に眼を向ける必要性が出てきたという。一九六五、六六年に行われた岩波市民講座の二度の講演「日蓮とその時代」「モンゴルの世界征服と一三世紀ユーラフロアジアの世界」はその試論である(34)。だが上原自身にとって、講演は「必ずしも満足すべきものではなく」、「多面にわたって『不満の念』が私を支配した」。したがって自ら文章として残すことはなく、外部にも認めることはなかった。けれども講演で述べられた「世界史の起点」、あるいは「一三世紀ユーラフロアジア世界」という基本的な視角は、その頃の別の講演「現代アジア・アフリカの世界史的問題情況」や上原を囲む座談会のなかでも言及されている。[35] そこで上原が「反権力的な殉教者」と規定する日蓮認識の部分はさておき、「世界史の起点」という考え方についてポイントだけ整理しておくことにしたい。

「世界史の起点」とは一体いかなる意味なのか。上原によると、「現在の政治的・経済的、あるいは社会的、文化的な問題」は、いつから「まさに今日の大衆の問題として形成され始めたのか」、それが「統一的な形で出てきた」のはいつなのか、これが「世界史の起点」の問題に他ならない。かつて「世界の一体化」について、一五世紀末・一六世紀初めに始まるとされてきたが、「もっとくっきりとした形では、一三世紀に始まっている」、というのが上原の新しい見方である。その見方の柱となるのが、一つはモンゴルの世界征服という「東から西への動き」、もう一つは「十字軍戦争」というイスラーム教徒に対する十字軍、「西から東への動き」である。上原は後者を「ローマ教皇による世界政策」とも呼んでいるが、この二つの動きが一つになる。モンゴルは日本、朝鮮の高麗、ヴェトナムから見ると、またイスラームにとっても「野蛮人」である。したがって「野蛮人の侵入」だと思われたかもしれないが、ローマ・カトリックにとっては共同戦線を張ることの可能な「新しい東方の勢力」だとする見方があった。具体的には二度にわたり十字軍を率い、そしてモンゴルに使者を派遣したサン・ルイ、つまりフランスのルイ九世（在位一二二六—七〇年）、そしてモンゴルに宣教師カルピニを派遣して書簡を手渡したローマ教皇インノケンティウス四世（在位一二四三—五四年）にとっては、イスラーム（マムルーク朝のエジプト・北アフリカ）を挟みこむ東西連合、あるいは連立戦線の形成が外交政策の具体的な問題であった。イスラームの立場からすると、異教徒の侵入を駆逐する一種の聖戦ということになるが、こうしたなかで、三つの世界（ヨーロッパ、アフリカ、アジア）が一つに結び付けられてゆく可能性が生まれた。上原はこれを試みに「ユーラフロアジアの世界」と呼び、「単なる地理的な概念ではなく、政治的行動、領域を含む」概念だとする。こうして「東は日本から、西はイングランドまで含み、北はバルト海、南は北アフリカまで」、闘争・対立・抗争が行なわれる共通の場としての「ユーラフロアジアの世界」の形成が一三世紀にみられた。言い換えると、今日的な問題が「萌芽的なかたち」で形成されたのであり、現代の問題は「少なくとも、一三世紀まで遡って、はじめてその起源をつかむことができる」、というのが上原の新しい見方である。

以下で二、三点短く補足しておきたい。先ほど十字軍は「ローマ教皇による世界政策」という上原の見方を紹介したが、それに関連して次のような指摘もある。つまり一三世紀は「世俗化が始まる時代」であって、十字軍はローマ教皇の「自己保存と勢力拡大」のための明確な政治目的にかかわる行動、という上原の醒めた見方がある。またこの時代は「イスラムを含めたアジア世界がヨーロッパに対してなお優越、それは政治的、経済的だけじゃなくて、宗教的・文化的にも優位な地位に立っていた」。それに対する「カウンターアクションのようなもの」が、一四—一五世紀に広がっていく。いわばヨーロッパが「アジアに斬り込んで行こうとする」のが、一五世紀末、一六世紀初めの「新航路の発見」というわけである。先に述べた教皇使節カルピニの書簡、ルブルクの旅行記等のような周知の資料もモンゴルの世界征服が契機となって作りだされたのであり、「ユーラフロアジアの世界」という、世界史の「新しい関連」を抜きには生まれなかった。(36)

「世界史の起点」についての上原の見方は大凡以上のようなものだが、さらに言うと、先の地域概念のところで取り上げた「現代一三地域」の大部分は、一三世紀にすでに「一つの地球的世界として、その間につながりというものが出てきている」。となると、一二世紀以前はどう理解されるのだろうか。それについては、一九六八年の「世界史の見方」のなかで、「八つほどの地域世界」「宗教というものを一つの原理とした世界諸地域が、いわば並列している」と述べている。だが間もなく妻を亡くしたこともあって(一九六九年四月)、上原は日蓮認識の方に大きく傾斜していったように思われる。(37)

おわりに

本章では戦後間もなく上原が世界史研究に向かう以前の状況、そして『日本国民の世界史』以後のさまざまな試論を紹介しながら、「上原世界史」の全体像について考えてみた。特に結論めいたものはないのだが、この場で戦前を含めた彼の歴史学の特徴について、他の論者による批判を含めて、三点挙げておくことにしよう。

第一に指摘されるのは、上原はマルクス主義歴史学には一貫して距離をおいていたことである。戦前の思想統制・禁圧状態からは一転して、戦後マルクス主義思想はいわば全盛となった。歴史学でも学界、在野を問わず、唯物史観あるいは史的唯物論を方法とするものは多数を占めていた。上原が『高校世界史』の編集を始めた時、それに加わった野原四郎、江口朴郎、太田秀通、そして西嶋定生はいずれもマルクス主義者あるいは明白にその方向性をもった歴史家であったのである。それにも拘わらず、世界史教科書では上原の考え方が貫かれたこと、言い換えると「マルクス主義的」でなかったことは別個の考察を必要とする。上原は学生時代、河上肇の社会問題の著作を通してマルクスとマルクス主義を学んでいて、浜林正夫によると、プロレタリアートの主体形成と階級闘争に理論的にも実践的にも関心を凝集させたマルクスを評価してもいた。けれども上原は自らの関心から別の歴史認識を示した。マルクスの歴史理論を論じたものは「社会発展の法則と類型」（一九五一年）くらいで、いわばマルクスの「相対化」、「相対主義的理解」である。「通俗的ないい方をすれば、マルクスはマルクスで立派だ、というにとどまる」[38]。上原は後にソヴィエト科学アカデミー版の『世界史』に関心を寄せて、改めてマルクスを読むのだが、「相対主義的理解」には変わりがない。それに対してマックス・ウェーバーの歴史社会学に上原は一貫して強い関心を寄せ、戦前戦後を通じて独立のウェーバー論を書き、古代経済史を始め多くの言及がある。

第二に指摘できることは、「西欧近代」と「アジア」に対する上原の評価の問題である。教育学者・上原思想の研究者である片岡弘勝によると、上原の生涯は「『ヨーロッパ近代』

の歴史と文化を熟知した上での相対化のための闘いであった」。もとより「相対化」は時期により揺れ・変容がみられたが、「上原の生涯にわたる基本モチーフであり続けた」、と指摘されている[39]。これに対して「アジア」については、例えばすでに挙げた「世界史における現代のアジア」の末尾で次のように述べる。「自由と独立をかちとり、政治と経済、社会と文化を『近代化』することだけに、現代におけるアジアの動向の意味があるのではない。もしもアジアが『近代化』を志向しているに過ぎないならば、それは『近代』におけるヨーロッパ的在り方に追随するまでのことだろう。しかるにアジアの現実動向は、ヨーロッパの『近代』的在り方を越えて、前進しつつある、というべきではないか」。

他方で、インド史家の小谷汪之（こたにひろゆき）は一九六〇年代以降のアジアにおける「逆流」現象（インド・中国国境紛争、文化大革命の挫折等）を指摘した後に、「現代アジアの世界史的現実そのものにかげりが見えてくるならば、新しい世界史認識の造形は、その現実的支柱を失ってしまう」と上原の世界史認識の問題点を指摘した。弓削達は小谷の指摘を受けて、「上原による世界史の把握は、はじめてヨーロッパ中心主義を脱却したことに高い評価が与えられるべきであるが、その代りに取り上げられた『アジア』が、結局は現実にのみ根拠をおいたものであったため、ヨーロッパ中心主義に代る単なる代替物としてのアジア主義に堕してしまう危険性を初めから持っていた」、と批判した[40]。

そして第三に、上原の歴史研究における「主体性」の問題である。上原の回顧によると、彼はウィーン大学留学の時代にドープシュ教授に「二年半ぐらいご厄介になった」が、そこで身に付けようとしたのは「ヨーロッパ歴史学の方法、その方法といっても理論的な意味における方法ではなく、作業方法です。作業方法と作業方法に内包されている理論的な方法、それをできるだけ自分のものにしたい」。『独逸中世史研究』（一九四二年）、『独逸中世の社会と経済』（一九四八年）がその成果だが、「政治的な意味もなかったわけじゃない」、と述べている。つまり当時の日本ではヨーロッパの歴史学者の書いた論文の「受け売り」が一般的であった。「だからヨーロッパの学者が使っておる同じ史料を、同じような方法で操作していく過程で、すくなくとも歴史研究においてはヨーロッパ人の学問水準と同じような学問水準というものに到達することが、できるものかできないものか、つまり、ヨーロッパ的方法によって、歴史学研究における日本人の主体性というものを確立していく」「テーマそれ自体よりは、そのテーマを追求してゆく方法をヨーロッパの学者の場合と同じようにしていく、向こうへの追随の状態をやめていく、やめていけばそのうち独自のテーマで、独自の方法というものが生まれてくるんじゃあるまいか」。「ですから狙ってたのはある意味では非常に政治的だった[41]」。

以上のように、上原はヨーロッパの学者の「受け売り」「追随」を止めて、みずから史料研究・批判によって、「主体性の確立」を目指した。その姿勢は戦前の仕事を一貫している。大東亜戦争の勃発に際会して、上原は「世界史的考察の新課題」という試論を書いた。それは「大東亜戦争の世界史的意義」のキャッチ・コピーとともに、一瞬ひとを驚かせる内容ではあったが、彼に特有な「主体的な」歴史認識の延長線上にあった[42]。そして戦後間もなく始まる世界史構想においても、その姿勢に変化はなかった。上原はあくまで「主体的に」、まず自己と日本、そして日本を取り巻く東アジアの歴史から出発したのである。日蓮教徒である上原にとって、最終的には「私自身を『日蓮の分身』たらしめてゆくことによって、〔……〕『日蓮』そのものと『その時代』との双方をその客観性において照射する」可能性を探る、という方向に達した[43]。

注

(1) 『上原専禄著作集』上原弘江編（評論社、一九八七—二〇〇二年）全二八巻は未完に終わったが、第八巻（世界史像の新形成）、第一九巻（世界史論考）、第二五巻（世界史認識の新課題）が主なものである。その他の巻にも関連する文献がかなり入っている。因みに戦前・戦時の上原については、不十分ながら、本書第四、六章を参照頂きたい。

(2) 新教科「世界史」の設置については近年多くの議論があるが（『歴史学研究』八三五号、八六五号、八七一号、八八八号）、戦前に台北帝大の南洋史学科に勤め、「東西交流史」研究に従事して、敗戦後文部省教科書局歴史科主任をしていた箭内健次（一九一〇—二〇〇六年）が果たした役割が大きい。「近世対外関係史研究の軌跡」『日本歴史』五五五号（一九九四年八月）。これらの「起源」論争とは別に、荒井信一の「社会科『世界史』と教科『世界史』」『歴史学研究』（八九九号、二〇一二年一一月）が示唆的である。

(3) 尾鍋輝彦編『世界史の可能性——理論と教育——』東京大学協同組合出版部、一九五〇年。尾鍋はこの場で、一九四八年末「東京都の教員再教育講習会で世界史教育のことを話した時に、西洋史関係と東洋史関係の比率は七対三がよいと思うといいました。何も文部省の意志を代弁したわけではなく、私の私見であったのです」が、「誤伝され、それが全国に拡まってしまった」。「東洋史の学者が大分憤慨されたようです」、と発言している。別のところでは、世界史を置く決定に「歴史家は関与していなかった」とも述べているが、この発言も慎重さを欠いているように思う。

(4) 井上清「「世界史」の氾濫」『歴史学研究』一四四号(一九五〇年三月)。それを第一次とみて、一九六〇年に始まる「第二次の氾濫」を批判したのが土井正興である。『歴史評論』一三一号(一九六一年七月)参照。

(5) 尾鍋編、前掲書、一四一頁。

(6) 『歴史学研究』一二九号(一九四七年九月)、K・マルクス(飯田貫一訳)『資本制生産に先行する諸形態』(岩波書店、一九四九年)。飯田貫一はハルピン学院の卒業で、帰国後に農林省総合研究所を経て、法政大法学部に勤務した。

(7) 歴史学研究会編『世界史の基本法則――一九四九年度大会報告――』(岩波書店、一九四九年)。『江口朴郎著作集』第五巻(青木書店、一九七五年)の解説(藤原彰)参照。例えば浜林正夫は『現代と史的唯物論』(大月書店、一九八四年)のなかで、「世界史の基本法則」大会を「私の出発点」としている。

(8) 大塚久雄の研究については、本書第五章参照。

(9) 石田、林の二人は戦前マルクス主義者か、それに近い立場にあった。石田英一郎『人間を求めて』(角川書店、一九六八年)、林健太郎『移りゆくものの影』(文芸春秋新社、一九六〇年)。

(10) 本位田ゼミナールの会編『大学のゼミナール』中央公論事業出版、一九七一年。

(11) 飯塚浩二『国土と国民』(古今書院、一九四四年)。

(12) 毎日新聞社版『世界の歴史』の構成は、第一巻「歴史のあけぼの」、第二巻「西洋」、第三巻「東洋」、第四巻「日本」、第五巻「現代」、第六巻「歴史の見方」、そして別冊が「世界史年表」である。

(13) 飯塚には「資本主義化の過程を、自からの内部的成長の過程として経験した」、という認識に見られるように、「大塚史学」の影響がみられるが、丸山眞男は「飯塚さんは、マルクスとともに、いやそれ以上にウェーバーにたいしても、戦前戦後を通じてほとんど『無縁』と呼ぶに近い距離を置いていた」、と記している。この点については『飯塚浩二著作集』第五巻(平凡社、一九七六年)解説を参照。

(14)「歴史と地理」。飯塚はフランス留学時代にアンリ・ピレンヌの小論「マホメットとシャルルマーニュ」(一九二二年)を読み、強い影響を受けている。ピレンヌの構想は没後に同名のタイトルで刊行され、ピレンヌ・テーゼとして大きな議論をまき起こしたが、鈴木成高の「ピレンヌ史学との出会い」(一九八二年)に次のようなエピソードが記されている。『マホメットとシャルルマーニュ』はピレンヌ死後の一九三七年に刊行され、二年後に英語訳がでたのだが、鈴木は「迂闊にも」入手できなかった。ところが東京商科大では英語訳をもとにして「複製本を作ったらしい」。今と違って、それがいかに大変な根気と労力と時間を要する仕事であることを述べた後に、鈴木は「戦争最中のことだったと思う。何かの折に東京で上原専禄教授にお会いしたらその話が出て、しまいに『それではあなたにも一冊進呈しましょう』といってくれた。これは有り難かった。間もなくちゃんと製本までされたものが京都の私の家まで送り届けられてきた」、と記している。鈴木成高『世界史における現代』創文社、一九九〇年、三二三―三二四頁。

(15)『アジアのなかの日本』中央公論社、一九六〇年。本書のなかで、飯塚は梅棹忠夫の「文明の生態史観序説」『中央公論』(一九五七年二月)に対して、次のような感想を述べている。「二、三年前、『中央公論』に梅棹忠夫君が東南アジア旅行の印象記をのせ、日本人はアジア、アジアというけれども、本当のところ何も知っちゃいないじゃないかと注意を喚起してくれたのは大いに結構であった。しかし、この変り種の生態学者の言い分が読者の気に入ったのは、外国といえば西洋のことだときめつけている日本人の先入観を打破してくれたという点にあったのではなく、例の第一地域論、第二地域論で煙にまかれた上、さいごは日本は西ヨーロッパ諸国と同一範疇に属し、他のアジア諸国とは別枠なのだといってもらえた点にあったのだとすると、これは敗戦後の民族的な自信の取りもどし方としていかにもわびし過ぎる。そして、自分の書いたものが、近代西欧に対する鹿鳴館的なインフェリオリティ・コンプレクスを甘やかすかたちで読まれたのでは、梅棹君としても不本意であろう」(一二頁)。梅棹がこの論文を含む『文明の生態史観』を刊行したのは一〇年後の一九六七年一月であるが、「世界史理論に関して、戦後に提出された、もっとも重要なモデルの一つ」(中公文庫版解説、谷泰)、「戦後日本を創った代表論文」『中央公論』（一九六四年一〇月）の一つに挙げられ、大きな反響を呼んだのである。他方で、『アジアのなかの日本』も多くの書評に恵まれ、二年後に「普及版」、一九六九年に「増補版」がでた。

(16) 飯塚の問題意識は岩波書店からでた三部作、つまり『東洋史と西洋史とのあいだ』（一九六三年）、『東洋への視角と西洋への視角』（一九六四年）、『ヨーロッパ・対・非ヨーロッパ』（一九七一年）でも貫かれているが、最後の本の刊行前に亡くなった（一九七〇年一二月）。

(17) 上原の『歴史学序説』（大明堂、一九五八年）は、基本的に世界史研究以前の論文を集めたものである。

(18) 紹介した上原の二つの論説は『世界史における現代のアジア・増補改訂版』（一九六一年、初版は一九五六年）にも収録されている。ネルーの『世界史』に対する上原の評価もきわめて高く、ナイニーの刑務所から数百通の手紙で愛嬢インディラに書き与えたネルーの世界史像は、「国民ひとりひとりが世界史的自覚において生きる」ことを願うが故であり、「そのことをもっとも痛切に感じているアジア人の一人がネルーに他ならない」。上原『アジア人のこころ』（理論社、一九五五年）。世界史教育の方法を模索してきた高校教師たちの取り組みの総括としては、鈴木亮「日本史と世界史の統一的把握」『歴史教育五〇年のあゆみと課題』（未来社、一九九七年）参照。

(19) 「〈インタビュー記録〉歴史教育体験を聞く・吉田悟郎先生」『歴史教育史研究』四号、二〇〇六年、六六—六七頁。

(20) 江口朴郎「教科書問題にそくして上原専禄先生を憶う」『歴史評論』三八五号（一九八二年五月）、同『現代史の選択』（青木書店、一九八四年）所収。なお教科書ではないが、江口自身も「荒井信一・五井直弘・田中陽児・松井透・三木亘の五氏の協力」を得て、『世界史概説』（秀英出版、一九五六年）を出している。上原編の『高校世界史』がでた一九五六年度に文部省の「学習指導要領」の改訂がなされ、上原等も改定版を提出したが、不合格とされた。翌年も同じで、一九五九年以降、上原編の教科書は継続使用が出来なくなった。江口はこの点について次のように記している。「この教科書を検定に再提出するかどうかということが、執筆者・書店側の編集責任者を交えて問題となった。実は正直のところ、いずれも検定のし方そのものに反対でありながらも、しかるべく趣旨を根本的に損なわない程度に修正して、再提出せるほうが、歴史教育全体のためには良いのではないかと思っていた」。だが上原の決断で取り止めになった。江口はそれに異を唱えたわけではないが、そこに「上原先生の徹底した姿勢」「いわば潔癖な姿勢」をみている。検定に対する「抗議」の意味を込めて、一九六〇年一〇月に岩波書店から単行本として刊行されたのが『日本国民の世界史』である。これは「全編にわたって、幾分かの改訂が加え」られ、「むすび」に上原が新たに書いた「今日における世界史的課題」が入った。筆者の手元にあるのは一二年後の一九七二年五月刊で、第一一刷である。因みに執筆者の一人、野原四郎は、井上幸治とともに『世界史読本』(東洋経済新報社、一九五九年)を編集している。「はしがき」は恐らく野原が書いたものと推測される。執筆者は二人の他に、相田重夫・五井直弘・土井正興である。文部省検定については、加瀬完『教科書検定——いわゆる加瀬メモをめぐって——』(誠信書房、一九六〇年)も参照。

(21) 三木亘「世界史のつくり方」『歴史学研究』一七二号、一九五四年。因みに上原の伝記としては、三木の「上原専禄」『20世紀の歴史家たち』第一巻(刀水書房、一九九七年)がよくまとまっている。

(22) 上原「世界史像の新形成」。

(23) 江口の前掲書。

(24) 『歴史評論』二〇〇号(一九六七年四月)。その後、太田も上原について短いが、的確な小伝を書いている。永原慶二・鹿野政直編『日本の歴史家』(日本評論社、一九七六年)参照。

(25) 『歴史評論』一二八号(一九六一年四月)に「世界史像形成のすすめ」という『日本国民の世界史』をめぐる座談会の記録が掲載されている。上原を除いて、司会の吉田と執筆者四名が参加している。因みに西嶋定生の「八年間のゼミナール」は『図書』一三三号(一九六〇年一〇月)に掲載された短文であるが、一九七〇年代に西嶋によって提起された「東アジア世界論」に対する批判的検討が、近年、李成市等によって進められている。李によると「『東アジア世界』という文化圏と政治圏の一致した地域世界の歴史的な展開の中に日本史を位置づけようとし」た西嶋の議論は、一九五〇年代の上原のそれを「継承したのであって、少なくとも上原の世界史像の構想を前提にして」いた。これらの点については、李『東アジア文化圏の形成』世界史リブレット（山川出版社、二〇〇〇年）、李「東アジア世界論と日本史」岩波講座「日本歴史」別巻二（岩波書店、二〇一六年）、参照。

(26)『著作集』第一九巻。

(27) トインビーの文明史観については、『トインビー――人と史観――』（社会思想研究会出版部、一九五七年）。トインビー（一八八九―一九七五年）は一九五六年秋、二ヵ月ほど日本に滞在して各地で講演したが、上原にはトインビーの史観についての立ち入った言及はみられない。

(28) 岩波小辞典『世界史――西洋――』（一九六四年）。因みに「歴史的小考察一二項」とは、「古代ローマ、社会主義、ソヴエト社会主義共和国連邦、第一次世界大戦、第二次世界大戦、帝国主義、ナショナリズム、フランス革命、平和運動、民主主義、ヨーロッパの地理的発見、ロシア革命」、以上である。これらの項目のなかでは、「ヨーロッパの地理的発見」が詳細である。

(29)「歴史研究の思想と実践」『歴史地理教育』一九六四年一一月号、『著作集』第二五巻所収。

(30)『著作集』第一九巻、第二部に収録されている。この問題を扱っているのは、吉田悟郎「世界・日本・地域――上原専禄の『地域研究』によせて――」西川正雄・小谷汪之編『現代歴史学入門』（東京大学出版会、一九八七年）であるが、地理学者の上野登『地誌学の原点』（大明堂、一九七二年）第一章も参照。

(31)「歴史研究の思想と実践」。

(32) 上原「『東方学』によせて」『国民教育研究』一六号（一九六三年四月）、『著作集』第一九巻所収。この問題については、阿部謹也「西ドイツの東方研究と西欧理念――中世東ドイツ植民史研究を中心に――」『思想』四九五号（一九六五年九月）、同『歴史と叙述――社会史への道――』（人文書院、一九八五年）も参照。

(33)『著作集』第二五巻所収の「アフリカ認識と社会人類学」（正・続）、「ランケと『ヒストリア・ムンデイ』」、「マルクスとソ連科学アカデミー『世界史』」等がそれである。

(34) 岩波市民講座「日蓮とその時代――世界史認識の意味と方法の問題によせて――」(一九六五年一〇月七・一四日)、「モンゴル人の〈世界征服〉と一三世紀ユーラフロアジアの世界――日蓮認識の意味と方法によせて――」(一九六六年六月二・九・一六日)。この講演は残されることはなかったが、聴講者の一人、田中陽児はこれを「日蓮・世界史」と仮称して、詳細に考察している。田中「歴史学と『世界史』教育」岩波講座「世界歴史」三〇(一九七一年)、同『世界史学とロシア史研究』(山川出版社、二〇一四年)所収。

(35) 「現代アジア・アフリカの世界史的問題情況」(一九六七年七月)、座談会「ソビエト科学アカデミー版『世界史』をめぐる諸問題」(一九六六年一二月)。ともに『著作集』第一九巻所収。

(36) 上原の「ユーラフロアジアの世界」について、その後現れた「アフロアジア」(「民族の世界史」第一巻『アフロアジアの民族と文化』山川出版社、一九八五年)という新しい呼称については、序章で説明されている。最新の『市民のための世界史』大阪大学歴史教育研究会編(大阪大学出版会、二〇一四年)でも、第三章で「モンゴル帝国とアフロ・ユーラシアの『グローバル化』」という類似した表現が採られている。

(37) 「世界史の見方」(一九六八年三月)『著作集』第一九巻。もともとはラジオ番組の放送である。上原は妻の死後も世界史の問題に関心をもち続けているが、生前公にされた最後のものは、「橋口倫介『十字軍――その非神話化――』を読む」『図書』一九七五年七月である。

(38) 浜林の前掲書、一六―三二頁。なお岡村達雄「戦後国民教育思想の歴史的負性」(一九七八年七月)(同『現代公教育論』社会評論社、一九八二年所収)は、マルクス主義の視点から上原教育論における「天皇制の不在」を問題視・批判する。

(39) 片岡弘勝「上原専禄『主体性形成』論における『近代』相対化方法」『奈良教育大学紀要』第五四巻第一号(二〇〇五年一〇月)。片岡には十数本の「上原教育思想研究」があり、本論稿のなかで注記されている。

(40) 小谷汪之『歴史の方法について』(東京大学出版会、一九八五年)、一六五―一六八頁。弓削達『歴史学入門』(東京大学出版会、一九八六年)、三七―三八頁。但し、小谷の議論では「アジア主義に堕した」、という否定的な断定はされていない。

(41) 上原「世界史的認識への一つの発想」『著作集』。

(42) 本書二二四―二三五頁。この点については、『史学雑誌』一二二編五号(二〇一三年五月)所収の「回顧と展望:二〇一二年の歴史学界」の「総説」(小松久雄)で指摘を受けた。

(43) 上原『クレタの壺――世界史像形成への試読――』(評論社、一九七五年)、三三二―三三三頁。

＊本章は第五二回北海道高等学校世界史研究大会(二〇一五年一月九日、北海道有朋高校)での講演「世界史とは何か――上原専禄の世界史認識をめぐって――」の原稿を全面的に手直しし、増補して、森宜人・石井健編著『地域と歴史学――その担い手と実践』(晃洋書房、二〇一七年)に載録されたものである。

学術文庫版あとがき

本書の旧版である『西洋史学の先駆者たち』が出版されたのは二〇一二年の六月ですから、十年余りが過ぎたことになります。一八八七年に来日した「お雇い外国人」、歴史家ルートヴィヒ・リースの時代から一九四五年八月の敗戦までを対象として、「西洋史家の誕生と苦悩」を出来るだけ平明に述べること、つまり硬い「論説」ではなく、個人的なエピソード等を盛り込んだエッセイというのが著者の狙いでした。いささか無謀な試みではありましたが、その成否はともかく、後悔はありません。

旧版の「あとがき」でも述べたところですが、私の主たる関心は上原専禄（一八九九—一九七五）という歴史家にありました。上原の本を手にしたのは、直接には学生時代に阿部謹也先生の講義を聞いたのがキッカケです。上原に対する阿部先生の傾倒は、後に『自分のなかに歴史を読む』（一九八八年）でも具体的に述べられていますが、当時から強く感じていました。もとより私の専攻は「近世ロシア」であり、上原の業績について取り組む余裕はなく、理解が及びませんでした。ただ早くから「史学史」、特に歴史家の有り様には強い関心を持っていました。二〇〇〇年にはモスクワ留学中に集めた諸資料を用いて、「十月革命」前後のロシアの歴史家について小著をまとめましたが（『岐路に立つ歴史家たち』）、その頃から上原への関心が生まれてきました。エッセイ類も含めて、一連の著作を順次読みすすめていったというのが旧版の執筆に至るおおまかな経緯です。

黎明期の西洋史学にあって、上原は「洋書」の翻訳・翻案ではなく、原史料に基づく考察という「厳正なる学問的態度」によって、同僚から一目も二目もおかれたドイツ中世史家でした。旧版の第四章「原史料の直接考究を第一義とすること」では、彼の主著を紹介しましたが、第六章「大東亜戦争の世界史的意義」では、戦時下の苦悩についていささか立ち入った考察を試みました。他の西洋史家についても出来る限り詳しい調査にあたりましたが、上原が書いたものは見逃すことなく、注意を払って読んだわけです。

今回の文庫化にあたっては、二〇一七年に書いた「世界史とは何か――上原専禄の世界史像と地域概念」を加えました。定年後札幌に転居して間もなく、高校世界史の担当者の集まりで「上原世界史」について話す機会があり、そのときの原稿を手直しし、増補したものです。敗戦の年、上原は四六歳でした。一年後に学長に選任され、東京商科大学を「社会科学の総合大学」に改革するために尽力しますが、退任後は戦後の教育改革のなかで生まれた新制高校の「社会科」世界史の教科書の作成に参加します。もはや戦前のような中世史料研究が為されることはなく、「世界史」が中心的な課題となったのです。

一九六〇年に刊行された『日本国民の世界史』が一つの頂点で、近代以前の世界では複数の文明圏が併存し、それらが次第に一体化されてヨーロッパを中心とする近代世界秩序が形成されたとする上原等の見方は、日本における世界史認識の主流とみなされています。上原はその後も引きつづき考察を深め、「世界史の起点」等の独自の世界史構想を提起しています。このような「上原世界史」については既に多くの言及がありますが（例えば、石原保徳『世界史への道』一九九九年）、包括的なものは見当たりません。本論も「見取り図」の域を出るものではありませんが、晩年に至るまでの上原の足跡を具体的に辿ったものです。

このように戦前・戦後を通して上原が遺した業績は真に瞠目すべきものですが、更に掘り下げて考える問題も数多く残されているように思います。本書は「戦前の西洋史学」についても、「上原世界史」についても、いわば入門篇であって、本格的な研究が待望されます。いささかバランスを欠いた構成となりましたが、著者の微意を汲みとり、快諾された編集部の梶慎一郎さんに謝意を申し上げる次第です。

二〇二二年秋

札幌市の寓居にて　土肥恒之

参考文献

以下では本書の執筆のうえで特に参考になった文献のみを挙げ、本文のなかで詳しく言及したものについては省略した。書名、論文名の掲載順は、本文の流れにおよそ従った。

本書の全体にわたるもの

歴史教育研究会編『明治以後に於ける歴史学の発達』、『研究評論歴史教育』七―九、一九三三年
大久保利謙『日本近代史学史』白揚社、一九四〇年
酒井三郎『日本西洋史学発達史』吉川弘文館、一九六九年
柴田三千雄「日本におけるヨーロッパ歴史学の受容」岩波講座「世界歴史」三〇、一九七一年
有沢広巳・玉野井芳郎編『近代日本を考える――日本のインテレクチュアル・ヒストリー』東洋経済新報社、一九七三年
鶴見俊輔『戦時期日本の精神史　1931～1945年』岩波書店、一九八二年
今井宏『日本人とイギリス――「問いかけ」の軌跡』ちくま新書、一九九四年
永原慶二『20世紀日本の歴史学』吉川弘文館、二〇〇三年

第一章

アーダス・バークス編著、梅溪昇監訳『近代化の推進者たち――留学生・お雇い外国人と明治』思文閣出版、一九九〇年
林健太郎責任編集『世界の名著　続11　ランケ』中央公論社、一九七四年
嶋田正、他編『ザ・ヤトイ――お雇い外国人の総合的研究』思文閣出版、一九八七年

金井圓『お雇い外国人――人文科学』⑰、鹿島出版会、一九七六年
アンドレアス・ヒルグルーバー「ハンス・デルブリュック」ハンス＝ウルリヒ・ヴェーラー編、ドイツ現代史研究会訳『ドイツの歴史家』第三巻、未来社、一九八三年
西川洋一「東京とベルリンにおけるルートヴィヒ・リース」東京大学史料編纂所編『歴史学と史料研究』山川出版社、二〇〇三年
西川洋一「史料紹介　ベルリン国立図書館所蔵ルートヴィヒ・リース書簡について」『国家学会雑誌』一一五―三・四、二〇〇二年
早島瑛「近代ドイツ大学史におけるルートヴィッヒ・リース」『商学論究』五〇―一・二、二〇〇二年
ルドウィヒ・リース「史学会雑誌編纂ニ付テ意見」『明治史論集㈡』明治文学全集七八、筑摩書房、一九七六年
佐藤真一「ランケにおける近代歴史学の確立――『近世歴史家批判』（一八二四年）を中心に」『国立音楽大学紀要』四〇、二〇〇五年
森田猛「ブルクハルトとドイツ諸大学における歴史学教育」『史林』七八―六、一九九五年
ゲオルク・G・イッガース、中村・末川・鈴木・谷口訳『ヨーロッパ歴史学の新潮流』晃洋書房、一九八六年
ゲオルク・G・イッガース「市民的歴史叙述――ドイツ・フランス比較」ユルゲン・コッカ編著、望田幸男監訳『国際比較・近代ドイツの市民』ミネルヴァ書房、二〇〇〇年
坂昌樹「ドイツ啓蒙の実用主義について」桃山学院大学『国際文化論集』二一、二〇〇〇年
岡崎勝世『キリスト教的世界史から科学的世界史へ――ドイツ啓蒙主義歴史学研究』勁草書房、二〇〇〇年
「ランケ祭」『史学雑誌』一五―一、一九〇四年
緒方富雄「蘭学資料研究会のこと」日本思想大系六五、月報二四、岩波書店、一九七二年
泉靖一「旧植民地帝国大学考」『中央公論』一九七〇年七月号
藤田茂吉『文明東漸史』聚芳閣、一九二六年

キリシタン文化研究会編『キリシタン研究』第一二輯（村上直次郎先生記念号）、吉川弘文館、一九六七年
幸田成友「凡人の半生」『幸田成友著作集』第七巻、中央公論社、一九七二年
増田四郎「幸田成友」永原慶二・鹿野政直編著『日本の歴史家』日本評論社、一九七六年
新村出「伊勢漂民の事蹟」『新村出選集』第二巻、養徳社、一九四五年
松本三之介「吉野作造と明治文化研究」『吉野作造選集』一一、解説、岩波書店、一九九五年
苅部直「大正グローバリゼーションと『開国』」『思想』一〇二〇、二〇〇九年
亀井高孝『葦蘆葉の屑籠』時事通信社、一九六九年
ジョセフ・ヒコ、中川努・山口修訳『アメリカ彦蔵自伝』全二冊、平凡社東洋文庫、一九六四年
山中謙二「村川堅固博士の逝去」『史学雑誌』五六―九、一九四七年
石附実『近代日本の海外留学史』中公文庫、一九九二年
坂口昻『世界史論講』岩波書店、一九三一年
坂口昻「『世界史論進講録』を読む」『芸文』一九一八年
坂口遼編『ある歴史家の生涯――坂口昻とその家族たち』追補版、丸善出版サービスセンター、一九八三年
土井正興「戦前における奴隷制研究」野原・松本・江口編『近代日本における歴史学の発達』上、青木書店、一九七六年
上野隆生「歴史家の旅と歴史家の任務――大正デモクラシー期の歴史家坂口昻について」和光大学総合文化研究所年報『東西南北』、二〇〇八年
原勝郎『東山時代に於ける一縉紳の生活』解説（鈴木成高）、筑摩書房、一九六七年
原勝郎『日本中世史』創元社、一九三九年
植村清之助『西洋中世史の研究』星野書店、一九三〇年

第二章

河上肇『自叙伝』全五冊、岩波書店、一九五二年
アンリー・セイ、花澤武夫訳『唯物史観と歴史の経済的説明』日本評論社、一九三一年
ヘルマン・ケレンベンツ、神戸大学西洋経済史研究室訳『経済史学の歩み』晃洋書房、一九七七年
西川俊作「G・ドロッパーズの履歴と業績」『三田商学研究』二六―一、一九八三年
玉置紀夫「揺籃期の慶應義塾理財科――三人のアメリカ人エコノミスト」『三田評論』八八〇、一九八七年
西川俊作「理財科の30年――1890―1920年」『三田学会雑誌』八三―三、一九九〇年
田村信一・原田哲史編著『ドイツ経済思想史』八千代出版、二〇〇九年
金井圓・吉見周子編著『わが父はお雇い外国人』合同出版、一九七八年
高木壽一「阿部秀助先生の学究的生涯」『三田学会雑誌』一九―二、一九二五年
田村信一「近代資本主義論の生成――ゾンバルト『近代資本主義』初版（一九〇二）の意義について」北星学園大学『北星論集』三三、三四、一九九六―九七年
矢口孝次郎「イギリス経済史学の成立期とその前史」『関西大学経済論集』二三―五・六、一九七三年
西沢保「反徒、アウトサイダー、経済史家たち」草光俊雄、他責任編集『英国をみる』リブロポート、一九九一年
野村兼太郎「慶応義塾における最後の弟子」『福田徳三先生の追憶』福田徳三先生記念会、一九六〇年
野村兼太郎「Sir William Ashley を憶ふ」『三田学会雑誌』二二―三、一九二八年
野村兼太郎『日本社会経済史』一、ダイヤモンド社、一九五〇年
高村象平「イギリス経済史研究と野村先生」『三田学会雑誌』五三―一〇・一一、一九六〇年
福田徳三著、坂西由蔵訳『日本経済史論』宝文館、一九〇七年
坂西由蔵「中世ヨーロッパ経済史」『世界経済史』経済学全集二八、改造社、一九三三年
天野郁夫『旧制専門学校論』玉川大学出版部、一九九三年

上田貞次郎『産業革命史』経済学全集三九、改造社、一九三〇年
上田貞次郎「二十八年前の福田先生」『如水会会報』七九、一九三〇年
本庄栄治郎編『日本経済史研究所史』一九五三年
黒正巌『農業共産制史論』岩波書店、一九二六年
ロバアト・リーフマン、大宅壮一訳『共産部落の研究』新潮社、一九二七年
小野武夫「日本の共産村落」『改造』一九三〇年二月号
小野武夫「伊予大三島の共産村落制」『社会経済史学』一―二、一九三一年
宮本又次『フランス経済史学史』ミネルヴァ書房、一九六一年
森戸辰男『思想の遍歴・上――クロポトキン事件前後』春秋社、一九七二年
ナターリヤ・ピルーモヴァ、左近毅訳『クロポトキン伝』解説とあとがきにかえて（左近毅）、法政大学出版局、一九九四年
河合栄治郎『教壇生活二十年』鬼怒書房、一九四八年
本位田祥男「社会経済史学会創立史」『社会経済史学』一―一、一九三一年
竹岡敬温『「アナール」学派と社会史』同文館出版、一九九〇年
今井登志喜『都市の発達史――近世における繁栄中心の移動』解題（林健太郎）、誠文堂新光社、一九八〇年
旗田巍「新しい朝鮮史像をもとめて」歴史科学協議会編『現代歴史学の青春』一、三省堂、一九八〇年
ロバート・バーンズ、清水・加藤・土肥訳『V・O・クリュチェフスキー――ロシアの歴史家』解題（土肥恒之）、彩流社、二〇一〇年
竹村英樹「今井時郎」川合隆男・竹村英樹編『近代日本社会学者小伝』勁草書房、一九九八年
近衛文麿、今井時郎『革命及宣伝』日本社会学院調査部編『現代社会問題研究』第一〇巻、冬夏社、一九二一年
今井時郎『露西亜社会誌』巌松堂書店、一九二九年

中屋健一『米国史研究入門』弘文堂、一九五二年
斎藤眞、他編『アメリカ精神を求めて――高木八尺の生涯』東京大学出版会、一九八五年
高木八尺「米国政治史に於ける土地の意義」『高木八尺著作集』第一巻、東京大学出版会、一九七〇年
渡辺真治・西崎京子訳『フレデリック・J・ターナー』アメリカ古典文庫九、研究社出版、一九七五年
岡田泰男「『フロンティア理論』100周年」『三田学会雑誌』八七―三、一九九四年
池本幸三訳『チャールズ・A・ビアード』アメリカ古典文庫一一、研究社出版、一九七四年
清水博「アメリカ史学の旅」『史苑』三三―二、一九七三年
鈴木圭介『アメリカ経済史研究序説』日本評論社、一九四九年

第三章

「大類伸博士略年譜・著作目録・担当講義一覧」日本女子大学史学研究会編『大類伸博士喜寿記念史学論文集』山川出版社、一九六二年
大類伸『西洋時代史観（中世）』文會堂書店、一九一六年
大類伸『永久の都羅馬』雄山閣出版、一九二六年
大類伸『美術をたづねて・伊太利みやげ』博文館、一九二七年
林健太郎『移りゆくものの影――インテリの歩み』文藝春秋新社、一九六〇年
大野真弓『西洋史学への道――旧制高等学校教師の回想』名著刊行会、二〇〇〇年
堀米庸三「中世・はしがき」井上幸治・林健太郎編『西洋史研究入門』東京大学出版会、一九五四年。「日本におけるヨーロッパ中世史の研究」に改題のうえ、『歴史の意味』（中央公論社、一九七〇年）所収
東北大学西洋史研究会編『西洋史研究』第七号（大類先生の喜寿を祝いて）、東京堂、一九六二年
平塚博「ダンテの名誉心」『西洋史研究』二、一九三二年
平塚博「フィレンツェの一富有市民 G. Villani」『西洋史研究』四、一九三三年

平塚博「ルネサンス研究史」東北大学西洋史研究会編『ルネサンスの研究』正統社、一九四九年
大類伸・平塚博『伊太利史』三省堂、一九三三年
会田雄次『ルネサンスの美術と社会』創元社、一九五七年
塩見高年『ルネサンスの世界』創文社、一九六一年
ニコラ・オットカール、清水広一郎・佐藤真典訳『中世の都市コムーネ』創文社、一九七二年
清水広一郎「都市文化としてのルネサンス」清水広一郎・北原敦編『概説イタリア史』有斐閣、一九八八年
ヨハン・ホイジンガ、里見元一郎訳「ルネサンスの問題」『文化史の課題』東海大学出版会、一九六五年
末永航『イタリア、旅する心――大正教養世代がみた都市と美術』青弓社、二〇〇五年
野上素一『ダンテ』清水書院、一九八一年
千代田謙『啓蒙史学の研究』第一部概論篇　三省堂、一九四五年
千代田謙「被爆前後」『生死の火――広島大学原爆被災誌』、一九七五年
渡辺鼎「八月六日の被爆体験」同前
村岡晢『フリードリヒ大王研究』培風館、一九四四年
村岡晢『ランケ』有斐閣、一九五九年
村岡晢「ランケ没後百年」『史想・随想・回想』太陽出版、一九八八年
沼田裕之「ブルクハルトと日本――その受容の歴史」『東北大学教育学部研究年報』四六、一九九八年
斉藤孝『昭和史学史ノート』小学館、一九八四年
羽仁五郎『転形期の歴史学』鉄塔書院、一九二九年
羽仁五郎『私の大学』講談社、一九六六年
須藤祐孝「歴史家シャボーの生涯と学風」須藤祐孝編訳『ルネサンス・イタリアの〈国家〉・国家観』無限社、一九九三年
会田雄次『ミケランジェロ』新潮社、一九六六年

林達夫「文藝復興」久野収・花田清輝編『林達夫著作集』一、平凡社、一九七一年
林達夫・久野収『思想のドラマトゥルギー』平凡社、一九七四年
加茂儀一「文明史」『わが道』Ⅲ、朝日新聞社、一九七一年
加茂儀一『レオナルド・ダ・ヴィンチ伝――自然探究と創造の生涯』小学館、一九八四年
羽仁五郎『都市』岩波書店、一九四九年
『羽仁五郎歴史論著作集』第四巻（現代史・文明批評）、青木書店、一九六七年
遠山茂樹「羽仁史学における人民の役割」『歴史学研究』五三〇、一九八四年
家永三郎「一歴史学者の個性と学問」歴史科学協議会編『現代歴史学の青春』二、三省堂、一九八〇年

第四章

アルフォンス・ドプシュ、野崎直治・石川操・中村宏訳『ヨーロッパ文化発展の経済的社会的基礎』創文社、一九八〇年
林健太郎『昭和史と私』文春文庫、二〇〇二年
村瀬興雄「日独交流の再検討――一九三〇―一九四五を中心に――当時の日本におけるドイツ史学の状況」『ドイツ研究』二三、一九九六年
上原専禄『史心抄』家君退隠記念文集、一九四〇年
上原専禄『クレタの壺――世界史像形成への試読』評論社、一九七五年
上原弘江編『上原専禄著作集』一八、評論社、一九九九年
村松恒一郎「三浦先生の学問」國方敬司編『三浦新七博士――その人と軌跡』東西文明史別巻、三浦新七博士記念会、二〇〇八年
新見吉治『分け登る歴史学の山路』新見吉治先生頌寿記念刊行会、一九六九年
経済学史学会編『経済思想史辞典』丸善、二〇〇〇年

上原弘江「編者あとがき」『上原専禄著作集』四、評論社、一九九四年
上原専禄「ドープシュ教授のことども」前掲『史心抄』所収
上原専禄「三浦先生を憶う」前掲『三浦新七博士』所収
上原専禄「高岡高等商業学校編『富山売薬業史史料集』の編纂・出版に就いて」前掲『史心抄』所収
城宝正治「実物経済と貨幣経済との史的発展」高岡高等商業学校『研究論集』開校十周年記念号、一九三五年
兼岩正夫「わが国における最近の中世史研究」『西洋史学』四、一九四九年
中村賢二郎「戦後西洋史学の回顧と展望・中世」『西洋史学』五〇、一九六一年
村川堅太郎「polis を繞る問題」『社会経済史学』一〇―一一、一九四一年
村川堅太郎『古典古代游記』岩波書店、一九九三年
伊藤貞夫「マックス・ウェーバーと古典古代史研究」『思想』九一〇、二〇〇〇年
ハーゼブレック、原随園・市川文蔵訳『都市国家と経済』創元社史学叢書、一九四三年
原随園「ロストフツェフ教授自伝」『史林』二六―二、一九四一年
秀村欣二「近代ヨーロッパにおける古典古代史研究の発展」『古代史講座』一、学生社、一九六一年
ルヨ・ブレンタノ、舟越康壽訳『欧羅巴古代経済史概説』日本評論社、一九四四年
上原専禄「ソロンの改革――アテーナイ民主政治の濫觴」『歴史的省察の新対象』弘文堂、一九四八年
ハンス゠ヨーゼフ・シュタインベルク「カール・ラムプレヒト」前掲『ドイツの歴史家』第三巻所収
上山安敏「『社会科学』と『文化史』の相克」岩波講座「世界歴史」二八、二〇〇〇年
山田欣吾「西洋史」一橋大学学園史刊行委員会編『一橋大学学問史』一九八六年
増淵龍夫・阿部謹也「歴史学」同前
宮下孝吉『ヨーロッパにおける都市の成立』創文社、一九五三年
増田四郎『独逸中世史の研究』日本評論社、一九四三年
山中謙二『独逸史』三省堂、一九三二年

山中謙二『中世のキリスト教』学生社、一九七九年
堀米庸三『中世国家の構造』「社会構成史大系」四、日本評論社、一九四九年
西川洋一「オットー・ブルンナーの『ラント』論をめぐるいくつかの問題」『国家学会雑誌』一二三―一一・一二、二〇一〇年
ベロウ、堀米庸三訳『独逸中世農業史』創元社史学叢書、一九四四年
上原専禄「ドイツ中世における経済構造変化の問題とドープシュ教授の問題意識」『経済研究』二―三、一九五一年
堀米庸三「本会顧問山中謙二先生を偲ぶ」『史学雑誌』八三―四、一九七四年
堀米庸三『わが心の歴史』新潮社、一九七六年
マルク・ブロック、堀米庸三監訳『封建社会』岩波書店、一九九五年

第五章

マックス・ヴェーバー、大塚久雄・生松敬三訳『宗教社会学論選』みすず書房、一九七二年
丸山眞男「戦前における日本のヴェーバー研究」大塚久雄編『マックス・ヴェーバー研究』東京大学出版会、一九六五年
村松恒一郎「宗教改革と近代資本主義」『国民経済雑誌』四六―三・四・五・六、一九二九年
阿部勇「マックス・ウェバーの中世都市論」『経済学論集』五―二、一九二六年
本位田祥男「新教と資本主義精神との関係に関する一新文献」『経済学論集』六―三、一九二七年
本位田祥男「資本主義精神」『社会経済体系』14・15、日本評論社、一九二八年
梶山力『近代西欧経済史論』みすず書房、一九四八年
大塚久雄「本位田演習の思い出」本位田ゼミナールの会編『大学のゼミナール』中央公論事業出版、一九七一年

本位田祥男『消費組合巡礼』日本評論社、一九二六年
ロバアト・オウエン、本位田祥男・五島茂訳『自叙伝』日本評論社、一九二八年
柳澤治『戦前・戦時日本の経済思想とナチズム』岩波書店、二〇〇八年
上野正治編著『大塚久雄著作ノート』図書新聞社、一九六五年
高橋幸八郎（座談会）「経済史研究とその国際交流」『社会科学研究』二四―二、一九七二年
松田智雄「私の学問形成・戦前」住谷一彦・和田強編『歴史への視線――大塚史学とその時代』日本経済評論社、一九九八年
小林昇「私の学問形成・戦中」同前
本位田祥男博士古稀記念論文集『西洋経済史・思想史研究』創文社、一九六二年
竹内洋『大学という病――東大紛擾と教授群像』中公叢書、二〇〇一年
石崎津義男『大塚久雄　人と学問』みすず書房、二〇〇六年
大塚久雄「経済史学」前掲『わが道』Ⅲ、所収
大塚久雄「野村兼太郎博士の人と学問」『三田評論』六九七号、一九七〇年
野村兼太郎「初期資本家形態としての Clothier」『社会経済史学』一―一、一九三一年
大塚久雄『欧洲経済史序説』時潮社、一九三八年
大塚久雄「梶山力訳『マックス・ウェーバー　プロテスタンティズムの倫理と資本主義の精神』」『経済志林』一二―二、一九三九年
大塚久雄「資本主義精神起源論に関する二つの立場」『経済学論集』九―四、一九三九年
ルヨ・ブレンターノ、大塚久雄訳「ピューリタニズムと資本主義」『経済志林』一三―二、一九三九年
大塚久雄『近代化の人間的基礎』白日書院、一九四八年
大塚久雄『社会科学と信仰の間』図書新聞社、一九六七年
堀米庸三「中世・はしがき」前掲『西洋史研究入門』、のち改題して、前掲『歴史の意味』所収

大学新聞連盟編『大塚史学批判』大学新聞連盟出版部、一九四八年
日高六郎編『近代主義』「現代日本思想大系」三四、筑摩書房、一九六四年
矢口孝次郎『資本主義成立期の研究』有斐閣、一九五二年
住谷一彦『学問の扉を叩く』新地書房、一九九一年
坂巻清『イギリス・ギルド崩壊史の研究』有斐閣、一九八七年
近藤和彦「大塚久雄」今谷・大濱・尾形・樺山編『20世紀の歴史家たち』(1)日本編　上、刀水書房、一九九七年
馬場哲「近代資本主義の成立」馬場哲・小野塚知二編『西洋経済史学』東京大学出版会、二〇〇一年
遅塚忠躬「高橋幸八郎」前掲『20世紀の歴史家たち』(1)所収
高橋幸八郎「ジャコビニズムと日本の歴史学」高橋幸八郎・古島敏雄編『近代化の経済的基礎』岩波書店、一九六八年
井上幸治『ミラボーとフランス革命』木水社、一九四九年
ヨーゼフ・クーリッシェル、松田智雄監修『ヨーロッパ近世経済史』一、東洋経済新報社、一九八二年
松田智雄「南独逸農村麻織物業の類似型的特質」『社会経済史学』一一―一一、一九四二年
松田智雄「前貸制度の展開と独逸農村工業」『社会経済史学』一二―五、一九四二年
大塚久雄・関口尚志「経済史」鈴木鴻一郎編『経済学研究入門』東京大学出版会、一九六七年

第六章
池田浩士編『大東亜共栄圏の文化建設』人文書院、二〇〇七年
市倉宏祐『和辻哲郎の視圏』春秋社、二〇〇五年
苅部直「歴史家の夢――平泉澄をめぐって」『年報・近代日本研究』一八、一九九六年
今井修「『戦争と歴史家』をめぐる最近の研究について」『年報・日本現代史』七、二〇〇一年

今井登志喜「世界の現段階と日本の世界史的地位」『世界歴史』第一〇巻（世界史の現在）、河出書房、一九四二年
信夫清三郎『ラッフルズ伝――イギリス近代的植民政策の形成と東洋社会』平凡社東洋文庫、一九六八年
信夫清三郎先生追悼文集編集委員会編『歴史家 信夫清三郎』勁草書房、一九九四年
奈須恵子「歴史学会」駒込・川村・奈須編『戦時下学問の統制と動員――日本諸学振興委員会の研究』東京大学出版会、二〇一一年
文部省教学局編『日本諸学研究報告』第四、一一、一七篇、一九三九―四二年
柴田實「西田直二郎」『日本民俗文化大系』一〇、講談社、一九七八年
藤谷俊雄「市民に根ざす歴史家として」前掲『現代歴史学の青春』二、所収
宮地正人「天皇制ファシズムとそのイデオローグたち」『科学と思想』七六、一九九〇年
大類伸『現代史学』弘文堂書房、一九四二年
大類伸監修『羅馬帝国没落史観』タイムス出版社、一九四四年
シェットラー編、木谷・小野・芝訳『ナチズムと歴史家たち』名古屋大学出版会、二〇〇一年
シュトリヒ編、石川錬次監訳『独逸大学の精神』高山書院、一九四四年
上原専禄『歴史的省察の新対象・新版』「あとがき」未来社、一九七〇年
水田洋「さればこそ『うひ山ふみ』に曰く」『教育の森』一九七九年八月号
田中陽児「歴史学と『世界史』教育」岩波講座「世界歴史」三〇、一九七一年
ランケ、相原信作訳『強国論』岩波文庫、一九四〇年
ランケ、相原信作訳『政治問答』岩波文庫、一九四一年
ランケ、鈴木成高・相原信作訳『世界史概観――近世史の諸時代』岩波文庫、一九四一年
大島康正「大東亜戦争と京都学派」『中央公論』一九六五年八月号
鈴木成高『歴史的国家の理念』弘文堂書房、一九四一年

林健太郎『独逸近世史研究』近藤書店、一九四三年
林健太郎『歴史と現代』近藤書店、一九四七年
江口朴郎「歴史学の主体性の確立をもとめて」前掲『現代歴史学の青春』一、所収
鈴木成高「西田先生」「河上博士とパン」共に『世界の運命と国家の運命』甲文社、一九四九年所収
京都帝国大学新聞部編『決戦下学生に与ふ』教育図書、一九四二年
前川貞次郎『フランス史学』弘文堂書房、一九四二年
中山治一『政治史の課題』弘文堂書房、一九四二年
井上智勇「古代末期研究序説」前掲『羅馬帝国没落史観』所収
ブランデンブルグ、井上智勇訳『世界史の成立』創元社史学叢書、一九四三年
原随園『世界史への断想』創元社、一九四二年

ヤ行

ラ行

ワ行

マ行

ハ行

ナ行

カ行

人名索引

ア行

KODANSHA

本書は、二〇一二年に中央公論新社より刊行された『西洋史学の先駆者たち』に補章を加え、改題して文庫化したものです。

土肥恒之（どひ　つねゆき）

1947年北海道生まれ。小樽商科大学卒，一橋大学大学院社会学研究科博士課程修了。一橋大学大学院社会学研究科教授を経て，一橋大学名誉教授。社会学博士。専門はロシア社会史，史学史。おもな著書に『ステンカ・ラージン』『岐路に立つ歴史家たち』『ピョートル大帝とその時代』『よみがえるロマノフ家』『図説帝政ロシア』『興亡の世界史14 ロシア・ロマノフ王朝の大地』ほか。

定価はカバーに表示してあります。

日本の西洋史学（にほんのせいようしがく）
先駆者たちの肖像（せんくしゃたちのしょうぞう）
土肥恒之（どひつねゆき）

2023年３月７日　第１刷発行

発行者　鈴木章一
発行所　株式会社講談社
東京都文京区音羽 2-12-21 〒112-8001
電話　編集（03）5395-3512
販売（03）5395-4415
業務（03）5395-3615
装　幀　蟹江征治
印　刷　株式会社広済堂ネクスト
製　本　株式会社国宝社
本文データ制作　講談社デジタル製作

ISBN978-4-06-531263-6

「講談社学術文庫」の刊行に当たって

これは、学術をポケットに入れることをモットーとして生まれた文庫である。学術は少年の心を養い、成年の心を満たす。その学術がポケットにはいる形で、万人のものになることは、生涯教育をうたう現代の理想である。

こうした考え方は、学術を巨大な城のように見る世間の常識に反するかもしれない。また、一部の人たちからは、学術の権威をおとすものと非難されるかもしれない。しかし、それはいずれも学術の新しい在り方を解しないものといわざるをえない。

学術は、まず魔術への挑戦から始まった。やがて、いわゆる常識をつぎつぎに改めていった。学術の権威は、幾百年、幾千年にわたる、苦しい戦いの成果である。こうしてきずきあげられた城が、一見して近づきがたいものにうつるのは、そのためである。しかし、学術の権威を、その形の上だけで判断してはならない。その生成のあとをかえりみれば、その根は常に人々の生活の中にあった。学術が大きな力たりうるのはそのためであって、生活をはなれた学術は、どこにもない。

開かれた社会といわれる現代にとって、これはまったく自明である。生活と学術との間に、もし距離があるとすれば、何をおいてもこれを埋めねばならない。もしこの距離が形の上の迷信からきているとすれば、その迷信をうち破らねばならぬ。

学術文庫は、内外の迷信を打破し、学術のために新しい天地をひらく意図をもって生まれた。文庫という小さい形と、学術という壮大な城とが、完全に両立するためには、なおいくらかの時を必要とするであろう。しかし、学術をポケットにした社会が、人間の生活にとってより豊かな社会であることは、たしかである。そうした社会の実現のために、文庫の世界に新しいジャンルを加えることができれば幸いである。

一九七六年六月　　　　野間省一

竹内弘行著
十八史略

神話伝説の時代から南宋滅亡までの中国の歴史を一冊に集約。韓信、諸葛孔明、関羽ら多彩な人物が躍動し、権謀術数は飛び交い、織りなされる悲喜劇——。簡潔な記述で面白さ抜群、中国理解のための必読書。

1899

鹿島　茂著
ナポレオン フーシェ タレーラン 情念戦争1789―1815

「熱狂情念」のナポレオン、「陰謀情念」の警察大臣フーシェ、「移り気情念」の外務大臣タレーラン。情念史観の立場から、交錯する三つ巴の心理戦と歴史事実の関連を読み解き、熱狂と混乱の時代を活写する。

1959

山上正太郎著（解説・池上　彰）
第一次世界大戦 忘れられた戦争

「戦争と革命の世紀」はいかにして幕を開けたか。交錯する列強各国の野望、暴発するナショナリズム、ボリシェヴィズムの脅威とアメリカの台頭……「現代世界の起点」を、指導者たちの動向を軸に鮮やかに描く。

1976

杉山正明著
クビライの挑戦 モンゴルによる世界史の大転回

チンギス・カンの孫、クビライが構想した世界国家と経済のシステムとは？「元寇」や「タタルのくびき」など「野蛮な破壊者」というモンゴルのイメージを覆し、西欧中心・中華中心の歴史観を超える新たな世界史像を描く。

2009

鹿島　茂著
怪帝ナポレオン三世 第二帝政全史

ナポレオン三世は、本当に間抜けなのか？偉大な皇帝ナポレオンの凡庸な甥が、陰謀とクー・デタで権力を握っただけという紋切り型では、この摩訶不思議な人物の全貌は摑みきれない。謎多き皇帝の圧巻の大評伝！

2017

A・J・P・テイラー著／吉田輝夫訳
第二次世界大戦の起源

「ヒトラーが起こした戦争」という「定説」に真っ向から挑戦して激しい論争を呼び、研究の流れを変えた名著。「ドイツ問題」をめぐる国際政治交渉の「過ち」とは。大戦勃発に至るまでの緊迫のプロセスを解明する。

2032

山内　進著（解説・松森奈津子）
北の十字軍　「ヨーロッパ」の北方拡大
「ヨーロッパ」の形成と拡大、その理念と矛盾とは何か？　中世、ヨーロッパ北方をめざしたもう一つの十字軍が聖戦の名の下、異教徒根絶を図る残虐行為に現代世界の歴史的理解を探る。サントリー学芸賞受賞作。
2033

エウジェニア・サルツァ＝プリーナ・リコッティ著／武谷なおみ訳
古代ローマの饗宴
カトー、アントニウス……美食の大帝国で人々は何を食べ、飲んでいたのか？　贅を尽くした晩餐から、農夫の質実剛健な食生活まで、二千年前に未曾有の繁栄を謳歌した帝国の食を探る。当時のレシピも併録。
2051

佐藤次高著
イスラームの「英雄」サラディン　十字軍と戦った男
十字軍との覇権争いに終止符を打ち、聖地エルサレムを奪還した「アラブ騎士道の体現者」の実像とは？　ヨーロッパにおいても畏敬の念をもって描かれた英雄の、人間としての姿に迫った日本初の本格的伝記。
2083

阿部謹也著
西洋中世の罪と罰　亡霊の社会史
個人とは？　国家とは？　罪とは？　罰とは？　キリスト教と「贖罪規定書」と告解の浸透……。「真実の告白が、権力による個人形成の核心となる」（M・フーコー）過程を探り、西欧的精神構造の根源を解明する。
2103

若桑みどり著
フィレンツェ
ダ・ヴィンチやミケランジェロ、ボッティチェッリら、天才たちの名と共にルネサンスの栄光に輝く都市。その起源からメディチ家の盛衰、現代まで、市民の手で守り抜かれた「花の都」の歴史と芸術。写真約二七〇点。
2117

J・ギース、F・ギース著／栗原　泉訳
大聖堂・製鉄・水車　中世ヨーロッパのテクノロジー
「暗闇の中世」は、実は技術革新の時代だった！　建築・武器・農具から織機・印刷まで、直観を働かせ、失敗と挑戦を繰り返した職人や聖職者、企業家や芸術家たちが世界を変えた。モノの変遷から描く西洋中世。
2146

外国の歴史・地理

池内　紀著
悪魔の話
ヨーロッパ人をとらえつづけた想念の歴史。彼らの不安と恐怖が造り出した「悪魔」観念はやがて魔女狩りという巨大な悲劇を招く。現代にも忍び寄る、あの悪夢を想起しないではいられない決定版・悪魔学入門。
2154

ウィリアム・H・マクニール著／清水廣一郎訳
ヴェネツィア 東西ヨーロッパのかなめ　1081～1797
ベストセラー『世界史』の著者のもうひとつの代表作。十字軍の時代からナポレオンによる崩壊まで、軍事・造船・行政の技術や商業資本の蓄積に着目し、地中海最強の都市国家の盛衰と、文化の相互作用を描き出す。
2192

パット・バー著／小野崎晶裕訳
イザベラ・バード 旅に生きた英国婦人
日本、チベット、ペルシア、モロッコ……。外国人が足を運ばなかった未開の奥地まで旅した十九世紀後半の最も著名なイギリス人女性旅行家。その幼少期から異国での苦闘、晩婚後の報われぬ日々まで激動の生涯。
2200

南川高志著
ローマ五賢帝 「輝ける世紀」の虚像と実像
賢帝ハドリアヌスは、同時代の人々には恐るべき「暴君」だった！「人類が最も幸福だった」とされるローマ帝国最盛期は、激しい権力抗争の時代でもあった。平和と安定の陰に隠された暗闘を史料から解き明かす。
2215

川北　稔著
イギリス　繁栄のあとさき
今日英国から学ぶべきは、衰退の中身である――。産業革命を支えたカリブ海の砂糖プランテーション。資本主義を担ったジェントルマンの非合理性……。世界システム論を日本に紹介した碩学が解く大英帝国史。
2224

本村凌二著
愛欲のローマ史 変貌する社会の底流
カエサルは妻に愛をささやいたか？　古代ローマ人の愛と性のかたちを描き、その内なる心性と歴史の深層をとらえる社会史の試み。性愛と家族をめぐる意識の変化は、やがてキリスト教大発展の土壌を築いていく。
2235

外国の歴史・地理

秋山　聰著
聖遺物崇敬の心性史　西洋中世の聖性と造形
中世ヨーロッパのキリスト教社会で、「聖遺物」は熱狂を巻き起こした。聖遺物は神の力を媒介するメディアであった。民衆も聖職者も殺到した聖なる容器、聖なる見世物が、やがて芸術へと昇華する過程も描く。
2528

村山吉廣著
楊貴妃　大唐帝国の栄華と滅亡
唐六代目皇帝・玄宗は、五六歳のときに二二歳の楊貴妃と出会い、そして一〇〇万都市は滅亡してゆく――。名君はなぜ堕落したのか。中国史書や詩歌などの豊富な資料から、「世界三大美女」波乱の生涯を読み解く！
2552

竹下節子著
ジャンヌ・ダルク　超異端の聖女
なぜ彼女は魔女として死に、聖女として甦ったのか。華麗で過酷な運命を背負った少女の全体像を、神秘が息づく中世ヨーロッパ世界を浮かび上がらせながら彩りゆたかに活写する、親しみやすい決定版入門書！
2555

ジョゼフ・ギース、フランシス・ギース著／栗原泉訳
中世ヨーロッパの結婚と家族
「家族」は歴史の産物である。結婚式、育児、相続、親の扶養など、人間社会の最も基本的な営みからみた、西洋中世の一〇〇〇年史。「夫婦と子どもたちが一つの家に住む」という家族観はなぜ生まれたのか。
2575

阿部謹也著
西洋中世の愛と人格　「世間」論序説
名著『「世間」とは何か』はここから生まれた。日本古来の「世間」と対比させつつ、西洋の「社会」を構成する「個人」や「愛」の成立過程を綿密に描き出した、西洋史学の泰斗による日本人論の原点。
2594

弓削　達著（解説・本村凌二）
地中海世界　ギリシア・ローマの歴史
ポリスから大帝国へ――自主と独立の精神を生んだ市民共同体は、なぜ帝国の覇権に屈したのか。キリスト教的東西ヨーロッパ文明、イスラム的西アジア文明の母胎となった地中海世界の二〇〇〇年を通観する。
2597

《講談社学術文庫　既刊より》

中島俊郎著（解説・桑木野幸司）
英国流 旅の作法 グランド・ツアーから庭園文化まで
一八世紀、古典教養の習得のため、こぞってイタリアへと旅した英国貴族たち。感性を磨きに田園を訪れ、湖水地方の風景観賞で美意識を養う――。なぜ、彼らはかくも旅に焦がれたのか、〝真の効用〟を探る。
2619

アンリ・ピレンヌ著／増田四郎監修／中村 宏・佐々木克巳訳
ヨーロッパ世界の誕生 マホメットとシャルルマーニュ
ローマ文化を体現する「地中海世界」から、封建制と教会支配が広がる「ヨーロッパ世界」へ。中世の始まりを告げたイスラムの力とは？ 歴史家ピレンヌの集大成にして古典的名著、待望の文庫化！
2620

鈴木 董著
食はイスタンブルにあり 君府名物考
六五〇年近くに亘り、栄華を極めたオスマン帝国で、人々は何を食べていたのか。トプカプ宮殿の豪勢な献立、屈強な軍人の強烈な食欲逸話、市場の食材物価表などを辿り、「史上最強の食欲」の秘密に迫る！
2628

増田義郎著
アステカとインカ 黄金帝国の滅亡
一六世紀、スペイン人によるアメリカ大陸征服が始まる。黄金の亡者＝征服者の夢が、新大陸にもたらした哀しき運命とは？ 壮絶な戦いの記録を「敗者の視点」から描く、アメリカ制圧の五〇〇年史！
2636

樺山紘一著
《英雄》の世紀 ベートーヴェンと近代の創成者たち
ナポレオン、ヘーゲル、ゲーテ……、群雄割拠の革命の世紀。楽聖が数々の名曲を生み出した時代背景を政治・文化の両面から辿る近代ドイツ史入門。西洋史の泰斗が達意の文章でおくる近代創成のロマン！
2641

呉 兢著／石見清裕訳
貞観政要 全訳注
唐王朝最盛期を築いた名君と謳われる太宗が、自らの統治の是非について臣下と議論を交わし、時に痛烈な諫言を受け入れた様を描く不朽の「帝王学」。平明な全文訳と、背景となる中国史がわかる解説による決定版。
2642